KB203423

내가 사는 하나님나라

내가 사는 하나님나라

- 바울과 마가를 따라서 -

발행일 ： 2024년 10월 1일
지은이 ： 이정만
펴낸이 ： 강부형
편집인 ： 박재수
펴낸곳 ： 도서출판 책과 사람
등록번호 : 제 2024-000020 호
주　　소 : 서울, 관악구 장군봉4길 39-8, 301호
　　　　　Tel. 02)2678-5554　　Fax. 0504-006-5050
　　　　　bookpeople2018@gmail.com

ISBN: 979-11-984148-1-6
가　　격 ： 22,500 원

저자와 출판사의 신학 입장이 다를 수 있습니다.

내가 사는 하나님나라

- 바울과 마가를 따라서 -

이정만

도서출판 책과사람

머리글

　예수의 삶과 사역 그리고 가르침을 우리 삶에서 살아내는 것이 하나님나라 신학입니다. 예수께서 열어주신 하나님나라 계시를 어떻게 잘 알 수 있을까 하는 것이 이 글 목표입니다.

　E. P. 샌더스는 1세기 유대교가 언약 율법주의 종교임을 밝혔습니다. 즉 구원받기 위해 율법을 지키는 것이 아니라 언약 은혜로 인해 이미 구원받고 율법을 지킨다는 것입니다. 그런데 오늘날 기독교도 하나님나라 신학을 잃어버리고 언약 율법주의 종교가 되었습니다.[1] 또한 2세기부터 형성된 기독교 신학은 신플라톤주의 영향 아래 개인화 내면화 관념화 그리고 피안화 되었습니다. 철학 과잉으로 인해 믿음이 역사화 되지 못했습니다. 예수의 생애와 사역 그리고 가르침이 기독교 중심에 자리 잡지 못했습니다. 그 결과 오늘날 기독교는 복음서와 바울 서신이 증언하는 하나님나라 복음을 잃어버렸습니다. 예수께서 선포하시고 실행한 하나님나라가 설교 강단에서 증언되지 못하는 상태입니다.

---

1) E P 샌더스 바울과 팔레스타인 유대교 박규태 알맹e 2019, 1104p

철학자 조르조 아감벤은 기독교 2천 년 교회 역사와 성서 주석 역사를 두고 바울 서신에서 메시아니즘(하나님나라) 흔적을, 그리고 메시아라는 언어 자체를 지워온 역사라고 합니다.[2]

소위 복음주의자들은 '믿음'을 '교리에 동의하는 것'이라고 합니다. 이것은 아우구스티누스가 기독교 신학을 정립할 때 스토아 인식론을 차용한 결과입니다. 스토아 철학자들은 세상을 악하다고 인식하여 세상에서 선한 것을 관념화(개념화)했습니다. 그들에게는 이러한 관념에 동의하는 것이 믿음입니다.

대부분 교리는 인간 의지를 신에 투사하여 관념화(개념화)합니다. 관념화는 범주화하는 것입니다. 예수 사역과 가르침도, 십자가와 부활도, 관념화하면 그 의미가 축소되고 제한됩니다. 물론 사건이나 현실을 파악하기 위해 개념화(관념화된 교리)가 필요하기는 합니다. 그러나 그 관념은 시대와 현실에 따라서 계속 발전하는 게 정상입니다. 교리가 모두를 만족시킨 때는 역사상 단 한 번도 없습니다. 그런 관념을 고수하고 같은 관념에 동의하지 않음을 죄악시하는 것은 곧 예수를 배반하는 행위입니다. 그 관념이 예수 계시의 확장성을 제한하기 때문입니다. 예수와 함께 열린 계시와 우리가 살아가야 할 시대정신이 언어로 발현되기를 기다립니다. 그리스도인은 이 일을 감당하는 사람입니다.

이상은 한국 교회 80% 이상을 차지하는 복음주의 그리스도인의 신앙 양태입니다. 복음주의는, 5세기 아우구스티누스 신학을 소환한 16세기 종교개혁 신학에 머물러있습니다. 복음주의자들은, 볼테르의 관용론과 임마뉴엘 칸트의 이성의 한계와 책임 등의 18세기 계몽주의와 이에 대응하여 일어난 초월 하나님이 아닌 경험되는 하나님 등으로 근대 신학을 연 슐라이어마허와, 이에 따라서 예수 가르침을 복음이라 하며 그 복음을 윤리화 한 아돌프 폰 하르낙 등의 19세기 자유주의를 경험하지 못했습니다. 또한 믿음은 삶에서 이루어야 한다는 루돌프 카를 불트만의 실존주의와 자유주의를 거부하고, 역사 예수를 화해자로 인식하고 화해 신학을 전개한 칼 바르트의 신정통주의 등 20세기 신학을 경험하지 못했습니다. 역시, 역사 속에서 계시되는 하나님을 탐구한 볼프하르트 판넨베르그와 복음서에서 하나님나라를 재발견하고 하나님나라 신학을 통해 희망의 신학을 세운 위르겐 몰트만 등 현대신학을 경험하지 못했습니다. 더 나아가, 실은 이들 모두를 자유주의라며 거부합니다. 아예 학문하는 풍토를 눈 흘기는 분위기입니다.

보통은 현대신학을 복음주의와 비평주의로 분류합니다. 복음주의가 성서 비평을 안 한다는 뜻입니다. 그런데 예수세미나 학자인 월터 윙크는 복음주의와 근대주의(모더니즘)로 분류합니다. 복음주의가 근대 신학을 경험하지 못했다는 의미입니다. 근대주의자들은 예수 사역과 가르침을 윤리 도덕화합니다. 윤리 도덕화도 관념화(개념화)입니다. 아리우스 - 19세기 자유주의 - 예수세미나가 이 길을 가고 있습니다. 윤리 도덕화는 역시 범주화하는 것으로서 예수 계시가 높이와 깊이 그리고 넓이로 확장하는 것을 방해합니다. 믿음은 겉으로는 윤리적 삶으로 나타날 수밖에 없지만, 그 윤리 도덕을 믿음으로 고수하면 계시를 볼 수 없습니다.

포도원 품꾼 비유(마태 20:1-15)에서 포도원 주인은 12시간 일한 사람과 1시간 일한 사람에게 동일한 품삯을 지불했습니다. 이 비유는 우리더러 그렇게 사업하라는 것이 아니라 인간은 누구라도 하루를 살아갈 권리와 존엄성이 있다는 것을 말합니다.

잃은 양 비유(마태18:10-14)에서 목자가 양 99마리를 산에 두고 잃어버린 1마리를 찾아간 것은 우리더러 사업을 그렇게 하라는 의미가 아닙니다. 인간 존엄을 가치 개념으로 파악하지 말고 관계 개념으로 파악하라는 뜻입니다.

악한 청지기 비유(누가16:1-8)에서 횡령을 범한 종더러 슬기롭다며 칭찬한 주인의 행위는 하나님나라를 설명하기 위한 역설입니다. 그 어떤 설명으로도 그 종이 저지른 행위의 정당성을 찾을 수는 없습니다. 정죄하지 않는 삶을 가르치는 비유입니다.

예수께서 세리와 성매매 여인을 정죄하지 않음은 하나님나라에서는 정죄(판단과 심판)가 없다는 의미입니다. 정죄가 없다는 것은 국가법 심판이 없다는 뜻이 아닙니다. 삶의 행위를 정죄하지 않는 세상을 우리 삶에서 이루어 가라는 뜻입니다.

차별하고 배제하며 평화를 방해하는 기득권 세력은 정죄 없음
에 해당되지 않습니다. 우리는 오히려 이 세력에 저항해야 합니
다. 바로 예수께서 이들에게 저항했기 때문입니다.

예수 가르침과 비유는 역설이나 상징입니다. 여기에서 논리나
정당성을 찾으려 하면 예수 계시를 볼 수 없습니다.

우리는 그동안 믿음을 철학(교리)이나 윤리 도덕에서 찾으려 했
습니다. 풍성한 하나님나라 계시를 보지 못했습니다. 예수 계시
를 보는 길은 교리화나 윤리 도덕화하는 행위를 벗어나는 길입
니다. 범주화하여 예수 계시를 스스로 제한하는 것은 믿음이 아
닙니다. 예수 삶과 사역 그리고 가르침 역사를 깊이 인식하고 예
수를 인격으로 만날 때 우리 믿음이 관념화되지 않고 삶과 역사
로 나타납니다.

예수를 인격으로 만나기 위해서는 그분의 삶과 가르침, 즉 그
역사를 깊이 알아야 합니다. 그리고 성령의 도우심을 구해야 합
니다.

지배와 억압에 대한 저항, 사회정의, 기후 환경 위기, 빈곤 문
제, 여성 인권, 과소비 저항, 약자 보호, 가족 돌봄 등에 대한 대
처로 믿음이 나타날 때 비로소 예수 계시를 살아내는 그리스도
인이 됩니다.

저는 이 책에서 바울서신, 특히 로마서에 나타난 바울의 하나님
나라 사유를 찾습니다. 그리고 마가복음을 하나님나라 사유로 해

설합니다. 바쁜 일정 중에도 시간을 쪼개어 저의 질문에 성실히 답해 주신 성서신학자 김근수 선생께 감사합니다. 함께 생각을 나눈 지평너머교회 정병선 목사 그리고 김종태 목사와 교우들에게 감사합니다. 편집과 교정을 하신 장바울 선교사와 김명중 교우에게 감사합니다. 또한 제 글을 공유하고 출판을 도우신 페북 벗님들에게 감사합니다.

경쟁에 지친 이 땅의 젊은이들이 예수에게서 희망 찾기를 기대합니다. 또한 이 책을 통해 설교자들이 오늘 우리 삶에 새로운 길을 제시할 수 있는 성서 해설을 할 수 있는 역량을 키우는 계기가 되기를 기대합니다.

2024년 봄, 수리산 자락에서 이정만

목 차

마가가 본 하나님나라   109

바울이 본 하나님나라

1. 바울의 하나님나라 신학

한국은 지금 세계에서 출산율 꼴찌고 청년 자살률 1위입니다. 젊은이들은 과도한 경쟁에 절망합니다. 이러한 현실에 교회와 성당이 제대로 역할을 하는 게 아니라 오히려 그 현상을 조장합니다. 승리주의 확장주의 성공자 우대로 경쟁에 지친 젊은이들에게 희망과 위로가 되지 못할망정 도리어 이런 그릇된 세대 가치를 앞장서 지켜 나갑니다.

기독교가 이렇게 된 주요 원인은 외면받은 땅 갈릴리에서 예수께서 선포하시고 살아내신 하나님나라 신학이 오늘날 실종되었기 때문입니다. 기독교에서 하나님나라가 실종된 것은 바울의 종말 신학 대신 2세기부터 그리스 철학에 의해 신학이 세워졌기 때문입니다. 종교 학자들을 포함, 기독교 안에서 새로운 대안을 찾는 분들 중 많은 사람이 '바울을 버리고 예수에게로 가라'고 합니다. 오늘날 사회와 부합하지 않는 여러 신학 문제가 일어난 혐의를 바울에게 두기 때문입니다. 이 또한 바울이 예수의 하나님나라를 증언한 사실을 사람들이 잘 모르는 데서 오는 현상입니다.

이스라엘 묵시 문학은 미래에 올 하나님나라를 대망합니다. 또 누가 주도해서 그렇게 되었는지는 모르지만 당시 그리스도인은 예수께서 곧 다시 오시리라 기대했습니다. 그러나 예수 재림이 지연되자 많은 그리스도인이 혼란스러워했습니다.

이 때에 바울은 예수께서 선포하신 하나님나라가 이미 작동하고 있음을 선언합니다.그는 복음이 우리가 현재 살아가는 힘이라고 합니다.

로마서 1장
16 내가 복음을 부끄러워하지 아니하노니 이 복음은 모든 믿는 자에게 구원을 주시는 하나님의 능력이 됨이라 먼저는 유대인에게요 그리고 헬라인에게로다

바울은 예수께서 선포하시고 살아내신 하나님나라가 현재 진행되고 있다는 사실을 최초로 증언한 사람입니다. 롬1:16에서 '하나님 능력'이라고 할 때 '능력'은 성서 언어 '듀나미스δύναμις'입니다. 메시아 언어로서 듀나미스는 가능태입니다. 독일 신학자 귄터 보른캄은 다음과 같이 말합니다.

영으로 살아있는 주 예수그리스도 현재에 의해 이루어진 새로운 시대 및 세계 상황을 바울처럼 철저히 생각하고 전개한 사람은 바울 이전에도 이후에도 기독교에 없다. 하나님이 인간을 버리지 않고 찾아와서 해방시킨다는 것을 정확히 말한 사람이 바로 바울이다.[1]

예수의 선포와 활동 그리고 마찬가지로 바울의 주장은 '구원은 삶에서 이루는 해방이다.[2]

---

1) 귄터 보른캄 바울 허혁 이화여자대학교출판부 1987, 313p
2) 같은 책, 314p

예수께서는 사역과 언약으로 세리와 죄인들을, 바울은 세계인 (이방인)을 위한 그의 소식과 선교활동으로 공로와 특권 장벽을 헐어버렸습니다. 바울이 예수를 근본적으로 잘못 이해했다는 비난, 즉 바울이 그의 신학으로 역사 예수와 기독교 사이를 갈라놓았다는 비난과 그의 '복잡한 구원론'으로 하나님과 인간 사이에 새로운 장벽을 세웠다는 비난은 일고의 가치도 없습니다.[3]

바울에 의해 역사 예수가 신화 그리스도로 바뀌고 역사 예수는 절망적으로 포기되 었다'는 주장은 잘못입니다. 바울이 예수를 주님으로 고백하며 여는 하나님나라는 포괄 의미에서 구원사역 ministry으로써 역사 예수에 대한 이해를 말해줍니다.[4]

그리스도인이 아닌 순수 철학자로서 바울을 연구하고 로마서를 해설한 이탈리아 철학자 조르조 아감벤은 다음과 같이 말합니다.

바울의 편지가 메시아(하나님나라) 성격을 띠었다는 사실을 부정하는 사람은 없다.(한국 교회와 성당이 하나님나라 신학을 모른다는 사실을 아감벤은 모릅니다)

그러나 기독교 2천 년 교회 역사와 성서 주석 역사는, 바울서신에 나타나는 메시아니즘(하나님나라) 흔적을 지우고 메시아라는 언어 자체를 지워 온 역사다.[5] 오늘날 '바울과 예수의 단절'이라는 주장은 현재 통용되는 교의와 아무런 상관없습니다.[6]

---

3) 같은 책 315p
4) 같은 책 161-162p
5) 조르조 아감벤 남겨진 시간 강승훈 코나투스 2008, 11p
6) 같은 책 208p

바울과 교의 관계

바울이 구원 교리를 세웠는가?

바울은 토마스 아퀴나스나 칼 바르트 처럼 신학 대계를 세우려는 의도가 없었습니다. 바울 의도는 그 시대에 당면한 교회 문제와 세계 문제를 해결하려는 것이었습니다. 바울만이 아니라 제자와 전도자들 모두 이방인 선교를 했습니다. 2세기 초엽까지는 유대인들과 함께 각 지역 회당에서 예배를 드렸습니다. 초기 선교는 회당에서 이루어졌습니다. 당시 회당에는 이스라엘 율법인 할례, 음식 규정, 절기 지키기를 따르지 않는 이방인들이 있었습니다. 유대인들은 이들을 '하나님을 경외하는 사람들'이라고 불렀습니다. 이들 중에는 로마제국이 유대인에게 어느 정도 자치권을 주었기 때문에 그 혜택을 위해 오는 사람이 대부분입니다. 그래서 종종 유대인들은 이들을 2등 국민 취급했습니다. 바울은 이 사람들과 세계인이 이스라엘 율법을 따르지 않고도 유대인과 동등한 자격으로 믿음 생활할 수 있는 근거를 세웠습니다. 그는 다음과 같이 말합니다.

로마서 3장
28 그러므로 사람이 의롭다 하심을 얻는 것은 율법의 행위에 있지 않고 믿음으로 되는 줄 우리가 인정하노라

바울은 이 말씀 앞뒤로 구원(소테리아 롬1:16, 8:24 등)이라는

말을 사용하지만 여기서는 구원을 말하지 않고 '의롭다 하심을 얻는다'고 합니다. 바울은 하나님 의와 구원받은 사람 의를 연결합니다.(빌3:9-16, 롬9:30) 그리고 하나님 의와 인간 의를 구분하기도 합니다.(롬10:3) 그는 믿는 사람이 하나님 의로 행할 것을 요청합니다.(빌3:16) 의롭다고 인정받은 삶은 주체가 분리되지 않은 삶입니다. 우리는 가정과 직장에서, 친밀한 사람과 낯선 사람에게, 힘 있는 사람과 약한 사람에게, 동족과 외국인 앞에서, 주체가 분리된 채로 각각 다르게 행동합니다.

바울이 말하는 하나님 의(체다카ישׁדקה)는 심판 자비 구원 평화 관계 등 정말 복잡한 다중 의미를 가진 말입니다. 이스라엘은 이러한 여러 의미로 '하나님 의'라는 말을 천 년 이상 사용해 왔습니다. 바울은 이제는 혈통으로가 아니라 하나님 은혜로 세계인(이방인)도 하나님나라 백성이 될 수 있다고 선언합니다. 바울이 다음과 같이 말했다고 전해집니다.

골로새서 3장
11 거기에는 헬라인이나 유대인이나 할례파나 무할례파나 야만인이나 스구디아인이나 종이나 자유인이 차별이 있을 수 없나니 오직 그리스도는 만유시요 만유 안에 계시니라
28 너희는 유대인이나 헬라인이나 종이나 자유인이나 남자나 여자나 다 그리스도 예수 안에서 하나이니라

차별이 없다는 바울 말은 고대 세계 법 주의자들이 들으면 경악

할 말입니다.[7] 민주주의를 반대하고 철인(위버멘쉬)의 탄생을 기대한 니체는 기독교의 보편성과 평등성을 혐오했습니다.

그는 '모두가 동등한 권리를 갖고 있다는 교의의 독, 이것을 가장 체계적으로 퍼트린 사람이 바로 그리스도인이다'라고 합니다.(니체, 안티크리스트 43절) 바울은 민족으로 분할된 세계를 넘어서서 하나님나라 백성으로의 분할로 보편과 평등을 추구하고 유용성을 위해서 법을 개방한 사람입니다.[8] 바울의 위대성은 법에 대해 문제 의식을 가진 인류 최초 사람이라는 데 있습니다. 또한 바울은 그리스도인이 새로운 피조물이라고 합니다. 그 새 피조물은 화해하는 직책을 맡은 사람입니다. 화해는 하나님 의를 이루기 위해서 주어진 직책입니다.(고후5:17-21) 하나님이 이스라엘을 혈통으로 선택(칭의)하시고 이제 세계인(이방인)을 은혜로 칭의(선택) 하심은 바울신학의 결정적 관심입니다.[9]

루터가 하나님 의를 은혜로 얻는다는 사실을 가지고 믿음으로 구원받는다는 개신교 중심 교리를 세웠습니다. 하나님 의는 히브리어로 여러 가지 의미가 담긴 '체다카'입니다. 이 말의 그리스어 의미는 바름righteousness이고 라틴 의미는 정의justice입니다. 한편 오늘날 정치신학자들은 하나님 의를 얻는다에서 정의를 읽습니다. 루터는 그리스도 의가 믿는 사람에게 전가된다고 합니

---

7) 알랭 바디우 사도바울 현성환 2008, 24p
8) 슬라보예 지젝 죽은 신을 위하여 김정아 길 2008, 175p
9) 귄터 보른캄 168p

다. 믿음으로 바른 사람이 된다는 인식이고 이것이 구원이라는 뜻입니다. 루터의 후학들이 이것으로 영혼 구원이라는 형이상학 구원론을 만들었습니다. 여기에서 칭의와 성화가 동시 일어난다는 칼뱅 구원 교리가 나왔습니다. 감리교 웨슬리는 성화가 점진적으로 이루어진다고 합니다. 인격personality은 교양과 믿음을 통해 변할 수 있습니다. 그러나 인간 성격character은 변하지 않습니다. 믿음으로 완전한 인간이 된다는 사유는 신 플라톤주의 사유입니다. 바울은 삶의 구체적 문제를 해결하려 했지 인간성 계발이나 형이상학 문제를 논하지 않았습니다. 종교 개혁자들이 하나님나라를 모르는 것이 오늘날 기독교 비극입니다.

2. 그리스도인을 부르심은 무엇인가[10]

 개신교가 중대형 교회가 되고 가톨릭이 자산가가 되면서 기독교는 사회에 군림하게 되었습니다. 교육 의료 언론 사회봉사 등 기관에서 기독교 비전문가가 사회의 전문가를 지휘하는 형국입니다. 선교 초기에는 기독교가 사회에 기여했지만 오늘날에는 민폐입니다. 하나님을 위해 특별한 일을 한다는 소명 의식 때문에 이러한 일이 발생했습니다. 이와 반대로 이스라엘은 하나님이 부르신(선택) 목적을 잊어서 망했습니다.

 출애굽기 19장
 5 세계가 다 내게 속하였나니 너희가 내 말을 잘 듣고 내 언약
 을 지키면 너희는 모든 민족 중에서 내 소유가 되겠고
 6 너희가 내게 대하여 제사장 나라가 되며 거룩한 백성이 되리
 라 너는 이 말을 이스라엘 자손에게 전할지니라

 출애굽 백성을 이끄는 모세가 시내산에서 하나님과 계약한 시내산 언약입니다. 이것이 신탁이 아니라 이스라엘 스스로 작성한 것이라면 황당한 언약이고, 신탁이라 할지라도 당황스러운 언약입니다. 갓 탈출한 노예 백성더러 북쪽 철기문화를 이룬 강대국 히타이트족과 남쪽 비옥한 이집트를 돌보는 제사장 국가가 되라

---

 10) 조르조 아감벤 남겨진 시간 강승훈 코나투스 2008

고 하니 말입니다. 1세기 무렵 이스라엘은 이러한 언약을 까맣게 잊었습니다. 선조들 어록 1장 1절은 '율법에 울타리를 쳐라, 울타리를 쳐라'입니다. 세상을 돌보는 게 아니라 세상에 벽을 쌓고 지내라고 합니다. 그들은 세상과 더불어 살지 않아서 망했습니다.

이스라엘은 하나님 일을 '안 해서' 망했고 기독교는 하나님 일을 '해서' 망하는 중입니다. 교회와 성당에서, 하나님 일하는 곳에서, 선한 일을 하는 곳에서, 참혹한 악이 발생합니다. 루터가 하나님이 그리스도인을 '부르심'이라는 단어 '클레시스κλησις'를 독일어로 번역하면서 '직업'이라는 뜻의 '베르프beruf로 번역했습니다.(고전7:15-22) 칼뱅은 이것을 따라 '그리스도인은 하나님을 위한 특별한 직업을 가지도록 부름 받았다'는 소명 신학을 세웠습니다.

그리스도인이 가정보다 교회와 성당을 우선하고 하나님 일을 위해서 특별한 일을 한다며 세상과 불화하게 된 원인이 바로 여기, 애초부터 오해로 비롯한 소명 신학에 있습니다. 부름이라는 뜻의 '클레시스κλησις'는 사용이라는 뜻이 있습니다. 즉, 부르심은 하나님 힘(사랑)을 세상에 사용하며 사는 것을 말합니다. 바울은 부르심 받은 것을 사용(크레사이χράομαι)하라고 합니다.(고전7:21) 그러므로 그리스도인만 아니라 모든 사람은 세상을 위해 살도록 부름(소명)받았습니다. 그중 제일인 가족을 돌보는 일이 하나님 일입니다. 하나님을 위한 특별한 직업이 따로 없습니다. 모든 직업에 따른 소명의식이 있습니다. 그중 제일은 가족을 돌보는 일이고, 이것이 하나님 일입니다. 그리스도인은 모세 언약을 따르는 사람이 아닙니다. 예수그리스도와 새 계약(언약)을 맺었습니다.(누가22:19-20) 이스라엘 언약은 돌판에 문자로 새겨진 법입니다. 법은 금지와 요구로서 '순종'을 요구합니다. 그러나 그리스도와 맺은 새 언약은 영으로 맺었습니다.(고후3:6) 그분이 선포하시고 이루어 가시는 하나님나라에 초대되어 '참여'하는 언약입니다. 그러므로 하나님과 그리스도인의 계약(언약)은 '순종'이 아니라 '참여'입니다. 4복음서를 비롯한 신약 성서 전체가 하나님나라 삶에 대한 이야기입니다. 성서에서 바울이 부르심에 대해 증언하면서 그리스도인이 하나님나라에서 어떻게 살아야 하는지를 말합니다.

고린도전서 7장(새번역)
30 우는 사람은 울지 않는 사람처럼 하고, 기쁜 사람은 기쁘지 않은 사람처럼 하고, 무엇을 산 사람은 그것을 가지고 있지 않은 사람처럼 하고
31 세상을 이용하는 사람은 그렇게 하지 않는 사람처럼 하도록 하십시오. 이 세상의 형체는 사라집니다

 하나님나라에서는 세상의 "-것처럼"이 없습니다. 모두가 "- 것처럼" 사는 시간에 "- 아닌 것처럼" 사는 것이 구원을 체험하는 삶입니다. 모두가 정상인 것처럼, 정치 종교 지배자들은 지금이 평

화인 것처럼 삽니다. 우리 모두는 마치 "-인 것처럼"에 속고 있습니다. "- 아닌 것처럼"은 어느 것에도 집착하지 않고, 지배체제에 억압받지 않고 자유하게 사는 삶입니다. 그리스도인을 부르신 하나님은 마치 우리가 "- 아닌 것처럼" 살도록 부르셨습니다.

모든 생명은 덧없습니다. 죽음을 맞습니다. 세상은 고통 중에 있으며 하나님나라 회복을 고대합니다.(롬8:18-25) 그렇다고 영지주의자처럼 방랑자로 살라는 말이 아닙니다. 하나님나라에 적극 참여하며 살되 결국 멸절되는 세상 것에 헛된 희망을 두며 억압받지 말라는 뜻입니다.

로마서 3장
28 그러므로 사람이 의롭다 하심을 얻는 것은 율법의 행위에 있지 않고 믿음으로 되는 줄 우리가 인정하노라

로마서 14장
17 하나님의 나라는 먹는 것과 마시는 것이 아니요 오직 성령 안에 있는 의와 평강과 희락이라

'믿음으로 의롭다함을 얻는다'는 뜻은 믿음을 통해 하나님과, 그리고 타자와 새로운 관계를 맺는다는 뜻입니다. 믿음을 통해 불의한 사람, 부정한 사람, 그리고 약한 사람과도 좋은 관계를 맺을 수 있습니다. 예수께서 세리와 성매매 여인을 마치 "- 아닌 것처럼" 친구하셨습니다. 가난한 사람과 약한 사람을 차별하고 배

제하는 삶은 좋은 관계가 아니라 기쁨이 없는 불화입니다. 그렇게 좋은 관계(의, 체다카)로 기쁘고 평화하게 사는 삶이 하나님나라입니다.

3. 바울의 죄 인식

서구 교회는 이미 교회가 아닙니다. 인원이 감소했다는 말이 아닙니다. 서구교회는 백인 우월주의racism, 남성 우월주의 sexism, 경제문화 계급주의classism로 사교 모임이 되었습니다. 한국의 중대형 교회도 이러한 길을 따라가고 있습니다. 라이온스 클럽보다 못한 사교 클럽을 교회라고 할 수 없습니다.

이러한 교회는 예수의 하나님나라 운동을 방해하던 예루살렘의 바리새인과 서기관의 모습과 동일합니다.

교회가 왜 이렇게 되었는지 우리는 신학을 점검해 보아야 합니다. 그러면 죄론에 문제가 있음을 알게 됩니다.

사회 주류층에서 탐욕과 부정부패를 일삼는 사람들이 교회에 와서는 하나님께 용서받고 죄가 없어졌음을 선언합니다. 그러고는 다시 사회에 나가서 이러한 일을 반복합니다. 교회 장로인 전직 대통령이 뇌물죄로 감옥에 가면서 측근들에게 믿음으로 이기겠노라고 말합니다. 감옥에서 하나님께 용서를 구하면 죄가 없어진다고 생각하기 때문입니다.

로마서가 쓰이고 50-70년 후 2세기 초엽에 요한 1서가 쓰였습니다. 십자가 죄 용서로 죄가 없어졌다고 생각하는 사람들 때문에 '만일 우리가 죄가 없다고 말하면 스스로 속이고 또 진리가 우리 속에 있지 아니할 것이요'(요일1:8)라는 글이 쓰였습니다.

십자가 죄 용서는 죄를 없이해 주는 것이 아니라 새로운 기회를 부여해 줍니다. 하나님이 용서해 주었으니 피해자와 사회에 피해를 보상하고 새로운 삶을 살라는 말씀입니다. 예수께서 세리 삭개오를 용서하시자 삭개오는 4배로 피해 보상할 것을 약속합니다. 그 시대에는 4배로 갚아야 사회로 복귀할 수 있었습니다. 오늘날은 배상 없이 사회에 복귀하는 일을 밥 먹듯 합니다.

원죄론

많은 사람들은 바울이 기독교 원죄론을 세웠다고 생각합니다. 과연 그럴까요?

로마서 5장 12절에 '한 사람으로 말미암아 죄가 들어오고'라는 말이 있습니다. 히에로니무스가 첫 라틴어 번역서인 불가타 역에서 '그(아담)에게서 모든 사람이 죄를 범했다'로 번역했습니다. 아우구스티누스가 이 번역으로 성서를 읽고 원죄론 교리를 만들었습니다. 아우구스티누스는 성서 언어인 헬라어를 몰랐습니다. 이야기 생산자인 유대교는 에덴동산 이야기를 죄론으로 읽지 않고 은혜론으로 읽습니다. 에덴동산 이야기를 은혜론으로 읽지 않으면 가인과 아벨 형제 이야기는 이해 불가합니다. 선한 아벨은 죽고 악한 가인은 하나님이 주시는 보호표를 받고 살아갑니다. 죄인에게 베푸시는 하나님 은혜입니다.

바울이 로마서 5장 12-21절에서 아담 시대가 가고 예수시대 즉 하나님나라가 시작되었음을 증언했는데 아우구스티누스가 여기에서 죄를 읽었습니다. 원죄론은 서방교회에만 있는, 아우구스티누스의 견해 중 하나일 뿐입니다.

아우구스티누스 죄 인식

아우구스티누스는 신플라톤주의자입니다.

신플라톤주의는 인간의 신성화 즉 완전한 인간이 되어 신에게 가까이 가는 게 구원이라고 말합니다. 아우구스티누스는 성육신에 대해 올바른 인식을 하지 못했습니다. 그래서 그는 신이 우리에게 온다는 인식을 못하고 신에게 가기 위한 행위의 결함인 '선의 결핍'을 죄라고 했습니다. 루터가 이것을 따라 죄를 '구부러진 의지'라 하고 김세윤 김영한 등 내로라하는 현대 신학자들이 이 주장을 따랐습니다. 바울은 죄가 악의 세력이라고 했는데 기독교 교리는 죄를 인간 의지 문제로 설명했습니다. 그 결과 성서 번역에 심각한 오류가 발생했습니다.

주기도문에서 마태복음 저자는 '우리가 우리에게 죄 지은 자를 사하여 준 것 같이 우리 죄를 사하여 주시옵고'라고 합니다.

여기에서 '우리에게 죄 지은 자'로 번역된 헬라어 오페일레테스 ὀφειλέταις 뜻은 '빚진 자'이고, '죄'로 번역된 헬라어 오페일레마타 ὀφειλήματα 뜻은 '빚'입니다.(마태6:12)

누가복음서에 나오는 주기도문에서 '죄 지은'으로 번역된 헬라어 오페일로 ὀφείλω 뜻은 '빚지다'이고, '죄'로 번역된 헬라어 하마르티아 ἁμαρτία 뜻은 '잘못'입니다.(누가 11:4) 즉 우리에게 빚진 모든 사람의 빚을 탕감해 주었으니, 마태복음서에서는 우리 빚도 탕감해 달라고 기도하고 누가복음서에서는 우리 잘못도 용서해달라고 기도합니다.

아우구스티누스의 죄론 때문에 빚과 잘못이 '죄'로 번역되었습니다. '빚진 것'을 '죄 지은 것'으로 번역했습니다. 아마도 성서 번역자가 남에게 꾸어준 돈이 너무 많아서 하나님께 '내가 빚을 없이해 주었으니 내 빚도 없이해 달라'라고 기도할 수 없었는지도 모르겠습니다.

바울의 죄 인식

로마서 7장
8 그러나 죄가 기회를 타서 계명으로 말미암아 내 속에서 온갖 탐심을 이루었나니 이는 율법이 없으면 죄가 죽은 것임이라

바울에게 죄는 잘못이나 범죄가 아니라 우리에게 탐욕을 일으키는 영적 세력입니다. 비신앙인 철학자 조르조 아감벤은 이 본문을 읽고 죄란 '무의식 속의 탐욕'이라고 합니다. 한편, 이 본문은 법 안에 죄가 있음을 천명한 주목해야 할 구절입니다. 법으로는 구원이 없고 은혜로만 구원이 있다는 말씀입니다. 이어서 설명하겠지만, 바울은 은혜로 구원받는다고 했지 믿음으로 구원받는다는 말은 하지 않았습니다.

로마서 5장
20 율법이 들어온 것은 범죄를 더하게 하려 함이라 그러나 죄가 더한 곳에 은혜가 더욱 넘쳤나니
21 이는 죄가 사망 안에서 왕 노릇 한 것 같이 은혜도 또한 의로 말미암아 왕 노릇 하여 우리 주 예수 그리스도로 말미암아 영생에 이르게 하려 함이라

바울에게 죄는 하나님 의, 즉 하나님나라에 대적하는 악한 세력입니다. '죄가 더한 곳에 은혜가 넘친다'는 진술은 아무리 죄를 많이 지어도 그때마다 용서해 준다는 뜻이 아닙니다. 죄의 세력이 아무리 강할지라도 하나님 은혜는 그것을 능가한다는 말씀입니다. 누가복음 16장 1-8절에 나오는 악한 청지기 비유를 이러한 관점에서 해석하는 것이 맞습니다. 즉 하나님나라에서는 정죄가 없다는 관점에서 해석하는 게 옳습니다.

죄의 비판적 이해

예루살렘의 바리새인과 서기관들은 자신들은 하나님 은혜 백성이고, 갈릴리 민중과 세리 성매매 여인 등은 죄인이라 정죄하고 차별하고 배제했습니다. 성공자만 교회와 성당에 나오고 그렇지 못한 사람은 죄인 취급하는 오늘날 현실과 같습니다. 헤롯의 학살과 망대가 무너져서 죽은 사람이 누구 죄 때문에 죽었냐고 사람들이 예수께 물었을 때, 예수는 죽은 사람들 죄 때문에 죽은 게 아니라고 대답합니다.(누가13:1-5) 당시에는 재난이나 실패가 죄 때문이라고 인식했습니다.

오늘날에도 그렇게 설교하는 목사가 많습니다. 예수는 사회에서 낙오한 실패자나 가난한 사람들에게 그들의 고통이 죄 때문이 아님을 선언하고 그들에게 새로운 하나님나라 삶을 약속하십니다. 예수는 하나님나라 시작으로 죄가 극복되었다고 가르칩니다. 바울은 예수와 합하여 세례를 받음으로써 죄가 극복되었다고 가르칩니다.(로마6:1-14) 기독교는 이러한 가르침이 상속되지 못했습니다. 오히려 후기 유대교에서 맹위를 떨친 죄의식에 빠져있는 인간이라는 사유를 상속했습니다.

초기 선교사들 보고 문서에서 한국인에게는 죄에 대해 가르치기 어렵다고 하는 글을 읽었습니다. 서양은 제의로써 동물의 피로 자신의 죄를 대신하는, 죄 인식이 뚜렷한 편입니다. 그러나 한국인에게 제사는 죄를 사하는 예식이 아니라 조상을 기리며 음식을 나누어 먹는 행위입니다. 한국인에게는 죄의식이 없습니다. 예수께서는 죄 인식을 벗겨 주려 하시고 바울은 죄가 악의 세력이라 하는데, 한국의 목사와 신부는 죄에 대해 알지도 못하는 교인들을 죄인이라고 다그칩니다. 이는 통제하고 지배하기 위해서입니다. 민중 신학자 서남동은 죄는 지배자가 지배하기 위해 사용하는 언어라고 합니다.

'나는 죄인 중의 괴수다(딤전1:15)'는 바울 진술이 아닙니다. 도미닉 크로산은 디모데서를 포함한 바울 위서는 바울 반대자들이 썼다고 합니다. 단정하기 좋아하는 크로산 말이어서 진위 여부를 확인할 수는 없습니다. 다만, 디모데서는 바울 사유와는 전혀 다르다는 걸 알 수는 있습니다.

자신을 죄인이라는 표현이 겸손 같지만 자연스러움을 잃은 영적 교만입니다. 이러한 인식으로는 자신도 죄인이고 사회악도 죄인이어서, 사회 구조 악을 볼 수 없습니다. 그저 모두가 참회하면 된다고 하며 신앙인이 사회 구조 악에 어떻게 대처해야 하는지를 숙고하지 못합니다.

설교자나 신자를 막론하고 죄인이라는 표현으로 믿음을 독려하는 일은 예수와 바울 의도에 없는 방식입니다. 따라서 설교자에게는 신자를 지배하고 통제하려는 도구가 되고 신자에게는 사회

악은 보지 못하고 자신의 참회에만 매달리는 결과를 초래합니다. 예수 사역과 가르침 그리고 바울 서신들에는 참회 요구가 없습니다. 참회는 유대교 신앙 방식입니다.(샌더스)

구원, 죄사함 등 모든 신앙 언어는 과정입니다. 바울은 그리스도인이 속량을 기다리는 사람이라고 합니다.

로마서 8장
23 그뿐 아니라 또한 우리 곧 성령의 처음 익은 열매를 받은 우리까지도 속으로 탄식하여 양자 될 것 곧 우리 몸의 속량을 기다리느니라

바울의 인간 이해는 죄인으로서 인간이 아닙니다. 한계를 가진 인간으로서 억압으로부터 풀려나기 위한(속량) 하나님 은혜를 구하는 인간입니다.(로마7:14-25)

바울의 죄 인식에 따르면, 빈부격차를 늘리고 약한 사람의 인간 존엄을 훼손하며 국가 공권력을 자신들의 탐욕을 위해 사용하는 세력이 죄이고, 그 죄에 편승해 있는 사람이 죄인입니다.
예수께서는 이러한 세력에 저항하셨습니다.(마태23:2)

4. 믿음으로 사는 시대가 열리다

이스라엘 예언자 하박국은 구원 시대가 오면 믿음으로 살리라고 묵시합니다.(하박2:4) 바울은 그 묵시의 시작이 예수그리스도라고 증언합니다.(로마1:17) 즉 예수께서 선포하시고 실행하신 하나님나라 삶이 시작되었습니다. 하나님나라가 예수와 함께 시작되었다는 사실이 복음(기쁜소식)입니다.

하나님나라 삶이 그리스도인 믿음이 되지 못한 중요한 2가지 계기가 있습니다. 5세기 아우구스티누스와 16세기 종교개혁자들입니다.

아우구스티누스

아우구스티누스는 금욕종교인 마니교에서 10여 년 믿음 생활하다가 스스로 구원의 길을 찾는 종교인 신플라톤주의로 개종했습니다. 그 이후 그는 역시 신플라톤주의자 오리게네스 제자인 암브로시우스에 의해 기독교로 개종합니다. 아우구스티누스는 신플라톤주의에서 한 발짝도 나오지 않았습니다.(화이트헤드) 그는 로마 황제 궁정 교사 출신으로 제국과 황제를 위한 신학을 세웠습니다.

유스티아누스 로마 황제 박해 때에 성서를 불태우는 등 배교 한 사제들이 황제가 바뀌고 박해가 풀리자 복귀했습니다. 도미티안 파 그리스도인은 복귀한 사제들의 파면을 요구했습니다. 요구가 받아들여지지 않자 이들은 도미티아누스를 사제로 선임하고 별 도의 집단을 이루었습니다. 이들은 이베리아 반도와 카르타고 일 대 농민들로부터 전폭 지지를 받았습니다. 이러한 사태는 황제와 지주들의 근심이 되었습니다. 아우구스티누스는 황제의 대리 자 격으로 도미티안파 대표와 밤샘 협상을 했는데 결렬되었습니다. 결국 아우구스티누스는 질서를 위해서라는 이유로 도미티안파 그리스도인 학살을 지지했습니다.

고대 중세 신학 논쟁은 권력 다툼입니다. 펠라기우스는 로마 사 제들의 타락과 부패를 공격했습니다. 아우구스티누스는 펠라기 우스를 도덕주의자라며 이단으로 파문했습니다. 처음 재판에서 부결되어서 다음 해 아우구스티누스 주도로 다시 재판하여 파 문했습니다. 대부분 신학자들은 아우구스티누스를 은혜론자라 고 합니다. 신플라톤주의자이면서 은혜론자라는 말은 논리모순 입니다. 엄밀히 말해서 아우구스티누스도 도덕론자입니다. 신학 자들 글에 논리모순이 일어나는 글은 하늘의 별보다 많습니다.

펠라기우스는 예수 생애와 가르침을 따르자는 모범기독론을 세 웠습니다. 펠라기우스 파문 후 기독교에서 모범기독론이 사라졌습니다. 오늘날에도 조직신학에서 모범기독론 신학은 없습니다.

아우구스티누스는 기독교로 개종한 후에 회심 사건을 맞았음을
자신의 「고백록」에서 말합니다. 그러나 그는 회심으로 기독교에
귀의한 것이 아닙니다.그는 어느 날 창밖에서 들리는 '책을 들어
읽어라' '책을 들어 읽어라'는 아이들 노래 소리를 듣고 책상 위
에 있는 성서를 펼칩니다. 거기서 읽은 구절이 로마서 13장 13
절입니다.

로마서 13장
13 낮에와 같이 단정히 행하고 방탕하거나 술 취하지 말며 음
란하거나 호색하지 말며 다투거나 시기하지 말고

어머니 모니카는 아우구스티누스가 황궁 교사를 마치고 영지
를 받게 하기 위해서 10여 년 동거하던 여인을 버리고 새 여인과
약혼하도록 했습니다. 그는 약혼 중에도 다른 여인과 동침했습
니다. 이 성서 구절을 읽고 성 문제가 해결되었습니다.(성염) 칼
뱅과 모든 교회 역사가들이 오해했습니다. 아우구스티누스가 방
탕하다가 이 성서 구절을 통해 회심했다고 합니다. 그러나 인문
사가들(피터 브라운, 게리 윌스 등)은 아우구스티누스는 개종하
기 전부터 철저히 금욕하고 절제하는 사람이라고 합니다. 마니교
는 극도의 금욕종교이고 신플라톤주의도 귀족과 부유층의 종교
성 짙은 사상으로써 금욕과 절제로 사회 안녕을 꾀하는 사유입니

다. 그러므로 우리는 아우구스티누스가 위 성서 구절에서 자신의 사상에 대한 정당성을 확보했음을 알 수 있습니다. 기독교 신학을 금욕과 선의 추구로 세우고자 고심했는데 성서에서 신플라톤주의와 같은 사유를 찾았습니다. 바울은 법으로는 죄가 드러나므로 정당성이 없고 믿음으로만 정당성이 있다고 했는데 아우구스티누스는 법에서 정당성을 찾았습니다. 바울이 말하는 법은 유대 율법도 있지만 종교 도덕 법률 사상 등 인간 가치체계 전반을 말하기도 합니다. 아우구스티누스는 하나님은 최고 선이며 선에 참여하여 선善을 통해서 하나님을 본다고 합니다.[11]

그에게는 불의하고 부정한 세리와 성매매 여인을 용납(칭의)하신 예수 생애에 대한 숙고는 없습니다. 아우구스티누스 신학은 지성인과 부유한 사람들 신학입니다. 그리하여 기독교는 성서와는 다른 길인 도덕을 추구하여 차별과 배제를 일으키는 행위를 믿음으로 여기게 되었습니다.

아우구스티누스는,

1. 세상이 악하다고 인식하는 신플라톤주의에 따라서, 세상을 이용해 하나님을 향유enjoy하라고 합니다. 신을 향유하는 믿음이 신플라톤주의입니다. 바울은 하나님을 통해 세상을 향유하라고 합니다.(로마14:17) 그리하여 오늘날까지 기독교는 예수께서 선포하시고 실행하신 이 땅에서 하나님나라를 보지 못하고 하늘

---

11) 어거스틴 「아우구스티누스 후기 저서들」공성철 두란노아카데미 2011, 56, 64p

천국을 희망하는 믿음이 되었습니다. 이로써 그리스도인이 하나님을 통해 기쁨과 평화를 누리는 하나님나라 삶(로마14:17)을 잃었습니다.

2. 아우구스티누스가 교회와 은혜를 물화物化reification시켰습니다. 교회는 장소가 아니고 사람들 모임입니다. 따라서 교회 건물을 화려하고 웅장하게 하고 예배를 위해 과도한 비용이 드는 것은 화려한 예루살렘 성전을 보시고 우신 예수에 대한 배반입니다. 또한 바울에게는 오늘날 의미하는 은혜grace 개념은 없습니다. 바울이 말하는 은혜karis는 '하나님의 힘'을 말합니다. 즉 은혜는 실패하고 고난받는 사람과 함께하는 하나님의 힘이지 그분이 주시는 어떤 선물이 아닙니다. 아우구스티누스와 그 신학을 따른 칼뱅에 의해 성공과 재물이 하나님 은혜가 되었습니다. 그리하여 오늘날 가난한 사람들과 실패한 젊은이들은 하나님 은혜를 못 받은 사람이 되어서 교회에 오지 못하게 되었습니다.

3. 아우구스티누스에 의해서 교리에 대한 동의가 믿음이 되었습니다. 플라톤 철학은 하늘이 본질이고 땅의 세상은 가짜이기 때문에 세상에서 선을 찾아야 했습니다. 그래서 선한 것을 관념화(개념화)하고 그것에 동의하는 것이 믿음이라고 했습니다. 이것을 스토아 인식론이라 하는 데, 아우구스티누스가 이것을 기독교 신학에 차용해서 교리에 대한 동의가 믿음이 되었습니다.

이러한 이유로 성서가 신학에 밀려서 성서 해석이 왜곡되었습니다. 특히 바울서신 해석이 왜곡됐습니다. 그리하여 그리스도인이 성서가 증언하는 하나님나라를 알 수 없게 되었습니다. 지금 시간에도 신학교에서 아우구스티누스 신학을 배웁니다. 매해마다 아우구스티누스 신학 박사가 배출됩니다. 하기사 나도 2016년에 출간한 나의 2번째 책인 「기독교는 왜 도덕과 경건이 아닌 사랑인가」에서 아우구스티누스 신학을 소개하고 그를 옹호했습니다. 당시에 그의 향유와 이용 그리고 그의 회심에 대한 의미를 깨닫지 못했습니다. 현재 모든 신학자와 교회들이 모르는 것처럼입니다. 나는 바울을 공부함으로써 아우구스티누스와 종교개혁자들이 틀렸다는 것을 알 수 있었습니다.

이러한 아우구스티누스 신학을 따르는 교회가 앞으로 어떻게 되겠습니까?

5. 그리스도인은 법으로 살지 않고
믿음으로 산다

 유대교를 이해하는 핵심은 선택과 계약(언약)입니다.[12] 따라서 1세기 유대교 실패는 선택과 언약(계약)에 대한 그들의 실패입니다. 하나님께서 세상에서 가장 보잘것없는 노예 백성인 이스라엘을 선택하셨습니다. 세계를 구원하시는 하나님 구원 사역에 참여하도록 이스라엘을 부르시고 계약(언약)하셨습니다.(출19:5-6) 그런데 그들은 계약을 이행하지 않았습니다.

 선조들의 어록 1장 1절은 '(율)법에 울타리를 처라 울타리를 처라'입니다.(조철수, 선조들의 어록)

 하나님은 세상을 구원하시는 데 참여하여 사용하도록 법을 주셨습니다. 그런데 이들은 그 법을 세상을 위해 사용하는 게 아니라 자신들만을 위하여 사용하였습니다. 그리고 세상으로부터 그 법을 보호하였습니다. 급기야 예수 시대에 그 법으로 소외 계층인 자국민을 억압했습니다. 예수는 제자에게 자신이 예루살렘에 가는 이유를, 서기관과 바리새인들이 법의 자리(모세) 앉아서 가난한 사람들과 죄인들을 억압하는 걸 저항하기 위해 간다고 말씀합니다.(마태23:2)
 또한 그들은 선택받음을 거룩으로 인식하고 세상과 분리되어

---

12) E P 샌더스 바울과 팔레스타인 유대교 박규태 알맹e 2019, 759p

사는 걸 목표했습니다. 고대 종교 역할은 세속으로부터 신성(거룩)을 지키고 보호하는 역할입니다.(엘리아데) 그러나 하나님은 이스라엘에게 고대 종교의 임무를 준 것이 아닙니다. 이스라엘을 통해 세계를 구원하시려고 그들을 부르셨습니다.

예수께서 오심은 하나님이 이스라엘을 통해 세상을 구원하시는 구원 역사役事 안에서 이 세상에 오셨습니다. 즉 기독교도 유대교와 마찬가지로 부르심(선택)과 계약(언약)입니다. 신학자들과 목사와 신부의 언약에 대한 글을 보면, '하나님이 우리를 구원하시기로 약속했다'가 전부입니다. 그러므로 하나님 구원은 틀림없음을 강조합니다. 계약 당사자인 그리스도인이 어떻게 해야 하는지를 말하는 글은 전혀 보지 못했습니다. 계약 당사자인 하나님이 보시기에 황당한 일입니다. 계약은 쌍방 간에 의무를 지키기 위해 작성합니다.

유다인처럼 그리스도인도 부르심에 관한 거룩을 오해합니다. 성서 언어인 그리스어 하기오스ἅγιος/하기아스모스ἁγιασμός를 가톨릭은 성화로, 개신교는 거룩 또는 경건으로 번역합니다. 세속과 분리되어 도덕과 경건을 거룩으로 인식합니다. 그러나 하나님이 부르시어 거룩한 백성이 되었다는 뜻은, 하나님 구원 사역에 참여하는 하나님나라 백성이 되었다는 뜻입니다. 성품이나 인격의 변화가 아니라 존재의 변화입니다. 세상과 분리되어 살라고 부르신 것이 아니라 세상 속에 하나님 의가 실현되는 삶을 살도록 부르셨습니다. 즉 그리스도인은 믿음으로 살도록 부르셨습니다.

예수께서 옛 법을 파기하고 새 법을 주셨다고 생각하면 안됩니다. 그렇게 생각하는 사람들이 구약성서를 버리라고 하는 데, 이는 잘못입니다. 예수는 안식일 등 유대법을 파기한 것이 아닙니다. 안식일이나 정결법이 기득 세력을 이롭게 하고 사회 소외계층을 억압하지 않도록 재해석했습니다. 예수는 소위 악인이라 불리는 세리, 성매매 여인 등 죄인들 죄(악)에는 관심이 없습니다. 선한 사람들인 서기관과 바리새인들이 일으키는 죄(악)에 깊은 관심이 있습니다. 예수께서 새 술은 새 부대에 담으라는 말씀이 워낙 강렬해서 옛 법을 무시하는 경향이 있습니다. 구원파 그리스도인이 그렇습니다. 그러나 마태는 예수께서 천국은 제자 된 서기관마다 마치 옛것과 새것을 그 곳간에서 내오는 집주인과 같다 하셨다고 증언합니다.(마태13:52) 하나님이 노예 백성을 부르신 것처럼 예수도 사회 소외자인 세리와 어부를 제자로 삼으셨습니다. 그리고 갈릴리 가난한 사람들에게 하나님나라에 대한 복음을 선포하시고 실행하셨습니다. 하나님은 약한 자를 선택하시어 강한 자를 부끄럽게 하십니다.(고전1:28)

바울은 이러한 복음을 믿음으로 살아내라고 합니다.

로마서 3장27 그런즉 자랑할 데가 어디냐 있을 수가 없느니라 무슨 법으로냐 행위로냐 아니라 오직 믿음의 법으로니라

바울이 말하는 법의 행위들은 '의로워지려고 법을 지키는 선한 행위'입니다.(갈3-4장)[13] 즉 바울은 이러한 행위로 하나님과 좋은

_____

13) 앤토니 C 티슬턴 살아있는 바울 윤성현 CLC 2014, 167p

관계가 이루어지지 않는다고 합니다. 왜냐하면 법이 죄를 일으키기 때문입니다.(로마7:8) 다시 말하자면, 선한 행위를 하자면 불의하거나 부정한 사람을 차별하고 배제하기 때문입니다.

그러면 법의 행위가 아닌 믿음의 법은 무엇일까요? 새로운 법이 탄생한 것이 아닙니다. 그 법을 어떻게 행위하는가라는 새로운 길입니다. 로마 7장 6절에서 법에서 벗어났다는 말이 '카타르게오καταργέω'입니다. 카타르게오/카타르게시스는 신약성서에 27회 나오는 데 바울서신에 26회 나옵니다. 즉 바울이 사용하는 메시아 언어입니다.

믿음의 법인 카타르게시스는 칼 슈미트의 '예외 상태'처럼 법을 작동하지 못하게 하면서 그 법의 성취를 가져오는 행위입니다.[14] 우리말로는 '지양'이 비슷합니다. 노자의 무위無爲와도 같은 데, '행함이 없이 행위하라'는 말입니다. 쉽게 말해서 요란 떨지 말라는 뜻입니다. 이사야도 구원 때의 하나님 종은 '외치지 아니하며 목소리를 높이지 아니하며 그 소리를 거리에 들리게 하지 아니하며(사42:3), 그는 맹인이고 귀머거리입니다. (사42:19), 그리고 제자의 혀를 가진 자(사50:4)라고 합니다.[15] 주의 일(세상에 이로운 일)은 성과가 있든지 없든지 그냥합니다. 행위하면서 차별 배제 징계 소외 등이 일어나면 믿음의 법이 아닙니다. 성취 번영 확

---

14) 조르조 아감벤 남겨진 시간 강승훈 코나투스 2008, 165-167p
15) 이사야 50:4 제자의 혀는 림무드인데, 개역개정은 학자들의 혀로 KJV은 The learned로 번역했습니다. 개역개정 사8:16은 제자로, 사54:13은 교훈을 받는으로 번역했습니다.

장 용성 등도 믿음의 법이 아닙니다.

믿음의 법인 카타르게시스는 자크 데리다의 '해체'와도 같습니다. 새롭게 다시 세우기 위한 '해체'입니다. 데리다의 '해체'는 차별과 배제를 중단하고 타자를 용납함입니다. 독해를 위한 읽기라면 '해체'는 1차 읽기에서의 해석을 전복顚覆하고 2차 읽기를 말합니다.

그래서 바울은 법을 파기하는 것이 아니라 사랑으로 법을 완성한다고 합니다.(로마13:10) 또한 그는 예수가 법의 목표입니다.(로마10:4 텔로스)

법의 특징은 분할이고 또한 자랑(교만, 엡2:9)과 육신을 신뢰함입니다. 법을 지키려는 노력 자체가 나쁜 것이 아니라, 법을 신뢰하면 그리스도를 통해 주시는 하나님 의를 구하지 않게 됩니다.(로마10:2-4) 법은 무엇을 범주화하여, 초월 되는 부분을 규정과 의미로 분절함으로써 매몰시킵니다. 믿음은 한정된 의미의 초월 부분을 열린 채로 유지합니다.[16] 쉽게 말해서 법은 기득 세력이 자신들 이익을 위해 차별과 배제 그리고 폭압을 일으키지만, 믿음은 그 법으로부터 소외된 사람들과 가난한 사람과 더불어 살도록 그 법을 개방합니다.

---

16) 조르조 아감벤 남겨진 시간 강승훈 코나투스 2008, 221p

6. 믿음으로 산다는 것

　인류 정신사에서 1950년 이후를 탈근대(post-mordern)라고 합니다. 근대를 벗어나고 새로운 시대를 맞았습니다. 나는 이 시대를 어린 나이에 보냈는데, 이때에 '말세다'라는 소리를 많이 들었습니다. 종말은 새로운 시대가 열리기 전 가장 엄혹한 시대입니다. 이스라엘은 예수께서 전한 새로운 시대인 하나님나라를 받아들이지 못하고 역사 속으로 사라졌습니다. 2천 년이 지난 후 소생했지만 오늘날 이스라엘은 선택 민족으로서의 소명은 사라진 듯 보입니다. 하나님은 버림받은 비천한 노예 민족을 자신의 백성으로 선택하셨는데, 오늘날 이스라엘은 세계에서 갑질하는 국가가 되었으니 말입니다.

　예수께서 선포한 하나님나라는 그분의 제자와 바울 그리고 여러 증인들에 의해 세계에 전해졌습니다. 이스라엘 예언자 하박국은 종말 때에 즉 구원 때에 그 '구원받은 자는 믿음으로 살리라'고 예언합니다.(하박2:4) 바울은 그 예언이 오늘 이루어졌다고 합니다. 의인(구원받은 자)은 믿음으로 산다고 선언합니다.(로마 1:16-17) 이제까지 법으로 살았지만 하나님 의가 나타났으므로 믿음으로 산다고 합니다.(로마3:21)

믿음으로 산다는 것이 무엇일까요?

1. 도덕과 경건에 힘쓰는 삶이 믿음으로 사는 것이라는 오래된 오해가 있습니다.

도덕은 사회 주류층이 된 기득 세력이 남들이 자기들과 같아지기를 요구하는 법입니다. 도덕은 힘 있는 자가 타인에게 충성을 요구하는 태도입니다.(니체) 도덕은 그렇게 살 수 있는 행운을 얻은 사람이 누리는 호사입니다.(슬라보예 지젝) 도덕에 힘쓰는 기득 세력은 자신들의 악독과 흉계와 탐심은 감추고 험한 일은 아래 사람을 통해 이루면서 주변부 사람들에게 도덕을 요구합니다. 이러한 도덕을 믿음으로 포장한 경건은 그리스도인의 타락한 믿음입니다.(조셉 플레처)

모 정치인의 형수에 대한 욕설을 비난하는 사람은 자기가 처한 현실이 무엇인지 알 필요가 있습니다. 이러한 행동은 치열하게 시대를 살아낸 사람을 경멸하며 자신의 악독은 감추고 우월을 뽐내는 비겁함의 전형입니다. 도덕주의자는, 국가와 민족이 폭력으로 비도덕인 자를 다스리기를 요구하고(폭력 도덕), 지식인층에게는 기독교 휴머니즘 도덕을 요구합니다. 도덕으로 무장한 지식인들은 그 규범을 대변하는 정당으로 넘어가서 자신들 이념을 실현하기 위한 노력을 경주합니다. 이러한 기득 세력들은 도덕과 기독교 휴머니즘이 사회 변혁을 위한 세계 사건에 아무런 영향을 미치지 않는다는 사실을 잘 알고 있습니다.[17] 이들은 사회가 어떻게 변혁되어야 하는지에 대해서는 관심이 없습니다. 이들은 플라톤이 그랬던 것처럼, 관념론으로 이상적 사회를 제시하고 그것에 몰두하도록 사람들을 현혹합니다.

도덕주의자들은 마치 종이 떠다 주는 물로 손을 씻으면서 삶의 노동으로 손을 씻지 못하고 식사하는 사람을 비난하는 바리새인과 같습니다. 예수께서는 고단한 삶의 현실에서 비도덕으로 사는 사람들을 비난하는, 고매하고 도덕적인 당사자 바리새인의 내면에 있는 악독과 궤계를 꾸짖습니다. 오늘날 그리스도인은 예수께서 비도덕인 사람들과 함께했다는 사실을 생각하려 하지 않습니다.

도덕과 경건은 그리스 철학인 스토아 윤리로부터입니다. 그들은 신에게로 가려는 의지로 도덕과 경건을 요구합니다. 여기에서 개별성은 존중받지 못합니다. 모두가 하나가 되기 위한 전체화, 균질화가 요구됩니다. 개별자에 대한 존중보다 공공선이 최고선이 됩니다. 어떤 인간이 되려 하는 것 즉 엄격함, 정확함, 순수함에 대한 추구 속에서 비인간화가 일어납니다.[18] 쉽게 말해서 인

17) 발터 벤야민 서사 기억 비평의 자리 최성만 도서출판길 2013, 377p
18) 같은책, 396p

정머리 없는 사람이 된다는 뜻입니다. 고대 로마의 위대성은 모든 것을 받아들여 종합한 데 있습니다. 우리는 순복음을 주장하는 그리스도인이 세계에서 고립되어 가는 것을 봅니다. 이념 없는 예술을 순수 예술이라고 하는 말은 기만입니다.[19] 그것은 브르주아 사회인 기득 세력의 오락이나 위안을 위한 예술이므로 체제를 유지하기 위한 자본주의 이념입니다.[20] 종교도 그와 같습니다.

2. 믿음을 세상과 분리해서 금욕과 절제로 파악하는 오해가 있습니다.

이스라엘은 하나님에게 선택받음을 세상과의 분리로 받아들였습니다. 철학자들 용어로는 세속과 함께하지 않는다는 뜻인 '세상의 잔여'입니다. 그들은 세상과의 분리뿐만 아니라 자신들 민족 안에서도 분리해 나갔습니다. 이스라엘의 바리새파와 쿰란 공동체는 그렇게 극도로 자신을 세상과 분리한 믿음 공동체입니다.

세상 모든 종교와 철학은 기득 세력이 구축해 놓은 가치체계에 동질화, 전체화를 요구합니다. 이미 이루어진 세계 질서에 모두를 동조하게 하려고 대를 위해 소가 희생되는 체제를 요구합니다. 그러나 그리스도인이 믿음으로 산다는 것은, 모두가 동일하

---

19) 같은 책 548p
20) 같은 책 557p

기를 바라는 균질화 속에서 작동하는 악을 나의 주체적 믿음으로 고발하고 극복해 감으로써 보편화를 이루는 삶입니다. 키르케고르가 말하는 주체 신앙은 하나님과 내가 단독자로 만나는 믿음입니다. 그러나 유럽 철학자들(바디우, 아감벤, 지젝)이 말하는 주체는 정체성을 말합니다. 그러므로 오늘날과 같은 엄혹한 현실에서 주체적 믿음이란, 그리스도인 정체성을 가지고 세계에 기여하는 믿음입니다. 다르게 말하자면 기독교 과제는 그리스도인 정체성과 세상과의 연대입니다.

　그리스 정의는 전체화, 동질화하는 공공선입니다. 그러나 이스라엘 정의는 가난한 사람, 힘없는 사람, 주변부 사람이 정당한 권리를 행사하는 선입니다.(이사42:1-3) 바울은 자신이 전하는 복음은, 선지자들을 통해 약속되었고 다윗 혈통에서 나신 예수에 관한 소식이라고 합니다.(로마1:2-3) 즉 그분의 삶과 사역 그리고 가르침이 복음입니다. 또한 이스라엘과의 언약, 선지자들의 예언 전통, 예수께서 선포하신 하나님나라를 나의 삶에서 이루어 가는 것이 믿음입니다. 그리고 이러한 삶의 태도가 그리스도인 정체성입니다. 또한 바울은 예수의 하나님나라 복음이 세계 모든 민족을 위한 복음이라고 합니다.(로마1:5) 개정개역과 공동번역은 바울이 이방 전도자라는 걸 강조하기 위해 모든 민족(에드노스$\dot{\epsilon}\theta\nu\hat{\omega}\nu$)을 모든 이방인으로 번역했습니다. 성서 번역자들이 예수께서 여신 하나님나라를 몰랐습니다.

복음서는, 예수께서 안식일 규칙을 무시하거나 정결법을 무시한 사실을 증언하면서도 법을 폐하는 게 아니라 완전하게 한다고 합니다.(마태5:17) 바울도 이스라엘 법인 할례, 음식규정, 절기 지키기 등 이스라엘 법을 따르는 것이 하나님 백성되는 조건이 아니고 하나님께서 믿음으로 선택(칭의)하신다고 합니다. 하나님의 칭의(선택)하심이 우리의 구원입니다. 사실상 법을 무시하면서도 믿음으로 법을 굳게 세운다고 합니다.(로마3:31) 바울이 말하는 믿음은 야고보가 말하는 믿음과 완전히 동일합니다. 바울이 로마서에서 말하는 믿음은 행위와는 전혀 갈등 관계가 없습니다. 법과 어떤 관계를 맺을지를 숙고하는 태도입니다. 바울 가르침은 구원받은 자로서 세상을 배려하고 그들과 더불어 살라는 가르침입니다. 바울은 자신이 누리는 삶을 법으로 갑질하지 않는 삶이 될 것을 요구합니다. 그리스도인은 비도덕에 분노하는 사람이 아니라 삶을 억압하는 현실에, 인간 존엄을 억압하는 현실에 분노하는 사람입니다.

기득 세력은 남들더러 기다리라고 합니다. 파이가 커지면 나눌 거라고 합니다. 부자들이 더 부유해지면 그 부가 아래로 흐른다는 주장trickle down economy은 악명 높은 신자유주의 구호입니다. '기다려'는 '안돼'와 같습니다. 흑인 인권 운동가 마틴 루터 킹은 '고매하고 도덕적인 사람들아 우리의 성급함을 이해하라'고 말합니다.

바울은 종족 분할을 극복하고 하나님나라 백성이라는 새로운 분할을 통해, 법 체계 너머에 존재하는 새로운 현실을 세계에 증언한 사람입니다. 영역 분할이 아닌, 생명과 자유 그리고 정의와 평화를 지향하는 삶의 태도로의 분할입니다. 어디에서든지 언제든지 예수그리스도와 관계하는 삶입니다.

새로운 시간 경험이 메시아 시간인 '카이로스καιρός'입니다. 메시아 시간은 무르익어 오는 시간이 아닙니다. 내가 믿음으로 결단하고 하나님 사역에 참여하는 시간이 구원의 시간인 '카이로스'입니다. 하나님 의(체다카)에 따라 사는 삶이 믿음으로 산다는 것입니다.

7. 믿음 구원인가 행위 구원인가에 대한 논쟁

오늘날 교회와 성당의 설교는 거의 노인만 듣습니다. 젊은이와 지성인이 외면합니다. 고대와 중세에 성립된 교리를 전하는 설교가 오늘날 세계관에 맞지 않기 때문입니다. 대안으로 인문학 해설 설교를 하는 설교자가 늘어나는 추세입니다. 그러나 인문학 해설 설교로는 예수께서 선포하시고 실행하신 하나님나라를 증언할 수 없습니다. 성서 해설을 통해 하나님나라가 증언됨으로써 우리 삶이 변화되는 설교여야 합니다.

100여 년 전 니체는 교리에 문제가 있다는 것과 그 교리를 바울이 만들지 않았다는 것을 알았습니다. 그는 교회에 안 나가는 사람과 항상 나가는 사람만 그 사실을 모른다고 합니다.

교리에 어떤 문제가 있을까요? 16세기 종교개혁 시부터 오늘날까지 5백 년 동안 믿음 구원인가 행위 구원인가에 대한 논쟁이 있습니다. 어처구니없는 현실입니다. 어처구니는 맷돌 손잡이입니다. 작은 막대 하나 문제가 맷돌 전체를 사용할 수 없는 실정입니다. 이처럼 믿음인가 행위인가 하는 논쟁이 그리스도인 믿음 전체를 망쳐놨습니다. 장로교 목사 중에, 행위를 강조하는 가톨릭은 물론이고 감리교 목사도 이단이라고 하는 사람이 있습니다. 나도 장로교 목사지만 장로교 목사들은 거의 실성한 사람들입니다. 사람들도 행위가 아닌 믿음으로 구원받는다는 걸 좋아합니다. 왠지 찜찜했는데 사는 거와 상관 없이 교회에만 속하면 구원받는다고 하니 대환영입니다. 바울은 믿음 구원도 행위 구원도 말하지 않았습니다. 그런데 어떻게 해서 이러한 일이 일어났을까요? 문제 구절을 봅니다.

로마서 3장
21 이제는 율법 외에 하나님의 한 의가 나타났으니 율법과 선지자들에게 증거를 받은 것이라

이 구절이 바울신학과 로마서를 여는 열쇠 구절입니다. 바울이 하나님 의가 나타났다고 하는 말이, 예수에 의해 하나님나라가 시작되었다는 말입니다. 바울은 예수께서 선포하시고 실행하신 하나님나라 삶을 이루어야 함을 증언합니다. 복음서는 하나님나라를 비유와 은유로 설명합니다. 그러나 바울은 하나님나라 삶이 무엇인지 구체화하고 실생활에서 어떻게 실행하는지 설명합니다. 이제 어떻게 하나님나라 백성이 되는가부터 설명합니다.

로마서 3장
28 그러므로 사람이 의롭다 하심을 얻는 것은 율법의 행위에 있지 않고 믿음으로 되는 줄 우리가 인정하노라

루터는 이 구절을 근거로 구원은 행위에 있지 않고 믿음에 있다

고 합니다. 또 예수그리스도 의가 그리스도인에게 전가된다고 합니다. 이로써 루터는 사람이 하나님으로부터 의롭다함을 받는(칭의) 그리스도인 됨과 동시에 바른 사람이 된다는 인식을 주었습니다. 후학들이 이것을 근거로 영혼 구원과 완전 구원이라는 교리를 만든 게 문제입니다. 그래야 교인을 교회에 묶어둘 수 있기 때문입니다. 육신과 영혼 분리는 그리스 사유이고 이스라엘에는 없는 사유입니다. 바울의 십자가 이해의 특징은 십자가 죄 용서가 완전 구원이 아니라는 데 있습니다.

장로교 칼뱅은 칭의와 동시에 성화가 일어난다고 하고, 감리교 성결교 침례교 웨슬리는 그리스도인은 점진적으로 성화가 일어난다고 합니다. 이 성서 구절은 구원이나 성화를 말하지 않습니다. 예수 믿는다고 성화가 이루어지지 않습니다. 사람의 혈액형이나 DNA는 변하지 않습니다. 그리스도인이 자기가 거룩한 사람이라는 인식으로 세상 사람들을 만나면 그들이 불쾌해합니다. 이러한 인식은 세상과 연대에 어려움을 줍니다. 기독교 과제는 기독교 정체성 지키기와 세상과 연대입니다.

바울이 말하는 율법 행위는 이스라엘 백성들이 하나님 백성 됨을 지키기 위해 하는 할례 음식규정 절기지키기를 가리킵니다. 따라서 여기서 바울 의도는,

1. 율법 행위가 아닌 믿음으로 하나님나라 백성 된다는 뜻입니다.

2. 그리스도인이 하나님 의를 따라서 참 생명을 얻고 화해와 평화를 이룬다는 뜻입니다.(로마10:3 8:1-11 고후5:17-21)

3. 남자나 여자나 종(노예)이나 자유인이나 유대인이나 그리스인이나 야만인이나 문명인이나 다 그리스도 안에서 하나라는 뜻입니다.(로마2:6-11, 3:22-23, 10:12-13, 12:5 갈3:28 골3:11)

세계 모든 사람이 하나님 앞에서 평등합니다. 유대인들 특별 의식에 쐐기를 박았습니다. 이로써 바울은 유대인들로부터 민족 반역자라는 오명을 얻었습니다.

바울의 관심은 믿음을 통해 세계가 화해하여 평화하는 데 있습니다.(로마3:25 5:1)

신학자들 중에 바울이 여성을 폄훼했다고 비난하는 사람이 있습니다. 당시 로마에 노예가 삼분지 일이고, 바울이 1년 6개월 머물렀고 로마서를 기록한 고린도에도 노예 노동자가 많았습니다. 고린도는 도시 양쪽에 항구가 있는 해상교역 중심지입니다. 도시 노동시장으로 흘러들어온 방출 노예가 많았습니다. 바울은 고린도 부두 노동자와 소외된 여성 즉 민중(오크로스)을 중심으로 목회했습니다. 바울이 여성 자유를 선언했기 때문에 일부 여성 가운데 출산을 거부하고 남편을 무시하는 등 교회에 혼란이 왔습니다. 고린도서에 여성 자제에 대한 요구는 교회 안정을 위한 요구입니다. 이것이 오늘날 여성들을 불편하게 합니다. 바울서신은 2천 년 넘어까지 타당할 여성 신학을 한 게 아니라 그 시대를 위한 편지입니다. 고린도 교회에서 브리스가와 아굴라는 바울과 함께 동역했습니다.(로마16:3) 브리스가가 아내고 아굴라가 남편인데, 브리스가가 먼저 호칭된 것을 보면 아내 브리스가의 활동이 주도적이었음과 바울이 여성을 우대했음을 알 수 있습니다. 그 시대에 높음과 낮음, 귀함과 천함 없이 세계인 모두가 평등하다는 주장은 혁명입니다. 오늘날에도 혁명입니다.

  바울이 스스로 사도라 하고 권위를 세웠다고 비난하는 사람이 있습니다. 여성 사도도 있었고(로마16:7) 바나바도 사도라 불렸습니다. 바울이 스스로 사도라 칭함은 자신의 가르침이 존중받기를 원했기 때문입니다. 바울이 예루살렘의 정통성을 잇지 못했기 때문에 바울이 개척한 교회에 후발 주자가 와서 바울을 무시하고 다른 복음을 전하는 사례가 있었습니다. 특히 갈라디아와 고린도 교회가 그러했습니다. 바울은 가는 곳마다 유대인 회당에서 가르쳤습니다. 그래서 유대인들에게 49대씩 5번 맞았고 돌로 태장으로 여러 번 맞았습니다. 죽은 줄 알고 성밖에 버렸는데 스스로 깨어나기도 합니다. 그는 헐벗고 굶주렸다고 합니다. 당시, 아내를 동반한 전도자들이 그 교회로부터 숙식을 제공받은 것과 다르게 바울은 천막 짓는 노동을 하며 자비량 전도를 했습니다. 천

막 일은 가죽 일과 함께 천민 취급받는 일입니다.(고후11:23-33)
 바울의 높은 교육 수준을 봐서 그는 적어도 중산층으로 보입니다. 그러한 바울이 천민이 하는 천막 일을 하며 선교한 것을 보아서 그가 권력을 탐했다 할 수 없습니다. 이러한 바울을 사도라 참칭했다고 비난할 수는 없습니다.

 하나님이 의롭다 했다는 칭의는 바울 진정 서신인 갈라디아서와 로마서에만 나옵니다. 바울 후기문서에서는 언급되지 않습니다. 구원과 연계해서 언급되지도 않습니다. 바울이나 후기 바울 학파가 칭의를 구원의 방법으로 설명하지 않았습니다. 로마서는 구원 방법이나 기준을 말하는 편지가 아닙니다. 구원받은 하나님나라 백성으로서 어떻게 살아야 하는지를 말하는 편지입니다.
 신약성서 전체에 구원(소조σώζω 소테르σωτήρ)이라는 말이 216회 나옵니다. 그리고 구속이나 해방 등 구원과 같은 의미지만 다른 용어로 202회 나옵니다. 로마서에는 구원이 10회 나옵니다. 그리고 하나님 의(데오스 디카이오슈네θεός δικαιοσύνην)는 5회 나옵니다. 로마서에서 바울의 관심이 구원을 어떻게 받는가 하는 문제에 있지 않음을 알 수 있습니다. 로마서는 갈라디아서에 대한 보완이고 에베소서는 로마서에 대한 보완입니다. 에베소서는 바울이 로마서에서 어떻게 구원받는가를 말하지 않았기 때문에 보완이 필요했습니다.

에베소서 2장

5 허물로 죽은 우리를 그리스도와 함께 살리셨고 (너희는 은혜로 구원을 받은 것이라)

6 또 함께 일으키사 그리스도 예수 안에서 함께 하늘에 앉히시니

7 이는 그리스도 예수 안에서 우리에게 자비하심으로써 그 은혜의 지극히 풍성함을 오는 여러 세대에 나타내려 하심이라

8 너희는 그 은혜에 의하여 믿음으로 말미암아 구원을 받았으니 이것은 너희에게서 난 것이 아니요 하나님의 선물이라

에베소서 저자는 그리스도인이 하나님 은혜로 구원받아서 예수와 함께 이 땅에서 하늘 계시로 산다(6절)고 합니다. 즉 하나님나라 삶은 나와 하나님과의 관계와 타자와의 관계로 화해와 평화를 이루는 삶입니다.(로마14:17)

바울은 믿음으로 구원받는다는 말을 하지 않았습니다. 행업(공적)이 아니라 은혜로 구원받았다고 합니다. 믿음은 구원의 통로지 원인이 아닙니다. 믿음으로 구원받았다고 하면 행위를 무시하는 믿음이 되거나, 행위로 믿음을 보증하려는 태도가 됩니다. 즉 자랑하게 되고 위선이 될 수 있습니다. 바울은 자랑하지 않으려고 은혜로 구원받았다고 말한다고 합니다.(엡2:9)

십자가로 죄가 용서되었다는 대속구원론은 바울서신 이전에 형

성된 것으로 보입니다. 성서 첫 글인 바울 편지들은 십자가 후 20여 년이 지나서 나옵니다. 대속에 의한 칭의는 유대인들에게 폭넓게 공유되던 사상입니다.(시51:4 143:2 이사:50:7-9) 유대인들은 순교자 희생 죽음에 대속 효과가 있다고 생각했습니다.(마카베오7:30-38) 대신 값을 치러 자유하게 한다는 대속은 당시 노예가 많던 세계에서 누구나 감격할 그림 언어입니다. 바울은 이러한 대속 사유에 근거해서 은혜로 구원받음을 강조합니다. 대속은 바울이 만든 게 아닙니다. 기존 사상을 은혜 구원의 근거로 이용합니다. 은혜 구원을 주장하는 이유는 교만해지지 않기 위해서입니다.(엡2:9) 예수 만나기 전 자신을 포함한 이스라엘 백성들이 하나님 일한다면서 공적 쌓기와 선을 지키기 위해 힘씀으로써 자기 의를 세우고(로마10:3) 차별과 배제를 일으켰습니다. 바울은 이점을 염려했습니다. 오늘날 교회 현실이 바울이 염려하던 이스라엘보다 더 심합니다.

믿음과 법

루터가 믿음의 중요성을 생각한 것은 가톨릭이 면죄부를 파는 등 구원을 위해서 행업(업적)을 요구했기 때문입니다. 즉 루터의 주요 관심은 '믿음과 행위'입니다. 그러나 바울이 믿음을 강조한 것은 유대인들이 이방인에게 하나님 백성 자격으로 할례 등 이스라엘 법을 요구했기 때문입니다. 즉 바울의 주요 관심은 '믿음과 법'입니다. 바울에게 믿음과 행위에 대한 관심은 하나도 없습니다. 법대로 하자고 주장하면 더 이상 좋은 관계는 끝났다는 말입니다. 누구나 아는 상식입니다. 다만 권력자들만 모릅니다. 하버드 법학자 마이클 샌델은 「정의란 무엇인가」에서 법의 한계를 인식하고 도덕을 찾으라고 합니다. 칸트도 「이성의 한계 안에서의 종교」에서 이성을 비판하고 선험인 도덕을 찾으라고 합니다.

그러나 기독교는 도덕에서 믿음을 찾지 않습니다. 왜냐하면 도덕은 차별과 배제를 일으키기 때문입니다. 도덕도 바울이 말하는 법입니다. 바울은 법 자체는 선하지만 그 법이 실행되는 과정을 통해 죄가 들어오기 때문에(로마7:8) 법으로 살지 말고 믿음으로 살라고 합니다. 죄는 법에서 힘을 얻습니다.(고전15:56) 바울이 말하는 법은 종교 문화 이념 법률 도덕 교육 등 인간 가치체계 전반을 말합니다. 법은 서열을 나누고 경쟁하며 차별과 배제를 일으키지만 믿음은 사랑으로 더불어 살게 합니다.
　바울은 예수에게는 이성(법)으로는 알 수 없는 평화가 있다고 합니다.(빌4:7)

믿음과 행위

바울 의도와 상관 없이 오늘날 믿음과 행위가 큰 문제를 일으킵니다. 행위와 상관 없이 믿음으로 구원받는다는 교리 때문에 그리스도인의 행위가 문란하게 되었습니다. 또한 자신의 믿음을 보이려고 행위를 무시하거나, 위선이 되거나 자랑이 됩니다. 논쟁을 하려면 믿음으로 구원인가 법(도덕 예술 문학 이념 등)으로 구원인가를 논쟁하는 게 맞습니다. 양쪽 진영에 근거와 논리가 탄탄합니다. 리차드 도킨스가 「만들어진 신」과 「이기적 유전자」에서 주장하는 것과 기독교 과학자 존 폴킹혼 등의 주장은 법과 믿음의 논쟁입니다. 믿음과 행위 논쟁은 근거도 없고 논리도 없는 실성한 사람들이 아무 말 대잔치를 벌이는 꼴입니다.

 루터는 믿음으로 의를 얻는다고 하지만, 칼뱅은 권력자답게 순종으로 의를 얻는다고 합니다.(기독교강요1,16,5) 순종은 행위 언어입니다. 장로교 목사들이 칼뱅의 가르침에 목숨 걸면서 행위 없는 믿음을 주장하는 데, 이것 또한 논리 없음입니다. 신학자와 목사들의 논리 없음이 그리스도인 믿음을 망칩니다.

 오늘날 믿음은 바울 의도와 다르게 신뢰라는 의미로 쓰입니다. 그러나 유대인들에게는 오늘날 의미인 하나님을 신뢰한다는 뜻의 믿음이라는 단어는 없습니다. 구약성서를 그리스어로 번역한 70인 역에서 믿음(피스티스πίστις)으로 번역되는 히브리어는 에무나אמונה입니다. 이는 '충실히 또는 신실히라'는 관계성 용어입니다. 즉 기독교 믿음(에무나)은 행위입니다. 행위 없는 믿음이란 상상할 수 없습니다. 바울과 유대인들에게는 믿음과 행위가 구분

된다는 생각 자체가 없습니다. 의심하지 않고 신뢰한다는 믿음이라는 생각과 용어는 그리스에서 유래했습니다. 그리스 신관은 전지전능한 신이었기 때문에 그걸 믿지 않는 사람이 있으므로 믿음(피스티스)이라는 단어가 만들어졌습니다. 예수와 바울은 믿음과 사랑을 동의어로 사용합니다. 즉 믿음은 사랑으로 역사役事한다고 합니다.(갈5:6)

   바울은 마지막 날 자신의 행위로 심판받는다.(로마2:6) 내가 이미 얻었다 함도 아니요 온전히 이루었다 함도 아니라 오직 내가 그리스도 예수께 잡힌 바 된 그것을 잡으려고 달려가노라(빌3:12) 그리고 두렵고 떨림으로 너희 구원을 이루라(빌2:12)고 진술합니다. 행위 없는 믿음으로 구원을 주장하는 사람은 이 구절을 성서에서 지워야 할 것입니다. 더욱이 바울을 근거로 행위 없는 믿음 구원이라고 말하는 사람은 제정신이 아닙니다. 바울의 명제는, '은혜로 구원받았고 행위로 심판받는다'입니다. 구원은 현재 받았고 심판은 미래입니다.[21]

---

21) 행위로 심판받는다는 구절 로마2:6, 12-16 11:22 고전 3:10-15, 4:2-5, 6:9, 11:29-32, 고후5:8-10, 갈5:21

8. 칭의란 무엇인가

바울이 하나님께서 믿음을 통해 우리를 의롭다하셨다고 진술했습니다.(로마3:28) 이것을 칭의justification라고 합니다. 루터는 이 칭의를 개인적이고 우주적 구원사 교리로 파악했습니다. 즉 그리스도인이 의롭게 되어 영혼이 구원받았다고 했습니다.

알버트 슈바이처(1875-1965)는 칭의에 대한 새로운 이해를 제시합니다. 슈바이처는 구원론에는 대속 구원과 종말 구원(하나님나라)이 있는데, 로마서는 종말 구원(하나님나라)에 대한 증언이라고 합니다.(바울의 신비주의, 한들출판사) 그런데 그는 바울신학 핵심은 칭의가 아니라 '그리스도 안에'라고 합니다.

바울신학에 대한 해석을 크게 두 부류로 나눌 수 있는데, 종말주의자(하나님나라)와 새관점론자입니다. 판넨베르크와 케제만 등 종말주의자들은 바울신학 핵심이 칭의라고 합니다. 그러나 샌더스와 스탠달 등 새관점론자들은 바울신학 핵심이 칭의가 아니라고 합니다. 이들은 조금씩 다른데, 샌더스는 바울신학 중심이 참여와 연합입니다. 여기서 참여는 역사 참여가 아니고 그리스도에 참여입니다. 그는 칭의의 사회적 성격을 중요하게 여기지 않았습니다. 크리스터 스탠달은 로마서 9-11장을 구원사 중심으로 해석합니다. 에른스트 케제만은 칭의를 종말론(하나님나라) 사상으로 파악합니다. 그는 칭의가 하나님나라에 참여하는 하나님나라 백성으로의 부르심으로 파악합니다.[22]

필자는 케제만의 이해를 지지합니다. 왜냐하면 바울이 로마서에서, 예수에 의해서 새 시대 즉 하나님나라가 시작되었음을 증언하기 때문입니다.

루터의 칭의 교리는 구원에 대한 확신을 주었습니다. 이러한 확신은 신앙인이 핍박받고 삶이 곤궁할 때 위로가 되었습니다. 그러나 풍요로운 오늘날은 믿음이 삶과 상관 없이 되고 확신에 찬 신념의 사람이 되게 합니다. 선한 사람의 폐해가 부패한 사람의 폐해보다 훨씬 큽니다. 히틀러는 민족주의와 애국심이 투철한 애국자입니다. 믿음은 신념이 아니라고 주장하는 사람이 있는데, 교리를 표상으로 삼는 신앙인 믿음은 철옹성 같은 신념이 맞습니다.

성서에는 구원의 확신을 가지라고 말하지 않고 믿음을 지켜가라고 합니다.(고전10:12 빌3:12-13 로마2:6) 믿음으로 구원이라는 가르침 때문에 믿음이 구원을 부르는 마술 행위로 이해할 염려가 있습니다. 성서는 '은혜에 의해서 믿음을 통해 구원받는다'

---

22) 바울과 팔레스타인 유대교 E P 샌더스 박규태 알맹e 2019, 756-773p

고 진술합니다.(에베2:8) 은혜로 구원받고 믿음으로 그 구원을 지켜갑니다.(빌3:12-13)

칭의 교리 때문에 그리스도인은 의인이면서 죄인이라는 이상한 말이 생겨났습니다. 이런 이해할 수 없는 말은 좋지 않습니다. 그리스도인이 의인이라는 말은 바울을 오해한 말입니다. 바울은 그리스도인이 죄인이 아니라는 말을 한 적이 없습니다.(참조 고전3:3 4:4 11:17 28-32 고후12:20 빌3:12-13) 성서는 만일 죄가 없다고 하면 스스로 속이고 또 진리가 우리에게 없다고 합니다.(요일1:8)

그럼에도 불구하고 오늘날 그리스도인을 죄인이라고 하는 것도 좋지 않습니다. 5세기 아우구스티누스가 신학을 정립할 때, 성례전을 통해 사제와 권력자가 교회를 지배하게 하고 그리스도인을 죄인으로 범주화해서 통제받게 했습니다.(박충구) 오늘날 죄는 지도자들이 이용하는 지배 언어가 되었습니다.(서남동) 죄 인식은 서구인의 질병입니다.(윌리엄 제임스)

바울이 말하는 인간 이해는 의인도 죄인도 아니고 '한계를 가진 인간'입니다.(로마7:6-25) 바울이 죄인 중에 괴수가 나다(딤전1:15) 라고 했다며 자기가 죄인 중에 괴수라고 고백하는 설교자가 많습니다. 디모데전서는 바울의 진정 서신이 아닙니다. 도미닉 크로산은 바울 적대자가 바울을 곤란하게 하려고 썼다고 할 정도입니다. 자기를 죄인인 체하는 태도는 겸손이 아니라 남에게 보이기 위한 교만입니다.

하나님께서 믿음을 통해 의롭다 하셨다는 진술을 통해 성화聖化 교리도 나왔습니다. 믿는 사람이 거룩한 사람이 된다는 뜻입니다. 칼뱅은 믿는 사람에게 칭의와 성화가 동시에 일어난다고 하고, 웨슬리는 믿음을 통해 점진적으로 이루어진다고 합니다. 루터는 성화에 대해 말하지 않았습니다. 그리스도인 학생들이 일반 학생들과 어울리지 못하고 또 그것을 당연시하는 건 성화인식 때문입니다. 내가 거룩한 사람이라는 인식으로 세상 사람들을 대하면 그 사람들이 불쾌해합니다. 기독교는 세상과 멀리하는 게 목표가 아닙니다. 기독교 과제는 정체성을 지키며 세상과 어떻게 연대하는가에 있습니다.

믿는 사람이나 안 믿는 사람이나 성격character은 변하지 않습니다. 교양 지식 믿음 등을 통해 인격personality은 변합니다. (폴 리꾀르) 그러나 DNA는 변하지 않습니다. 평생 자기 성질머리는 고쳐지지 않습니다. 나도 변하지 않았고 예수 믿고 변한 사람을 보지 못했습니다.

하나님께서 의롭다했다는 의가, 성서 언어인 그리스어는 원어로 동사 '디카이오오δικαιόω'입니다. '옳음과 정의'라는 뜻입니다. 루터는 이 말을 '옳음'으로 이해했습니다. 그래서 그는 그리스도 의가 그리스도인에게 전가imputation된다고 합니다. 루터는 칭의를 하나님께서 인간에게 어떤 신분을 만들어 주는 말씀으로 파악했습니다. 반면에 바울에게서 의는 여러 미덕 중에 하나가 아닙니다. 유대 문헌에서 의롭다라는 말은 율법에 순종하고 범죄를 참회함을 뜻합니다. 그러나 바울의 글에서 의롭다라는 말은 '그리스도로 말미암아 구원받음'을 뜻합니다.[23] 윤리와 도덕 차원에서 의롭게 됨을 주장하는 논증이 아니고 구원이란 법 행위도 아니라, 은혜에 의해 믿음을 통해 얻는다는 취지를 구성하는 논증입니다.[24]

오늘날 신학자들은 의롭게 됨의 의미를 바울 의도를 넘어서 여러 가지로 해석합니다. 샌더스는 의가 법에서 줄 수 없는 생명이라고 합니다.(갈3:21)[25] 몰트만은 구원으로 해석합니다. 최근에 정치 신학자들은 의를 명사 '디카이오슈네δικαιοσύνη' 즉 정의로 파악해서 바울이 사회 정의를 세우려 했다고 해석합니다.(홀슬리, 테드 제닝스)

그리고 바울의 '의롭다 하심을 얻는 것은 행위에 있지 않고 믿음으로 된다'는 진술(로마3:28)에서 그 행위는 일반 행위가 아닙니

---

23) 바울과 팔레스타인 유대교 E P 샌더스 박규태 알맹e 2019, 957p
24) 같은 책 868p
25) 같은 책 960p

다. 이스라엘 사람으로 선택되는 혈통과 음식 규정, 절기 지키기 행위입니다. 이제는 이스라엘을 선택하는 방식이 아닌 새로운 방식인 믿음으로 선택한다는 뜻입니다. 루터는 이것을 일반 행위로 인식하여 행위가 아닌 믿음으로 구원받는다는 교리를 만들었습니다. 로마서에서 믿음과 행위가 대립 개념이 아니라 믿음과 법이 대립 개념입니다. 엄밀히 말해서 법도 대립이 아니라 상대 개념으로써 믿음을 통해 법을 이룬다고 합니다.(로마3:31) 바울신학에서 믿음은 행위와 나누어서 생각할 수 없습니다.

신약성서가 그리스어로 쓰였지만, 바울이 유대인을 대상으로 한 말이므로 이 말의 히브리어 뜻을 살펴봅니다. 히브리어로는 의가 '체다카צדקה'입니다. 체다카는 이스라엘에서 천 년 이상 내려온 다형 개념 언어입니다. 심판 자비 구원 등으로 사용됩니다.제2 이사야서에는 구원 정의 평화로 사용합니다.(이사42:1.3 54:14) 단어 의미에는 관계라는 뜻이 있습니다.(김창락) 바울 진술은 하나님께서 의로운 사람으로 만들어 주었다가 아니라, 불의하지만 의로운 사람으로 간주한다는 말입니다. 즉 그렇게 불의한 사람을 믿음을 통해서 하나님나라 백성으로 삼으셨다는 뜻입니다. 나는 하나님께서 '의롭다하셨다'는 말씀을 하나님께서 '구원하신다'로 해석합니다.

바울 의도

칭의가 로마서 중심 메시지입니다. 칭의란 말이 로마서에 50차례 나옵니다. '칭의를 통해 화해하여 평화하자'는 게 바울 의도입니다.(5:1) 로마서 1장 18절부터 3장 20절까지 인간의 실패를 증언합니다. 하나님 모르는 사람들의 죄악상을 폭로하고(1:18-32) 이어서 신앙인의 실패를 말합니다.

> '판단하지 말라. 판단하는 행위는 불의한 너를 칭의(용납)하신
> 하나님을 멸시하는 행위다'.(로마2:1,4)

이러한 사람들은 평화를 모릅니다.(2:17) 판단하지 말라는 대상은 악인으로 지목된, 사회에서 낙오한 사람입니다. 인간 힘으로는 평화를 이룰 수 없음으로 구원하시는 하나님 의가 나타났습니다.(3:21) 즉 하나님나라가 시작되었습니다. 하나님께서 불의한 우리를 의롭다고 칭의하셨으니 하나님과 평화하라고 합니다.(5:1) 하나님과 관계는 인간 관계와 상응합니다.(트뢸취) 칭의를 통해 서로 용납하여 평화를 이루라는 뜻입니다. '하나님께서 칭의(용납)하셨으니 너희도 서로 칭의하라'가(14:3) 바울 의도입니다. 바울은 유대인들이 이방인을 용납하지 않음을 하나님께 대적하는 것으로 인식합니다. 그래서 전에는 이스라엘을 혈통과 율법으로 선택하셨으나 이제는 믿음으로 이방인을 선택하심을 주

장합니다.(3:28) 서로 용납하여 평화하라가 바울 의도입니다. 믿음은 교리에 동의하는 어떤 정신 상태가 아니라 어떻게 사는가라는 삶의 태도입니다.

칭의에 대한 비판적 이해

1. 바울은 하나님께서 칭의(믿음을 통해 의롭다함)로 그리스도인을 선택하여 하나님나라 백성 삼으셨음을 증언합니다.
2. 루터는 칭의를 완전 구원으로 이해했고 이것이 개신교 중심 교리가 되었습니다.
3. 최근에 신학자 김세윤은 칭의는 마지막 날 하나님 앞에 설 때 이루어진다고 합니다.(유보적 칭의)

칭의는 비록 현재에도 유효하지만 엄밀히 말하면 미래에 속합니다.(A. 슈바이처)

바울의 십자가 이해 특징은, 예수십자가에 의한 구속이 완전 구원이 아니라는 데 있습니다. 바울은 마지막 날에 자기 행위로 심판받는다고 합니다.(로마2:6)

교리는 자기 시대를 믿음으로 살기 위한 고백입니다. 종교개혁 시대인 5백 년 전과 아우구스티누스 시대인 천5백 년 전 고백을 그대로 고백하는 게 믿음이 아닙니다. 모두가 동의한 교리는 지금껏 단 한 번도 없습니다. 교리는 자기 시대를 위해 거듭거듭 발전해 나가는 게 맞습니다. 성서와 우리는 2천 년이라는 거리가 있습니다. 성서 의도를 해석하여 오늘의 삶에 적용해 나가는 게 믿음입니다. 오늘의 현실을 인식하고 성서 요구에 따라 어떻게 살 것인지 결단하는 행위가 믿음입니다.

그동안 칭의를 그리스도인이 법정에서 의로움으로 판정받았다는 사법 개념으로만 파악했습니다. 바울 의도인 하나님나라에서 어떻게 계시에 따라 살 것인가 라는 참여 의미를 보지 못했습니다. 그러므로 칭의는 고대인 관점인 사법 개념이 아니라 하나님나라인 종말 개념으로 파악하는 게 적절합니다. 의롭다함을 받았다는 말과 화해했다는 말은 같은 말입니다.[26] 칭의는 화해입니다.

기술technology이 지배하는 오늘날 사회는 시대 정신과 구원 언어(하나님 의 체다카)가 상실된 사회입니다. 이러한 상황에서의 현존재로서 그리스도인은 믿음으로 삽니다.(하이데거) 불의한 우리를 칭의(용납)하신 하나님을 본받아서 나의 성 정체성, 삶의 태도, 삶의 수준과 인격 수준, 도덕심, 신앙심 등으로 자기를 과시하거나 차별성을 돋우려고 다른 사람을 불의하다고 멸시하지 말고 사회에서 낙오한 불의하거나 부정한 사람을 칭의(의롭다함)하여 평화를 이루어 가는 게 그리스도인 믿음입니다.

---

26) 같은 책 828p

9. 바울의 십자가 신학

이스라엘은 매년 정월(니산월) 10일에 속죄일(욤 키푸르) 제사를 드립니다.(레위16 겔43) 이날은 인간이 하나님께 드렸던 맹세와 하나님이 멸하시기로 한 맹세를 무효화하고 하나님과 인간이 화해하는 날입니다. 이스라엘은 모세가 십계명을 받으러 간 사이에 황금 송아지를 예배한 사건과 약속의 땅 가나안 정탐 후에 들어갈 수 없다는 보고로 인하여 하나님은 이스라엘을 멸하시기로 맹세합니다.(출32:10 렘12:17 미2:10) 바울은 예수십자가 속죄제사(욤 키푸르)를 완성한다고 증언합니다.

로마서 3장
24 그리스도 예수 안에 있는 속량으로 말미암아 하나님의 은혜로 값 없이 의롭다 하심을 얻은 자 되었느니라
25 이 예수를 하나님이 그의 피로써 믿음으로 말미암는 화목제물로 세우셨으니 이는 하나님께서 길이 참으시는 중에 전에 지은 죄를 간과하심으로 자기의 의로우심을 나타내려 하심이니

24절에서 속량(아폴뤼트로시스ἀπολύτρωσις)하셨다고 했으니 25절에서 속죄제물이라고 해야 합니다. 그러나 바울은 화목제물(힐라스테리온ἱλαστήριον)이라고 합니다. 화목제물은 바울이 신

약성서에서 최초 사용한 용어로써 신약성서 전체에 2번 나옵니다.(히:9:5 속죄소)[27] 바울은 이스라엘이 속죄일(욤 키푸르)에 드리는 제사가 예수 십자가로 드려졌으므로 하나님과 화해가 이루어졌다고 선언합니다. 칼뱅이 지배하고 통치하기 위해서 아버지 하나님의 주권 신학을 세운 것과는 달리 바울은 하나님과 인간 그리고 인간 서로의 화해를 위해서 아들 하나님의 화해 신학을 세웠습니다. 바울은 예수를 화해자로 본 최초의 사람입니다. 대부분 신학자들은 경륜 삼위일체 신론에서 예수를 역사 하나님이라 하는데 칼 바르트는 예수를 화해자 하나님이라고 합니다.

바울은 자신이 부활 예수를 만나기 전부터 있었던 대속 구원론을 이용해서 화해 신학을 세웠습니다. 십자가에 의한 대속 구원은 자명한 것이기 때문에 바울은 성서 어디서도 대속 구원을 따로 설명하지 않습니다. 대속 구원론은 5세기 아우구스티누스가 속량설로 정립하고 11세기 안셀무스가 만족설로 확립하여 기독교 신학이 되었습니다. 속량설은 노예 값을 대신 치러 해방시킨다는 말로써 고대 노예 사회에 사용한 그림 언어입니다. 만족설

---

27) 힐라스테리온' 원형이 '힐라스코마이'이다
   a. 달래다 조정하다
   b. 화해시키다 속죄하다
   c. 은혜롭게 만들다
욤 키프로가 화해의 날이고 바울이 십자가가 욤키푸르를 완성했다고 한 것으로 해석하면 화목제물이 적절하다. 히브리서9:5에서는 힐라스테리온을 속죄소로 번역하다.

은 하나님이 예수 십자가 죽음으로 만족하시어 인류를 구원하신 다는 그림 언어입니다. 안셀무스는 십자군 모병을 위해서 전장 에서 죽음은 하나님을 만족시킨다는 대속 구원론을 세웠습니다.

현대에는 속량설이나 만족설은 적절한 용어가 아닙니다. 우리 는 항상 성서나 신학이 자기 시대를 위해 설명되었다는 사실에 유 념합니다. 바울의 화해 십자가 신학은 오늘날도 유용합니다. 예 수의 죽으심으로 하나님과 인간이 화해되었고 그분의 부활로 우 리가 구원되리라는 것이 십자가 신학의 중심입니다.(로마5:10)

고린도 교회는 지혜와 열정 즉 인간의 능력을 자랑합니다. 바울 은 인간의 능력보다 세상 사람들이 어리석다고 하는 십자가를 강 조합니다. 그는 인간의 능력이 아니라 약함, 위험, 가난이 정말 로 하나님 지혜를 따르는 사람의 특징이라고 강조합니다.[28] 지혜, 힘, 인정 받음은 평화를 위해서는 아무것도 아닙니다. 망상의 세 계일 뿐입니다.(고전1:26-28 3:18-20) 바울은 유대인에게는 거 리낌이요 세계인에게는 미련한 것인 십자가를 강조합니다.(고전 1:23) 왜냐하면 십자가를 통해 예수로부터 새 시대가 동터옴을 알리기 때문입니다. 인간의 능력보다는 약함, 물러섬, 제한으로 나타나는 하나님의 지혜가 세상의 화해와 평화를 위해서 인간이 따라야 할 길이기 때문입니다.

---

28) 김근수 바울전기 꽃자리 2022, 128p

예수 십자가는 약함이 강함에 저항하고 주변부가 중심부에 저항한 사건입니다. 바울은 십자가를 세상 원리(스토이케이온 갈 4:3)에 대한 저항과 세대 가치(아이온 갈1:4 로마12:2)에 대한 저항으로 파악한 최초의 사람입니다.

예수는 국가 소멸에 직면한 자국 안에서 정치와 종교 권력자들에게 저항했습니다. 예수의 목표는 국가 주류 세력으로부터 밀려난 갈릴리 가난한 사람들과 소외된 사람들에게 새로운 삶을 주는 데 있습니다. 즉 하나님나라 삶입니다. 예수는 예루살렘 사람들에게 소외된, 특히 서기관과 바리새인에게 소외된 사람들을 용납하고 화해하여 평화하는 사역을 했습니다. 이 역시 하나님나라 삶입니다. 그러나 바울은 세계 지배자인 로마 제국 안에서 선교했습니다. 바울의 목표는 로마 제국 안에 교회를 굳건히 세우는 일입니다. 바울은 세상의 기본 원리와 가치에 저항했습니다.

십자가는 인간을 억압하는 죄(사회악과 가치체계 등)와 법으로부터의 단절입니다. 따라서 그리스도인은 예수 십자가와 함께 죽음으로써 죄와 법으로부터 해방되어 하나님 의에 참여합니다.(로마6:12-7:6)

세례와 성만찬

세례는 우리가 죄에 대하여 죽고 예수께서 여신 새로운 삶 즉 하나님나라 삶을 시작하는 의식입니다. 죄는 구원을 방해하는 세력이고 죽음은 죄와 짝패입니다. 바울이 죽음에 떨어지지 않도록 조심하라 할 때, 죽음은 영적 죽음입니다.(로마6:23)[29] 성서는 믿음으로 살지 못하는 삶을 죽음이라고 합니다.(로마8:6) 그리스도인은 세례를 통해 성령의 인도하심으로 죄와 죽음에 대해 이김을 선언합니다.

십자가는 죄 없으신 예수께서 자신을 죄와 동일시하신 사건입니다.(로마5:8) 예수께서 인간의 죄에 대한 고통을 스스로 감당하셨습니다. 하나님이 인간의 고통을 감당하심으로써 인간을 구원하십니다. 본회퍼는 고통받지 않는 신은 인간을 구원할 수 없다고 합니다. 죄 없으신 예수께서 죄와 함께 죽으신 것처럼 우리도 세례를 통해 죄와 함께 죽습니다.

바울의 세례에 대한 진술은 로마서 5장에서 아담으로부터 시작된 죄는 세례로 인하여 죽고 예수로부터 새로운 삶 즉 하나님나라 삶이 시작됨을 알리기 위해서 한 진술입니다. 세례 의식은 1회이지만 그리스도인이 예수를 기억할 때 우리는 날마다 세례를 받습

---

29) 요하임 그닐카 바울로 이종환 분도출판사 2017, 326p

니다. 세례는 구원의 완성이 아니라 구원의 시작입니다.

성만찬은 예수께서 마지막 만찬에서 '내 살을 먹고 내 피를 마시라' 하신 말씀을 의례화했습니다. 가톨릭은 빵과 포도주가 예수의 살과 피로 변한다는 화체化體설입니다. 루터는 본질이 함께 한다는 공재共在설, 칼뱅은 그 시간에 예수께서 영으로 임한다는 임재설을 그리고 쯔빙글리는 예수 죽음을 기념하라는 기념설을 말합니다. 성만찬에서는, 예수의 죽음이 1. 모든 사람을 위한 죽음이고 2. 헛된 죽음이 아니므로 3. 이와 같이 우리의 죽음도 헛되지 않다는 의미가 있습니다.(김근수)

고린도 교회의 공동 식사에서 부자들과 가난한 사람들이 따로 식사하고, 일하다 늦게 온 가난한 사람들은 먹지 못하는 일이 발생합니다. 바울은 모두가 공평하게 함께 식사하기를 위해서 주 예수의 만찬 말씀을 전합니다. 즉 주님이 당부하신 말씀처럼 모두가 빵을 나누라는 뜻입니다. 이것이 성만찬에 대한 최초의 증언입니다.(고전11: 17-34) 오늘날 교회와 성당은 이러한 문맥에서 앞뒤를 자르고 성만찬 증언만 발췌하여 의례화했습니다.(고전11:23-25)

요한복음 저자는 예수께서 떡 5덩이와 물고기 2마리로 5천 명을 먹이신 후에 사람들이 왕으로 삼으려 하자 피하셨는 데 또 대표단이 찾아오자 예수께서 '내 살을 먹고 내 피를 마시라' 하셨고, 이 말씀 때문에 제자 12명만 남고 대표단과 제자 그리고 가난한 사람들까지 모두 떠났다고 기록합니다.(요한6장) 그들은 예수가 정치 군사 메시아로서 어떤 모습도 보이지 않기 때문에 실망했습니다.

오병이어는 사람들에게 서로 빵을 나누라는 걸 깨우치는 사건입니다. 예수를 찾아온 사람들은 빵을 서로 나누라는 말씀을 깨달을 수도 없었고 받아들일 수도 없었습니다.

성만찬은 가난한 사람들과 빵을 나눈 식사가 의례화된 의식입니다.(도미닉 크로산) 성만찬은 가난한 사람들과 빵을 나누라는 뜻입니다. 그래서 성서 신학자 김근수는 성만찬이라는 용어를 사용하지 않고 빵 나눔이라고 합니다. 오늘날 교회와 성당은 예수사역을 무슨 설이라는 등 의례화하는 데는 선수지만 예나 지금이나 예수의 하나님나라 운동의 참 뜻을 모르기는 마찬가지입니다. 주의 만찬을 의례화하여 빵나눔이라는 본래 의도를 잃어버렸습니다.

성만찬은 가난한 사람들과 빵을 나누라는 뜻입니다.

초등학문 아래서 종 노릇한다(갈4:3)는 바울 진술이 있습니다. 종교개혁자들과 성서 번역자들이 하나님나라를 몰라서 이상한

번역이 많습니다. 초등학문이라 번역된 '스토이케이온'στοιχεîα'
은 로마서 12장 2절에서 이 세대를 본받지 말라는 세대(아이온
αἰῶνι)와 비슷한 의미인 '세상의 기본 원리'입니다. 인간은 기존
가치체계 안에서(갈4:3스토이케이온) 그리고 법 아래서(갈4:5)
종 노릇 한다고 바울은 말합니다. 이러한 종 노릇으로부터 자유
하도록 그리스도께서 우리를 해방하셨습니다.(갈5:1) 이스라엘
과 그리스는 지혜를 신격화했고 로마는 법을 신격화했습니다. 바
울은 종교와 정치에서 일어나는 문제에 저항함으로써 탈 가치화
하고 또한 가치를 전복顚覆합니다.

 구원이란 인간을 억압하고 지배하는 정치 권력, 종교 권력, 자
본 권력, 가치 권력으로부터 해방되는 사건입니다. 우리는 예수
께서 선포하시고 실행하신 하나님나라에 참여함으로써 이러한
악의 세력으로부터 해방과 자유를 경험합니다. 이러한 하나님나
라 삶이 믿음입니다.

 바울이 믿음과 법을 대립하여 파악했듯이 교회는 세대 가치와
대립해 존재합니다.교회는 세상에 순응하는 곳이 아니라 저항하
는 곳입니다. 오늘날 예수를 따르는 그리스도인과 교회와 성당의
표어는 '나눔과 저항'이 됨이 마땅합니다.

빚진자로서의 사랑

로마서 13장
8 피차 사랑의 빚 외에는 아무에게든지 아무 빚도 지지 말라
남을 사랑하는 자는 율법을 다 이루었느니라

예수께서 서기관과 바리새인의 의보다 낫지 못하면 천국에 들
어갈 수 없다고 하십니다.(마태5:20) 서기관과 바리새인 같은 신
앙 양태는 버리고 그와 같은 도덕 품성은 지키라는 말씀입니다.
바울은 도덕(법)을 추구하면 차별과 배제가 일어나므로 그 법이
이루려 한 목표를 이룰 수 없으므로 사랑하라고 합니다. 사랑하
면 그 법이 이루려 한 목표를 이룰 수 있습니다.(로마10:4 13:10)
'사랑 이외에는 아무에게도 빚지지 말라'. 내가 나 됨에는 부모
와 가족 그리고 사회에 빚(오페일레마)이 있습니다. 이러한 빚을
갚으라는 뜻입니다. 그리고 빚진 자로서 사랑하라는 뜻입니다.
가난한 사람들과 빵을 나누고 억압받고 고통받는 이와 그 고통을
함께하며 그러한 사회를 만드는 기득 세력에 저항하는 것이 빚
을 갚는 길입니다.

예수 십자가 의미는 고통받는 이들과 함께하며 억압과 고통을
일삼는 악의 세력에 대해 저항하는 데 있습니다.
예수는 가난한 사람들과 억압받는 주변부 사람들을 용납(칭의)

하시고 가난과 억압을 만든 사람들에게 저항했습니다. 사회에서 고통받는 사람들을 용납하지 않는 행위는 불의한 우리를 용납하신 하나님을 멸시하는 행위입니다.(로마2:4) 불의하고 부정한 사람을 용납하는 행위는 화해하여 평화로 가는 길입니다.(로마5:1) 죄인이란 평화의 길을 모르는 사람입니다.(로마3:17) 로마서는 사회에서 버림받은 사람들 즉 불의하고 부정한 사람들을 용납하여 화해하고 평화하라는 말씀이 중심입니다. 물론 억압하고 지배하는 사람은 저항의 대상입니다. 죄나 천국 등 교리로 교묘히 심리를 조작해(가스라이팅) 억압하는 종교인도 저항의 대상입니다. 공부하지 않는 사람은 이용당합니다. 공부도 저항입니다.

10. 예수십자가는 죄와 법에 대한 저항이다

1세기 팔레스타인 유대교를 연구한 E P 샌더스는 유대교는 우리가 생각하는 율법 종교가 아니라고 말함으로써 그동안의 그리스도인 인식을 바로잡고자 했습니다. 그는 기독교가 유대교와 차별화를 이루기 위해서 유대교를 과도하게 율법 종교로 매도했다고 합니다. 그는 유대교는 기본으로 은혜 종교인 언약 율법 종교라고 합니다. 즉 율법을 지킴으로 구원받는 게 아니라 언약에 의한 은혜로 구원받고 율법을 지킨다는 의미입니다.

바울 사상은 종말(하나님나라)기독교인데, 역사 속 기독교가 급속하게 언약 율법 종교로 회귀했습니다. 언약 율법 종교는 율법을 어긴 것에 대한 참회가 기본입니다.[30] 바울서신과 복음서가 증언하는 하나님나라를 경험하지 못한 기독교는 불과 2세기부터 유대교의 언약 율법 종교와 그리스 철학과 종교의 개인화 내면화 피안화 종교로 자리매김하게 되었습니다. 그리스 철학과 종교는 로마 황제와 제국을 위한 철학과 종교입니다. 기독교가 율법화되면서 그리고 내면화 관념화되면서, 바울이 말하는 새시대에 어떻게 살 것인가에 대한 가르침을 잃어버렸습니다. 실은 바울과 복음서가 증언하는 예수의 갈릴리 하나님나라 운동 전체가 기독교

---

30) E P 샌더스 바울과 팔레스타인 유대교 박규태 알맹e 2019, 1104p

에 제대로 자리 잡지 못했습니다. 바울은 예수를 통해 아담의 시대가 가고 새로운 시대 즉 하나님나라가 열렸음을 증언합니다. (로마5:1-21) 바울 사상은 종말기독교이기 때문에 그에게는 참회와 용서 개념이 없습니다.(샌더스) 어떻게 예수 계시를 사는가에 구체적으로 집중합니다.

아우구스티누스와 루터는 인간의 비참함을 경험하고 그리스도를 만납니다. 그래서 이들은 참회를 중요하게 강조합니다. 그러나 바울은 하나님 은혜를 체험하고 구원받은 경험을 통해 그 은혜의 삶을 설명하는 가운데에서 인간의 비참함을 설명합니다.(로마7:7-25) 언약 율법 종교에서는 참회를 강조하기 때문에 인간이 저지른 범죄를 죄로 인식합니다. 그래서 신플라톤주의자 아우구스티누스는 '선의 결핍' 즉 잘못이 죄라고 하고, 루터는 인간의 '구부러진 의지'가 죄라고 합니다. 즉 아우구스티누스와 루터는 죄를 인간 의지 문제로 파악했습니다. 이러한 사유는 사람을 선한 사람과 악하고 부정한 사람으로 구분합니다. 그리고 이러한 구분은 도덕과 경건을 기준으로 차별과 배제를 일으킵니다. 또한 이것은 아우구스타누스가 결코 빠져나오지 못한 신플라톤주의 인간 이해입니다.

바울은 하나님나라 백성으로 부름받아 살아야 할 인간이, 하나님을 모르는 사람이든지(로마1:18-32) 하나님을 믿는 신앙인이든지(로마2:1-3:20) 상관없이 평화의 길을 모르는 범죄인이라고 말합니다.(로마3:17) 우리는 모두 죄의 힘에 굴복한 사람입니다. 바울은 죄를 인격화해서 어떤 세력이라고 합니다.(로마5:12-7:25) 그러한 이유로 바울에게서는 참회하라는 요구가 거의 나타나지 않습니다. 죄에서 구원받으려면 그 힘에서 벗어나 자유를 얻어야 합니다. 구원받을 사람은 죄와 법이 주가 되는 삶에서 벗어나서 그리스도를 구주로 섬기는 삶으로 옮겨야 합니다.[31]

유대교와 플라톤 종교에서는 참회가 필수입니다. 그런데 이스라엘 후기 묵시서인 제4 에스라서는 참회가 축소되고 철저한 순종을 요구합니다. 오직 완전하게 순종하는 자만이 구원받을 수 있다고 합니다. 제4 에스라 저자는 구원 가능성을 비관했기 때문에 참회에 부여된 역할을 축소하고 순종을 강조합니다.[32] 이 저자에게는 구원받은 경험이 없습니다.

아우구스티누스나 루터 그리고 제4 에스라서 저자와 다르게, 바울은 구원 체험이 있습니다. 바울은 자신만만하게 의로운 삶을 살다가 부활 예수를 만나고 그러한 인간 의가 얼마나 허망한지를 깨닫습니다. 바울의 구원 체험은 법이나 이성으로가 아니라 예수 계시를 따르는 삶으로만이 화해와 평화를 얻을 수 있다는 구원 체험입니다. 그는 이러한 구원 체험에 입각해서 인간 이해와 죄 그리고 십자가에 대해 진술합니다.

---

31) 같은 책 961p
32) 같은 책 961p

바울은 구원받아야 할 인간이 죄에 눌려 있기 때문에, 우주의 초등 영들 아래 있기 때문에, 세상 원리와 법에 조종당하기 때문에 (갈4:3 로마6:15-7:6) 그리고 영 안에 있지 못하고 육 안에 있기 때문에 구원받아야 한다고 합니다.[33] 바울이 대속 기독론을 만들지 않았습니다. 십자가가 우리 죄를 대속한다는 사유는 바울 이전부터 원시 기독교가 공유하던 사유입니다. 바울은 대속 구원론을 화해를 위하여 사용합니 다. 즉 예수 십자가 피로 우리가 하나님과 화해했으니 우리도 서로 화해하라고 합니다. 그리고 용서받은 자로서 하나님 의를 이루고 살라고 합니다.(고후5:17-21)

참회는 단지 뉘우치며 하던 행위를 멈추는 데 있습니다. 그러나 회개는 세리 삭개오가 그랬듯이 이제까지와는 어떤 다른 행위를 하는 걸 말합니다. 그는 이제까지 행위를 멈추는 데 그치지 않고, 부정하게 벌어들인 돈의 4배를 갚고 떳떳하게 사회로 복귀할 수 있었습니다. 그래서 바울은 죄 용서받는 대속 구원론을 넘어서는 죄론을 펼칩니다. 단지 죄 용서받는 대속 교리에 머물면, 주일마다 교회에 와서 죄 용서받고 사회에 나가서 동일하거나 더 악한 죄를 짓고 다시 용서받는 행위를 반복하는, 오늘날 죄에 무감각한 일요일 그리스도인이 됩니다.

바울은 오히려 그리스도인은 단순히 지은 죄를 용서받는 데 그치지 않고 십자가에 의해 죄의 힘에 대하여 죽은 것이라고 말합

---

33) 같은 책 896p

니다.[34] 바울은 십자가에 의해 새로운 시대(하나님나라)가 열리고 그리스도인이 새 피조물이 되었다고 합니다.(고후5:17-21) 그는 구원받은 자로서 사는 길을 보여줍니다. 새 피조물이라는 의미는, 마법 같거나 신비로운 인간 변화가 일어난다는 말이 전혀 아닙니다. 이 실존 가능성은 어떤 결단을 내려야 한다는 사실입니다. 믿음이 이러한 가능성을 붙잡으며 이 가능성(듀나미스, 복음의 능력 로마1:17)은 믿는 사람의 실존을 결정하는 힘입니다. 성령 안에 있으면 진실하고 인간다운 새로운 삶의 가능성이 열립니다. 이러한 새로운 가능성은 옛 자기 이해를 버리는 사람에게 열립니다.[35]

 바울 명제는 은혜로 구원받았고 행위로 심판받는다 입니다.[36] 다시 말하자면 바울이 말하는 구원은 유대교가 강조하는 참회와 용서로 죄 씻음이 목표가 아니라 어떻게 살 것인가 결단하는 데 있습니다.

로마서 6장
6 우리가 알거니와 우리의 옛 사람이 예수와 함께 십자가에 못박힌 것은 죄의 몸이 죽어 다시는 우리가 죄에게 종 노릇 하지 아니하려 함이니
7 이는 죽은 자가 죄에서 벗어나 의롭다 하심을 얻었음이라

---

34) 같은 책 815p
35) 같은 책 918-919p
36) 같은 책 908-912p

8 만일 우리가 그리스도와 함께 죽었으면 또한 그와 함께 살 줄을 믿노니

대부분 목사 신부들 설교는 죄에 대하여 죽는 것을 우리가 성질이나 의지를 죽이고 순종하는 거라고 합니다. 그리고 예수 고난에 참여하라고 종용합니다. 성서를 엉터리로 해석한 대표 사례입니다. 대부분 그렇게 설교하지만 엉터리 해석입니다. 십자가를 자기부인이라고 해석하는 것은 옳지 않습니다. 이러한 해석은 종교인(목사신부)에게 휘둘릴 뿐만아니라 예수의 지배하는 악에 대한 저항이라는 근본의도를 잃게 됩니다. 죄에 대하여 죽는다는 말은 내가 죽는다는 말이 아닙니다. 내가 죄와 단절한다이고 저항한다는 뜻입니다. 그런데 왜 단절한다고 하지 않고 죽는다고 할까요? 세상에서 주는 삶의 원리인 경쟁 권력 성공 풍요 소비지향 등에 대해 죽는 겁니다. 왜냐하면 죄가 그것들을 이용하여 우리를 억압하기 때문입니다.

바울은 십자가를 자기부정으로 이해하지 않습니다. '인간의 한계'와 '자기부정'이라는 바울의 인간 이해의 차이는 종이 한 장차이이지만 그 파급력은 엄청납니다. 자기부정으로 이해하는 십자가 신학은 종교개혁자들 오해입니다. 루터는 에라스무스와의 자유의지 논쟁에서 인간의 자유의지를 부정합니다. 자유의지 부정은 곧 인간 자아의 부정으로써 의지 없는 믿음이 됩니다. 이러

한 믿음은 전체주의나 관료문화에 저항 없이 순응하는 인간이 되도록 이끕니다. 교회에서도 뚜렷한 목표 없이 소속감에 만족하는 신앙인이 됩니다. 또한 선교와 전도라는 이름으로 교회 대형화에 앞장섬으로써 결국 교회는 사회에서 버림받게 되었습니다.

예수께서 십자가에서 죽으시고 죄를 이기셨다는 말씀도 죄가 세력을 잃었다는 말이 아닙니다. 그러나 김세윤 교수는 그렇게 말합니다. 이러한 일은 우긴다고 되지 않습니다. 오늘날 죄 세력이 1세기보다 약해졌다고 말할 수 없습니다. 죄가 예수를 십자가로 죽였습니다. 그래서 죄는 승리의 노래를 부릅니다. 예수께서 죄에게 죽임을 당했기 때문에 예수께서 진 것 같지만 다시 사셨기 때문에 이겼습니다. 이것이 예수께서 죄를 이겼다는 말입니다. 예수 부활은 첫 열매입니다. 부활은 하나님나라가 승리한다는 보증으로서(종말의 실현) 우리에게 옵니다. 예수께서 죄와 법을 이기셨기 때문에 우리도 이길 수 있는 길이 열렸습니다. 불교에서 부처가 구원 방법을 깨달았기 때문에 자기들도 깨달을 수 있다는 논리와 같습니다.

예수 부활은 우리를 살게 하기 위해서 우리에게 옵니다.(로마 14:8) 예수 부활의 영광에 참여하려면 예수 고난과 저항에 동참해야 합니다.(로마8:17) 고난만 이야기하고 저항을 빼면, 무슨 어려운 일을 이겨내라는 뜻으로 읽히기 때문에 예수 십자가 사역을 왜곡합니다. 십자가와 부활은 분리되어 우리에게 오지 않습니다. 고난과 저항을 하면 훗날 영광에 참여하리라는 말이 아닙니다.

로마 14장 8절 말씀은 십자가의 저항과 고난이 오늘 나를 살게 한다는 말씀입니다.

로마서 14장
8 우리가 살아도 주를 위하여 살고 죽어도 주를 위하여 죽나니 그러므로 사나 죽으나 우리가 주의 것이로다

우리가 죄와 법을 이기는 길도 마법이나 신비로움으로 오지 않습니다. 우리가 날마다 결단하고 저항할 때 성령의 도우심으로 이길 수 있습니다. 십자가를 따르는 우리의 하나님나라 삶은 실패가 필연입니다. 이 세상에서 성공한 무엇이 있다면 세상의 성공이지 하나님나라 성공이 아닙니다. 십자가와 부활은 우리의 하나님나라 삶의 실패가 파멸이 아니라는 걸 말합니다. 예수께서 부활로 이기신 것처럼 우리 하나님나라 삶의 실패도 이기는 길입니다. 나는 지금 미래형으로 말하지 않고 현재형으로 말했습니다. 그리스도인은 실패가 부끄럽지 않다는 역설을 안고 사는 사람입니다. 세상 사람들이 성공으로 평가하는 일이 하나님에게는 실패일 수 있고, 세상 사람들이 실패로 평가하는 일이 하나님에게는 성공일 수 있습니다. 세상에서 번영과 풍요는 하나님과 지

구를 아프게합니다.

십자가의 진정한 의미는, 자기가 옳다고 생각하고 예수 생애와 가르침에 철저히 검증받은 일을 성공이나 실패에 연연하지 말고 그냥 하는 데 있습니다. 그러므로 우리에게 자신 일의 성공을 위하여 애쓰는 것보다 더 중요한 일은, 바로 성령과 함께 죄와 법 세력에, 우리를 지배하고 억압하는 기득 세력에, 우리 삶을 지배하는 삶의 원리(스토이케이온 갈4:3)에 저항하는 일입니다.

예수 십자가는 우리에게 죄와 법에 저항하는 길을 열어준 사건입니다.

예수 사역은 갈릴리 사역, 예루살렘가는 가는 사역, 예루살렘 사역 이렇게 셋으로 나눌 수 있습니다. 예수께서 예루살렘 가는 길에서 제자에게 하신 가르침은 1) 제자에게 권력을 행사하지 말라는 권력 문제(마가9:33 - 10:45)와 2) 십자가가 핵심입니다. 또한 예수께서 예루살렘에서 두려워하는 제자에게 자신이 십자가로 죽으셔야하는 이유를 설명합니다. 서기관과 바리새인들은 법의 자리에 앉아서 심판하고 판단하여, 가난한 사람들과 세리 성매매 여인 등 주변부 사람들을 혐오하거나 동정 대상으로 차별하고 배제합니다. 예수께서 그 법의 자리에 앉아 있는 사람들에게 저항하기 위해 예루살렘에 오셨다고 합니다.(마태23:2) 예수를 따르는 그리스도인은 스스로는 권력을 행사하지 않으나 권력에는 저항하는 사람입니다.

예수 가르침이 이러한데도 그동안 신학자, 목사와 신부는 권력에 저항할 것을 가르치지 않았습니다. 자신들 권위가 도전받는 걸 꺼려서 입니다.순종을 강요하는 칼뱅의 주권신학은 번영신학만큼이나 예수와 상관 없습니다.

십자가를 그리스도께서 우리 죄를 사하시기 위한 고난이라고 하며 우리가 겪는 고난을 이겨내라고 하는 설교는 십자가 이해를 한참 벗어난 설교입니다.이와 같이 바울의 구체적인 현실 진술을 포괄적인 관념 진술로 바꾸는 설교는 지배하고 억압하는 행위이며, 예수께서 그렇게 반대한 종교로 다시 돌아가는 행위입니다.정작 십자가의 구체적 목적은 빼고 고난만 말하며 내가 죽어야한다며 순종을 요구하는 설교를 회중이 용납하는 행위는 또 다시 종교의 굴종으로 들어가는 현실입니다.

우리가 죄에 대하여 그리스도와 함께 죽는다는 말은 그리스도께서 죄와 법에 저항하신 그 사역에 우리가 참여한다는 뜻입니다.

바울은 로마 6장에서 그리스도 십자가에 의해 죄와 법으로부터 자유하다고 선언한 후에 다시 7장에서 그리스도인이 죄에 굴복

할 수 밖에 없는 인간 현실을 절규합니다.(7:7-25) 죄와의 단절
이 마법처럼 오지 않습니다. 그리스도인은 날마다 죄에 저항해야
합니다. 왜냐하면 죄가 법을 통하여 우리를 억압하고 지배하려고
하기 때문입니다.(7:8)

국가법을 사유화하여 가난한 사람과 소외계층을 억압하고 부자
들과 기득 세력을 이롭게 하는 악한 정권에 저항하는 길이 예수
십자가에 참여하는 길입니다.

11. 바울은 예수와 어떻게 연결되나

예수께서 서기 30년에 죽으셨습니다. 그리고 바울은 32년에 부활 예수를 만났습니다.[37] 바울은 예수를 만난 후에 아라비아 반도에서 3년 간 머물다 다마스커스로 돌아오고, 예루살렘을 방문하여 베드로를 만납니다. 이후 바나바의 천거로 바나바와 함께 안디옥 교회에서 사역하고 이후에 선교를 시작합니다.

바울은 50년 또는 51년 초에 그의 첫 저술인 데살로니가 전서를 썼습니다.[38]부활 예수를 만나고 18-9년이 지난 시기입니다. 그는 55년에 갈라디아서를 쓰고 56년에 마지막 저술인 로마서를 썼습니다. 교회 전승을 익힐 충분한 시간입니다. 그의 편지들에는 교회 전승이 전제되어 기록되었습니다.

주의 성찬(고전11:23-25), 그리스도 찬가(빌2:6-11), 주의 말씀들(고전7:10-11 9:14 살전4:15) 등이 대속 구원과 함께 교회 전승입니다. 바울 편지들과 복음서는 예수 시대(하나님나라)가 이스라엘 역사를 통한 하나님의 구원 사역 안에서 출현했음을 증언합니다.

---

37) 김근수 바울전기 꽃자리 2022, 34p
38) 같은 책 108p

그가 아라비아 반도에 3년 간 있은 일에 대해 침묵하기 때문에 거기서 무슨 일이 있었나에 대해 의견이 분분합니다. 나는 바울이 거기 3년 있으면서 예수의 하나님나라 빛으로 성서를 다시 읽었으리라고 생각합니다. 그의 글들에는 당시 유대인들이 대망하는 정치 군사 메시아 출현을 묵시하는 예레미아서 에스겔서 다니엘서는 바울의 글들에 거의 나오지 않습니다. 예수께서 당시 사람들이 주목하지 않은 이사야서를 즐겨 인용하시고, 또 이사야서에서 고난받는 메시아 인식(사53장)과 하나님나라 출현(사61:1-2 누가4:18-21)을 인식하셨습니다. 바울도 이사야서를 가장 많이 인용합니다.

바울은,

1. 당시 사람들이 거의 읽지 않는 하박국 예언서 2장 4절 '구원 시대에는 믿음으로 산다'라는 메시지를 새 시대(하나님나라)의 표상으로 삼습니다.(로마1:16-17) 즉 법으로 사는 시대가 가고 예수를 믿는 믿음으로 사는 시대가 열렸습니다.(로마3:21 5:12-21)

2. 하나님이 아브라함의 믿음을 보시고 그를 의롭다 하셨다는 창세기 15장 6절 말씀을 발견합니다. 이스라엘은 이집트를 탈출하여 하나님으로부터 모세를 통해 법을 받습니다. 이러한 법을 받기 430년 전에 하나님이 자신들 조상인 아브라함과 믿음으로 계약(언약)한 사실을 발견했습니다. 이로써 바울은 혈통과 법이 아닌 계약과 믿음으로 하나님 백성이 된다는 주장을 뒷받침할 성

서 근거를 얻었습니다.

바울은 로마서 4장에서 그리스도인 믿음의 표상으로 아브라함을 제시합니다. 아브라함 이야기에서 행위 없는 믿음과 순종을 보는 것은 바울 관점이 아닙니다. 하나님이 아브라함의 믿음을 보시고 의롭다 하셨다는 그 믿음은 아브라함이 하나님 약속을 믿고 고향을 떠나오고, 400인을 데리고 가서 전투에 승리하여 함께 하나님 약속을 믿고 따라온 조카를 구해온 행위 등 여러 행위가 있는 믿음입니다. 바울이 아브라함의 행위 없는 믿음을 말할 때, (로마4:2) 그 행위는 행업(공적)을 말하는 것입니다. 즉 행업은 믿음이 아니라 가치를 평가하는 법입니다. 그가 1절에서 아브라함이 육신으로(믿음 없이) 무엇을 얻었겠습니까라고 반문할 때, 그 얻었다가 '휴리스코εύρίσκω'인데 무엇을 찾아 발견하는 것을 말합니다. 즉 행위의 결과입니다. 다시 말하면 그가 말하는 행위 없는 믿음은 행업(공적) 없는 믿음을 말합니다.

바울은 아브라함 믿음을 말하면서 개신교 믿음에서 중요하게 강조하는 이삭을 제물로 바치려 한 사건은 말하지 않습니다. 그가 믿음에서 순종을 거론하지 않은 증거입니다. 순종은 믿음과 관계된 용어가 아니라 법과 관계된 용어입니다. 말씀에 순종한다는 표현은 그리스도인 자유와 배치되어 적절하지 않습니다. 순종은 지배하고 통제하여 교인을 결집시키려 하는 자들이 즐겨 쓰는 용어입니다. 성서에 나오는 순종이라는 고대 용어는 존중이라는 현대 용어로 바꾸는 것이 적절합니다.(김근수) 고대 용어인 순종, 왕국, 주권, 하나님 통치, 섬김, 종, 죄인 등은 사용하지 않거나 현대 용어로 바꾸는 것이 좋습니다.

기독교는 삼위일체 하나님을 고백합니다. 고대에는 아버지 하나님과의 관계를 인간 서로의 관계로 상응하여 관계했습니다. 현대에는 아들 하나님과의 관계를 인간 서로의 관계로 상응하는 것이 좋습니다. 아들 하나님이라는 의미는 더 이상 서로 간에 지배가 존재하지 않는다는 뜻입니다.(알랭 바디우)

2세기에 이레니우스에 의해 4복음서와 바울 편지가 함께 묶여 전승되어 오다가 4세기에 아타나시우스에 의해 성서가 되었습니다. 외경이나 위경으로 제외된 글들은 '인간 의義'를 강조합니다. 즉 도덕과 교훈이 많습니다. 반면에 바울 글들은 하나님 의가 강조되고 예수의 하나님나라 운동과 연결되기 때문에 성서로 채택되어 우리에게 왔습니다. 예수께서 갈릴리 가난한 사람들에게 하나님나라를 선포하시고 실행하셨습니다.

마가복음 1장
15 이르시되 때가 찼고 하나님의 나라가 가까이 왔으니 회개하고 복음을 믿으라 하시더라

예수는 이제까지 있었던 이스라엘 예언자들 설교처럼, 회개해야 하나님나라에 들어갈 수 있다 라고 말씀하지 않습니다. 하나님나라가 왔으니 하나님 은혜로 참생명을 얻고 자유와 정의-평화로 살면서 회개하라 말씀합니다. 은혜가 먼저고 회개가 다음으로 이어집니다. 이것이 모든 예언자와 예수의 차이입니다. 예수는 불의하고 부정한 죄인을 먼저 용납하십니다. 예수께서 세리와 죄인을 용납하시고 그들에게 새로운 삶을 주셨습니다. 불의하거나 부정한 사람을 배제하고 성스러움으로 무장한, 사회 주류세력인 서기관과 바리새인들은 경악했습니다.

바울이 예수께서 세리와 죄인들을 용납하심을 신학화하다

바울은 혈통과 법으로 유지되는 이스라엘 백성만을 하나님께서 의롭다고 하신다는 이스라엘 사유를 깨뜨렸습니다. 이제는 누구나 믿음으로 하나님으로부터 의롭다함을 얻는다고 선언한 칭의로 신학화했습니다. 즉 그는 예수께서 세리와 죄인들을 용납하신 사건을 세계인의 하나님나라 참여와 세계인 평등을 위하여 신학화했습니다.(로마3:28-31) 대부분 책에 하나님으로부터 의로움을 얻는다로 표기되어 있는데 적절한 표현이 아닙니다. 이것은 신약성서 언어인 그리스어 디카이오슈네δικαιοσύνη가 의로움이나 정의라는 뜻이기 때문에 그렇게 표기합니다. 의로움이라 표기하면 내가 의로운 사람이 된다는 뜻으로 받아들이게 됩니다. 믿음을 통해 내가 어떤 사람이 된다는 생각은 그리스 철학을 따르는 생각입니다. 유다인 사유에는 믿음을 통해 어떤 사람이 된다는 생각은 없습니다. 바울이 말하는 의가 히브리어로 체다카입니다. 체다카는 여러 의미로 쓰이지만 여기서는 이사야서처럼 구원으로 사용되었습니다. 따라서 '하나님이 의롭다 하셨다'는 말은 하나님이 우리를 '하나님 의에 참여하게 하셨다'로 쓰는 게 좋습니다. 즉 하나님이 믿음을 통해 우리를 하나님나라에 참여하도록 하셨습니다. 다시 말하면 하나님께서 우리를 하나님나라 백성 삼으셨습니다.

바울이 예수께서 서기관과 바리새인에게 저항하심를 신학화하다

예수께서 사회로부터 버림받은 사람들과 가난한 갈릴리 백성들에게 하나님나라를 선포하시고 기득 세력인 예루살렘의 서기관과 바리새인들에게도 동참할 것을 요구합니다. 그러나 그들은 요지부동입니다. 예수께서 최후 저항을 위해 예루살렘에 가시는 이유를 제자에게 설명합니다. 법의 자리에 앉아 판단하여 배제하고 차별하는 그들에게 저항하기 위해 예루살렘에 가십니다. (마태23:2)

바울은, 판단하지 말라 판단하는 행위는 본인 스스로 죄를 짓는 행위다. 그러한 행위는 자신을 용납하신 하나님을 멸시하는 행위다. 판단하여 차별하고 배제하는 너희 신앙인은 회개하라고 합니다.(로마2:1-5) 예수께서 사회 약자를 용납하시고 이를 방해하는 신앙인과 기득 세력에 저항하신 사역을 바울이 그리스도인 삶에서 실행되도록 신학화했습니다.

회개는 차별하고 배제하는 분리를 멈추는 행위입니다. 또한 회개는 삶의 기본원리(스토이케이온 갈4:3)와 세대 가치(아이온 로마12:2)로부터 벗어나 하나님 의에 참여하는 것입니다. 믿음이란 내가 어떤 모습의 사람이 되는 것이 아닙니다. 믿음이란 하나님 의가 나의 삶에서 현실태(에네르기아ἐνεργεîα)와 가능태(듀나미스δύναμις 로마1:16 복음의 능력)가 되는 행위입니다.

모두가 죄인이므로 판단과 비판하지 말라면서 사회악을 보지 않으려는 사람들이 의외로 많습니다. 목사와 신부에게 조종(가스라이팅)당해서 그렇습니다. 성서에서 판단과 비판하지 말라(로마2:1 마태7:1-5)는 말씀은, 신앙인이나 기득 세력이 사회에서 낙오한 사람들을 판단과 비판하여 차별하고 배제하는 것을 멈추라는 말씀입니다. 예수를 따르는 신앙인으로서 그리스도인은, 가난한 사람과 약한 사람을 핍박하고 그들의 삶을 피폐케 하는 사람과 세력은 판단하고 저항합니다.

성공한 자 강한 자 권력자 부자 등 성스러움을 숭상하고, 실패한 자와 부정한 자 그리고 가난한 사람을 차별하고 배제하는 고대 세계에서 예수와 바울이 어떻게 동일한 생각을 할 수 있었을까요?

예수와 바울은 당시 유대인들이 주목하지 않은 이사야서를 주목합니다. 예수와 바울은 이사야 전문가입니다. 그러므로 이사야서를 모르면 복음서와 바울 편지들을 바르게 해석할 수 없습니다. 바울은 피조물들이 하나님 자녀가 나타나기를 고대하고(로마 8:19) 그 하나님 자녀가 하나님 구원 사역에 동참하리라고 합니다.(로마8:28-30) 이사야는 하나님이 세상을 구원하시는 복음을 전하는 자가 있을 것이라고 합니다.(이사40:9) 그가 전하는 하나님 의는 다음과 같습니다.

이사야 42장
1 내가 붙드는 나의 종, 내 마음에 기뻐하는 자 곧 내가 택한 사람을 보라 내가 나의 영을 그에게 주었은즉 그가 이방에 정의를 베풀리라
2 그는 외치지 아니하며 목소리를 높이지 아니하며 그 소리를 거리에 들리게 하지 아니하며
3 상한 갈대를 꺾지 아니하며 꺼져가는 등불을 끄지 아니하고 진실로 정의를 시행할 것이며
4 그는 쇠하지 아니하며 낙담하지 아니하고 세상에 정의를 세우기에 이르리니 섬들이 그 교훈을 앙망하리라

이사야 묵시를 오늘의 언어로 번역하면 다음과 같습니다.

하나님 의(체다카)는 다음과 같습니다.(이사42:1)
하나님 의를 실행하는 사람은 강함이나 성공을 우선하지 않고 하나님 의를 실행하기 위해 남을 핍박하지 않습니다.(이사42:2)
하나님 의는 사회로부터 버림받은 사람, 약한 사람, 가난한 사람과 함께 합니다. 하나님은 이들을 통해서 정의를 세우십니다. 이들은 결코 망하지 않으며 이들에게 하나님 은혜가 함께 하십니다.(이사42:3-4)

이러한 인식을 바탕으로 바울은 다음과 같이 말합니다. 하나님은 강한 것을 부끄럽게 하시려고 세상의 약한 것을 택하셨습니다. 또한 하나님께서는 잘난 체하는 것들을 무력하게 하시려고 세상에서 미천한 것과 멸시받는 것, 아무것도 아닌 것들을 택하셨습니다.(고전1:27-28 김근수번역)

하나님 힘은 약한 데서 발휘됩니다.(고후11:9)
우리가 이 보배를 질그릇에 간직하고 있습니다.(고후4:7 새번역)

하나님이 세계를 구원하시기 위해 강대국을 부르시지 않았습니다. 노예 백성 이스라엘을 선택하셨습니다. 그들을 부르시고 세계를 돌보라고 하십니다.(출19:5-6) 예수께서 하나님나라를 여시고 그 하나님나라 백성으로 먼저 세리와 죄인을 부르십니다.

그리고 자신과 함께 하나님나라를 선포하고 실행하기 위해 제자를 선택하십니다. 배움이 짧고 가난한 사람들인 어부를 선택합니다. 하나님은 하나님 일을 위하여 주변부를 선택하십니다. 바울은 주변부 신학을 세웠습니다.(이정용)

보배가 화려한 보석함에 있지 않고 질그릇에 담겼다는 은유는 세상의 기본 원리(스토이케이온 갈4:3 초등학문)와 세대 가치(로마12:2)를 허무는 장엄한 선언입니다. 또한 기존 가치체계 안에서는 하나님 계시를 볼 수 없다는 선언입니다.

이러한 성서 증언을 믿는다고 말하면서도, 믿음을 통해 성공과 화려함과 번영을 꾀하는 자는 예수그리스도를 배반하는 자입니다. 성공과 부가 나쁘다는 게 아닙니다. 성공과 부를 얻는 것은 믿음과 아무 상관이 없습니다. 은혜는 하나님으로부터 받은 어떤 결과가 아니라 함께 하는 하나님의 힘입니다. 믿음이란 가난한 사람들, 사회에서 낙오한 사람들, 부정한 사람들과 더불어 사는 행위입니다.

바울 반대자들은 어떻게든 바울 공동체로 하여금 유대 법을 지키고 유대교 안에 머물게 하려고 애썼습니다. 유대 법을 지키려는 예루살렘 교회 지도자들과 유대 법을 허물고 복음을 세계화하려는 바울은 대립할 수밖에 없습니다. 유대인들은 예언자 예레미아에게 그랬던 것처럼 바울을 민족 반역자로 여겼습니다.

유대 독립 전쟁에서 유대교가 패하고 예수 운동에 속한 예루살렘 공동체가 역사에서 사라지면서 바울 반대자들은 차차 세력을 잃어간 듯합니다. 바울이 1세기 예수 운동 역사를 주도했고 지휘했다는 생각은 역사적 사실과 거리가 멉니다.[39]

바울 교회는 교권이 형성되어 있지도 않았고, 바울이 교권을 행사한 일도 없습니다. 바울은 1년 6개월 머물며 자신이 세운 고린도 교회를 다른 사람이 와서 사역하는 걸 고맙게 생각합니다. 그는 자신이 행한 사역을 자신의 공로라 여기지 않습니다. 그는 자신이 개척한 교회에 다른 사람이 사역하는 데 대하여 다음과 같이 말합니다.

고린도전서 3장
6 나는 심었고 아볼로는 물을 주었으되 오직 하나님께서 자라나게 하셨나니

가장 오래 2년 6개월 머물며 세운 에베소 교회는 사도 요한이 사역하고, 요한 제자인 폴리캅이 뒤를 이어 사역했습니다. 폴리캅의 에베소 교회 증언을 보면, 사도 요한이 설교단에 서서 1시간 동안 '여러분 사랑하십시오'만 반복하고 내려왔다는 기록이 있습니다.

---

39) 같은 책 163p

예수께서 세력과 자금을 모으지 않은 것처럼 바울도 세력과 자금을 모으지도 않았고 교회를 제자에게 물려주지도 않았습니다. 그는 끈임없이 옮겨 다니며 사역했습니다. 그가 다닌 거리가 천칠백 킬로미터에 달합니다. 서울과 부산 사이의 4배에 달하는 거리입니다. 그는 빌립보 교회에서만 교우들 도움으로 생활하고, 다른 교회에서는 천막 짓는 일을 하며 생활했습니다. 고대에 천막 짓는 일은 가죽 일과 같이 가장 천민들이 하는 천대받는 일입니다.

바울이 예루살렘에서 이방인을 예루살렘 성전에 데리고 왔다는 죄목으로 체포되었을 때 예루살렘 교회의 도움을 전혀 받지 못했습니다. 당시 지도자는 예수 형제 야고보였고 야고보는 그리스도인뿐만 아니라 예루살렘 전체 유대인에게서 의인이라는 칭송으로 존경받았습니다. 그가 흰옷을 입고 예루살렘 거리를 나서면 모든 사람이 그에게 존경을 표시했다고 합니다.(요세푸스)

바울은 예루살렘에 가면 자신의 목숨이 위태로움을 알았습니다. 교우들이 위험하다며 말렸지만 바울은 교회 일치를 위해 방문을 강행했습니다. 바울이 바라는 것은 예루살렘 교회가 이방 교회를 인정하고 교회가 하나가 되는 것입니다. 그동안 모금한 헌금은 예루살렘 교회에 받아들여지지 않았습니다. 바울을 처음 체포한 로마 총독 펠릭스는 뇌물을 요구했는데, 바울은 그 헌금을 뇌물로 사용하지 않아 석방될 수 없었습니다. 모금한 그 헌금이 어떻게 되었는지는 모릅니다. 바울은 결국 로마로 압송되어 연금되었다가 처형당했습니다.

전통 신학자들은 바울을 은혜 신학자라 하고 바울에 대한 새 관점 신학자 제임스 던은 화해 신학자, 철학자 폴 니꾀르는 윤리 신학자라고합니다. 나는 바울을 평화 신학자라고 부르고 싶습니다. 베드로 제자이며 바울과 함께 선교한 누가와 바울은 예수에게서 평화를 보았습니다.(누가2:14 로마3:17 5:1)

세례 요한은 예수의 길 즉 새 시대를 예비했습니다. 바울은 예수 해석의 틀을 바르게 잡았습니다. 이후로 예수의 길을 하나님나라로 해석한 마가복음을 비롯해 4복음서가 출현했습니다.

바울의 예수 해석 주요한 핵심 2가지

1. 예수를 주님 즉 하나님으로 고백합니다. 바울이 하나님 앞에서 모든 사람은 평등하다는 사유는 여기에서 나왔습니다.
알랭 바디우는 아들 하나님이라는 고백은 더 이상 주인과 종의 관계가 아닌, 더 이상 지배 체재가 아닌 세계가 열렸다는 의미라고 합니다.
4세기에 아타나시우스는 예수를 현자로 인식하는 아리우스와의 논쟁을 물리칩니다. 그는 예수가 하나님과 동일 본질임을 주

장하여 예수를 예배 대상인 하나님으로 고백하는 니케아 신조 성
립을 주도했습니다. 또한 그는 4복음서와 바울 서신을 중심으로
성서를 결정했습니다.

그러므로 우리는 바울 서신이 예수가 예배 대상이 되는데 역할
이 있었음을 알 수 있습니다.

2. 예수를 새 시대 즉 하나님나라를 여신분으로 인식했습니다.

나는 바울보다 더 예수를 바르게 본 사람을 알지 못합니다.

마가가 본 하나님나라

마가복음 1장

1 하나님의 아들 예수 그리스도의 복음의 시작이라

2 선지자 이사야의 글에 보라 내가 내 사자를 네 앞에 보내노니 그가 네 길을 준비하리라

3 광야에 외치는 자의 소리가 있어 이르되 너희는 주의 길을 준비하라 그의 오실 길을 곧게 하라 기록된 것과 같이

4 세례 요한이 광야에 이르러 죄 사함을 받게 하는 회개의 세례를 전파하니

5 온 유대 지방과 예루살렘 사람이 다 나아가 자기 죄를 자복하고 요단 강에서 그에게 세례를 받더라

6 요한은 낙타털 옷을 입고 허리에 가죽 띠를 띠고 메뚜기와 석청을 먹더라

7 그가 전파하여 이르되 나보다 능력 많으신 이가 내 뒤에 오시나니 나는 굽혀 그의 신발끈을 풀기도 감당하지 못하겠노라

8 나는 너희에게 물로 세례를 베풀었거니와 그는 너희에게 성령으로 세례를 베푸시리라

9 그 때에 예수께서 갈릴리 나사렛으로부터 와서 요단 강에서 요한에게 세례를 받으시고

10 곧 물에서 올라오실새 하늘이 갈라짐과 성령이 비둘기 같이 자기에게 내려오심을 보시더니

11 하늘로부터 소리가 나기를 너는 내 사랑하는 아들이라 내가 너를 기뻐하노라 하시니라

12 성령이 곧 예수를 광야로 몰아내신지라

13 광야에서 사십 일을 계시면서 사탄에게 시험을 받으시며 들짐승과 함께 계시니 천사들이 수종들더라

14 요한이 잡힌 후 예수께서 갈릴리에 오셔서 하나님의 복음을 전파하여

15 이르시되 때가 찼고 하나님의 나라가 가까이 왔으니 회개하고 복음을 믿으라 하시더라

1. 삶으로 이루는 구원

  성서는 하나님의 구원 소식입니다. 마가는 이사야가 그런 것처럼 예수 그리스도의 구원 소식을 복음이라고 합니다. 그리스도가 오시기 전에 그 길을 예비하는 자가 먼저 오는데 그 사람이 세례 요한입니다. 예수는 세례 요한에게 세례를 받았습니다. 두 분이 활동하던 때는 물론이고, 40여 년 후인 마가복음 기록 당시에도 예수보다 세례 요한이 훨씬 유명했습니다. 동시대 사람인 유대 역사가 요세푸스 기록에 예수는 몇 줄이고 세례 요한은 몇 페이지 기록인 것을 보아도 알 수 있습니다. 사탄은 아담과 하와를 넘어뜨렸으나 예수는 사탄의 유혹을 이기셨습니다. 그래서 아담 시대는 세례 요한까지이고 이제 새 아담인 예수 시대가 열렸습니다.(누가16:16 로마5:12-21) 세례 요한까지는 법으로 살았으나 예수 시대 이후는 믿음으로 삽니다.(로마1:16 3:21) 그런데 왜 복음서 시작에 예수께서 세례 요한에게 세례받은 사실을 알릴까요?

  구원론은 2가지입니다. 예수 십자가로 대신 죄 값을 치러서 구원받는다는 '대속 구원론'과 예수께서 새 시대 즉 하나님나라를 여시어서 그 하나님나라 삶이 구원인 '종말(하나님나라) 구원론'입니다. 바울과 칼 바르트의 '화해 구원론' 등이 있으나 우리는 모두를 '종말(하나님나라) 구원론'이라고 말합니다. 그런데 복음서에는 예수의 대속으로 구원받는다는 말은 한 줄도 없습니다. 대속 구원론은 5세기 아우구스티누스가 세우고 11세기 안셀무스가 정립하여 오늘에 이르렀습니다. 바울은 그 대속 구원을 자신의 화해 신학을 전개하는 데 사용합니다.(로마3:24-25) 마가는 그 대속 구원을 권력 문제를 설명하는 데 사용합니다.(마가 10:45)

기독교가 그동안 대속 구원론이 믿음의 중심이 된 까닭에 삶에서 이루는 구원에 대한 복음을 잃어버렸습니다. 마가는 예수로부터 오는 구원이 구약성서가 증언하는 하나님의 구원 사역과 연계된다고 말하고 있습니다. 세례 요한 동아리와 경쟁 관계임에도 불구하고 예수께서 세례요한에게 세례받았음을 증언합니다. 예수의 구원 사역이 이스라엘의 하나님의 구원사 안에 있음을 알리기 위한 시도입니다.

따라서 이스라엘의 구원 사건이 출애굽 해방 사건이기 때문에 그리스도인에게도 구원은 해방 사건으로 옵니다. 즉 구원이란 우리를 억압하는 죄와 지배체제 곧 정치, 경제, 사회의 모든 억압으로부터 해방입니다. 예수께서 '때가 찾고 하나님나라가 가까이 왔으니 회개하고 복음을 믿으라'고 합니다. 이것은 복음을 믿는 순서를 말한 게 아닙니다. 그리고 회개는 단순히 뉘우치는 것을 말하는 게 아니라 새롭게 사는 것을 말합니다. 예수 선포는 구원이 하나님나라에서 새로운 삶이라는 복음을 믿는 데서 비롯된 다는 뜻입니다.

 이스라엘의 때 즉 시간 개념은, 연대기 시간인 '크로노스'와 구 원 시간인 '카이로스'가 있습니다. 아우구스티누스는 고백록에 서 영원이란 순간으로 오는 현재하는 시간이라고 합니다. 미래 는 현재로 와서 순간으로 머물고 과거로 갑니다. 그는 영생이란 그 순간인 현재를 늘려 사는 것이라고 합니다. 이는 마치 우리가 즐거운 시간을 시간 가는 줄 모른다고 하는 것과 같습니다. 그러 므로 예수의 때인 '카이로스'는 현재를 구원 시간으로 사는 걸 말 합니다.

 믿음을 통해서 은혜에 의해 구원에(엡2:8) 이릅니다. 하나님의 구원 소식을 복음(기쁜 소식)이라고 합니다. 복음이라는 말은 이 사야가 '하나님이 우리 현재 삶인, 역사에서 구원하시는 소식'이 라는 뜻으로 최초 사용했습니다.(사40:9) 이사야서 40:9에 나오 는 히브리어 단어 '바사르בָּשַׂר'를 가톨릭 성서와 공동 번역은 기 쁜 소식(복음)으로 개역 개정은 아름다운 소식으로 새 번역은 좋 은 소식으로 번역했습니다. 개신교는 하나님의 구원 소식을 복음 이라고 말하기를 꺼리는 경향이 보이는 번역입니다. 소위 복음주 의에서는 복음은 예수 그리스도 십자가와 부활이라고 합니다. 하 나님의 구원 소식을 개념(관념)화했음을 알 수 있습니다. 이사야서 40:9에 나오는 히브리어 단어, 복음('바사르בשׂר')을 관념화함으로써 구원이 '억압으로부터 해방'이라는 삶의 의미를 잃어버렸습니다.

대부분 교회에서 성서와는 다르게, 정치 사회를 제외한 교리를 복음이라고 가르칩니다. 그래서 성서 4복음서 해설 설교를 하면 정치 사회를 말해야 하기 때문에 안합니다. 다음 두 가지가 정치 사회를 제외한 종교 교리만이 복음이라고 주장하게 된 이유입니다.

1. 정교 분리 때문이고
2. 신학에 스토아 인식론이 유입됐기 때문입니다.

18세기까지 유럽에서 신부가 관리를 겸했습니다. 계몽주의와 합리주의를 거치면서 종교는 정치에 관여하지 말아야 한다는 인식이 일어났습니다. 그러자 직업 종교인들은 자신들이 세상 일보다 더 중요한 일에 관여한다고 주장하려 했습니다. 그래서 정치 사회를 제외한 교리가 구원으로 인도한다고 주장하게 되었습니다.

플라톤은 세계를 관념(idea) 세계와 감각 세계로 이원화했습니다. 그는 감각 세계를 저주하기 때문에 선을 찾기 위한 관념을 세우고 그 관념에 동의하는 것이 믿음이라고 합니다. 이것이 스토아 인식론입니다. 5세기 아우구스티누스가 기독교 신학을 정립하면서 스토아 인식론을 차용하여 교리에 동의하는 것이 믿음이라고 했습니다. 이러한 인식론은 인간의 한계와 시대의 한계를 지닙니다. 사회 현상을 개념(관념)화하는 것은 인간의 뛰어난 능력입니다. 그러나 현재 대부분 그리스도인은 모든 교리가 시대의 한계를 지니고 있다는 것을 모릅니다.

교리는 종교 일반 상식을 개념화한 것이 대부분입니다. 교리(개념화)는 모든 사람에게 알리기 위해 이해가 가능하도록 표현한 형식입니다. 그런데 그 교리(개념)에 동의하지 못하는 사람이 발생하여 차별과 배제가 일어나고 그 교리(개념)를 중심으로 세력이 형성되어 권력이 발생합니다. 차별과 배제하지 말라는 예수 가르침을 개념화하여 차별과 배제를 일으키게 되는 현실입니다. 그동안 예수 삶과 사역 그리고 가르침이 등한시되었습니다. 역사 예수에 대한 조망보다 믿음을 철학화 했습니다.

하나님나라 계시가 설교 되지 않기 때문에 도덕과 경건이 믿음이 되었습니다. 일전에 장로교 신학 대학교에서 발행한 '삶의 신학'이라는 책을 읽었습니다. 삶에서 구원이 이루어져야 한다는 것까지는 좋았는데 결론부에 가서 믿음으로 살기 위해서 더욱 도덕과 경건에 힘쓰라고 하면서 도덕과 경건의 여러 방법을 소개합니다. 믿음을 개념화(관념화)했습니다. 그 결과로 도덕적이고 경건하지 않은 사람은 차별하고 배제하게 됩니다. 이재철 목사도 로마서를 그렇게 해설합니다. 신학 대학교 교수가 믿음이 무엇인지 모를 정도로 기독교가 길을 잃었습니다. 성서에서 윤리와 도덕을 찾으려는 길은, 성서에서 과학을 통해 그 사실을 입증하려는 태도와도 같습니다. 창조과학회가 그 일을 합니다. 현대과학을 성서에 투영해서 이야기를 이야기로 받아들이지 못합니다.

예수의 하나님나라 이야기는, 고대 이스라엘 사람들이 하나님의 구원사를 설화(하가다)로 이야기하는 것과 같습니다. 그들은 도덕 앞에서 굴복하는 것이 아니라, 그 도덕의 힘과 지배하려는 간계까지도 이야기에 녹여서 서사적 자산으로 삼습니다.(발터 벤야민) 그들은 어떤 사실을 사실 그대로 전하려는 목적이 아닙니다. 상상의 나래를 펴서 고대에 있었던 하나님의 구원사가 오늘 우리의 이야기가 되게 하는 것이 목적입니다.

하나님나라 이야기는 그 구원이 지금 여기에 있는 힘이고 나를 깨어 있게 하는 힘입니다. 예수께서 여신 하나님나라 구원은 현재 나의 삶으로 옵니다. 그 구원을 이루어 가는 삶이 믿음입니다. 우리에게 날들이 주어졌습니다. 우리는 믿음을 입고 그 날들의 삶으로 나아갑니다.

마가복음 1장

16 갈릴리 해변으로 지나가시다가 시몬과 그 형제 안드레가 바다에 그물 던지는 것을 보시니 그들은 어부라

17 예수께서 이르시되 나를 따라오라 내가 너희로 사람을 낚는 어부가 되게 하리라 하시니

18 곧 그물을 버려 두고 따르니라

19 조금 더 가시다가 세베대의 아들 야고보와 그 형제 요한을 보시니 그들도 배에 있어 그물을 깁는데

20 곧 부르시니 그 아버지 세베대를 품꾼들과 함께 배에 버려 두고 예수를 따라가니라

2. 제자를 부르시다

요한복음과 다르게 나머지 세 복음서는 예수 사역을 순서에 따라 기록했습니다. 그러나 그 순서가 복음서 별로 조금씩 다릅니다. 저자가 증언하려는 의도에 따라 편집했기에 그렇습니다. 우리는 마가의 편집 의도를 찾습니다. 본문은 예수께서 사역을 시작하기 전에 베드로 등 어부들을 제자로 부르셨다고 합니다. 정황상 어느 시골 청년이 나타나 느닷없이 제자가 되라고 한다고 해서 어부들이 따라나서지는 않습니다. 예수께서 병자를 고치는 등 어느 정도 알려졌기 때문에 어부들이 일과 집을 버리고 단숨에 따라나섰다고 생각됩니다. 이어서 2장과 3장에서도 제자를 부르시는 이야기가 나옵니다.

마가는 예수께서 사역 시작하기 전에 먼저 제자를 부르신 것으로 증언합니다. 거기에는 예수의 제자 부르심을 세례 요한이 하나님 구원 사역 길을 예비하시는 것과 견주어 이해하려는 의도가 있습니다. 또한 고대 수사법에는 처음과 나중이 이어지는 수미쌍관 법이 자주 나타납니다. 마가가 예수께서 사역을 시작하기 전 상황을 설명하면서 처음에 세례 요한 등장을 설정하고 끝에 제자 부름을 설정했다는 말입니다. 따라서 우리는 제자(그리스도인) 부르심을 세례 요한의 예와 이어서 구약의 예를 찾아 이해합니다. 세례 요한은 백성들에게 열화같이 칭송받는 인물임에도 불구하고 자신은 오실 그리스도의 신발 끈을 푸는 일도 감당치 못하는 사람이라고 합니다. 마가는 세례 요한이 말한 그분이 예수라고 합니다.

또 하나는 마가 복음서에 나오는 예수 첫 일성―聲은 '하나님나라가 가까이 왔으니 회개하고 복음을 믿으라'입니다. 회개와 믿음을 강조한 후에 제자 부르심이 나옵니다. 회개와 믿음은 제자처럼 '버림과 따름'임을 말합니다. 회개는 참회처럼 뉘우침이 아닙니다. 회개는 제자들이 옛 삶을 버림같이, 세대 가치를 버리고 예수 계시를 따름입니다. 믿음은 신플라톤주의처럼 교리에 동의하는 것이 아니라 예수를 따라 사는 데 있습니다.

그리스도인은 낮은 자세로 세상과 연대하는 사람이다

세례 요한이 주의 길을 예비하는 자가 갖는 품성을 말한 것은 이사야 예언에 나타납니다. 이사야는 하나님 의를 전하는 자를 두고 말하기를 '그는 외치지 아니하며 목소리를 높이지 아니하며 그 소리를 거리에 들리게 하지 아니하며'(사42:2)라고 하고 또 그더러 맹인이고 귀머거리라고 합니다.(사42:19) 이것도 놀라운데 더 놀라운 것은, 하나님 의를 전하기 위해 말하는 사람의 혀를 선생 혀가 아니라 제자 혀라고 합니다.(사50:4) 이 구절을 두고 개신교 성서 번역자들이 이게 좀 말이 안 된다 싶어서 '학자의 혀'라는 반대 의미로 비틀었습니다. 공동 번역은 아예 한술 더 떠서 '말솜씨를 익혀 주셨다'고 합니다. 이 말이 히브리어 '림무드תלמד'인데 다른 두 곳은 림무드를 제자로 번역했습니다.(8:16, 54:13은 교훈을 받는 자)

비트겐슈타인은 개별 단어에 고집하지 말고 문맥과 저자 사상을 고려해 번역하라고 합니다. '제자 혀'로 번역은 이사야가 42:2에서 선택받은 종은 거리에서 소리치지 말며 거리에 소리가 들려서는 안 된다고 한 것과, 19절에서 그 하나님 의를 전하는 종은 맹인이고 귀머거리라고 한 것에 주목한 번역입니다. '학자의 혀'라고 번역해 읽을 경우, 능력 없는 비천한 자기를 부르셨다고 주장하다가 갑자기 자기가 빼어난 사람이라고 한다는 것은 모순입니다. 최초 영어 성서 KJV도 숙련자the matured라 하지 않고 제자the learned로 번역했습니다. 가톨릭 성서도 제자의 혀로 번역했습니다. 개신교 신학자들은 성서와는 다르게 그리스도인을 세상을 가르치고 지도하는 자로 생각해서 림무드를 학자의 혀로 번역했습니다. 성서번역이 이러하니 한국 교회가 기고만장한 것이 이상한 일은 아닙니다. 이사야는 하나님 의를 전하는 사람의 폐해를 경고합니다.

오늘날 기독교 위기는 일반 신자들 때문이 아닙니다. 하나님 일을 한다는 직업 종교인 때문입니다. 그들이 하나님 의를 전하지 않고 인간 의 곧 자기 의를 세우기 때문에 기독교가 세상으로부터 버림받습니다. 그리스도인은 세상을 가르치거나 지도하는 사람이 아닙니다. 낮은 자세로 세상과 연대하는 사람입니다.

 예수께서 갈릴래아 어부들을 첫 제자로 삼으십니다. 당시 어부는 학식이 짧고 계층 낮은 사람입니다. 스승은 뛰어난 사람을 자기 제자로 선택하여 덕분에 자기가 빛나기를 바랍니다. 낮은 사람을 부르시는 방식은 하나님께서 일하는 사람 부르시는 현실입니다. 모세가 하나님으로부터 십계명을 받을 때, 하나님께서 '세계가 다 내게 속하였나니 너희가 내게 대하여 제사장 나라가 된다'고 하십니다.(출19:5-6) 이 말씀이 신탁이 아니고 이스라엘 백성 스스로 지어낸 말이라면 황당하기 그지없습니다. 북쪽에는 철기문화를 이룬 히타이트족인 세계 최강국 앗수르가 있고 남쪽엔 비옥한 토지의 강대국 이집트가 있습니다. 이집트에서 막 탈출한 노예와 떠돌이(하비루)들인 이스라엘이 스스로 세계를 돌보는 제사장 국가라고 선포한다는 게 말이나 됩니까?

 하나님은 언제나 주변부를 부르시어 중심부를 일깨우는 방식으로 평화를 세웁니다. 성공과 번영을 외치며 중심부에서 화려한 교회를 짓고 하나님나라를 확장한다며 헌금을 모으는 교회와 성당은 반드시 망합니다. 왜냐하면 이것은 그리스도가 제자를 부르는 방식이 아니기 때문입니다. 그리스도인은 하나님 길을 예비하기 위해 부름받았습니다.(사40:3) 그리스도인은 하나님나라 일

하는 사람이 아닙니다. 하나님나라 일은 하나님이 하시고 그리스
도인은 그 일을 예비하고 그 일에 동참하는 사람입니다.

그리스도인은 예언자이다

마가는 세례 요한과 함께 첫 제자를 복음서 서두에 기록했습니
다. 예수 제자들이 세례 요한과 같이 예언자 전통을 잇는 사람이
라는 인식으로 그랬습니다. 그러나 기독교는 예수와 세례 요한의
예언 전통을 잇지 못했습니다. 2세기 기독교 신학이 형성될 때 기
독교는 우리 신앙 선조들인 유대 정신을 따르지 못하고 그 대신
에 그리스 철학을 따랐습니다. 유대인들은 예배 시에 반드시 율
법서와 예언서를 함께 읽습니다. 그러나 한국 보수 신학교에서는
아예 예언서를 공부하지 않습니다. 하나님 음성을 아예 안 듣기
로 결정했습니다. 예언 전통을 잇지 못한 것이 오늘날 교회가 사
회에 역할을 하지 못하는 주요한 원인입니다.

유대 사상가 아브라함 요수아 헷셸은, 예언이란 하나님께서 고
통 중인 인간과 함께 아파하심을 전하는 말이며 착취당하는 가
난한 사람들과 약한 자를 억압하는 권세자들과 불의한 부자들에
게 내리는 말씀이라고 합니다. 예언자는 세대 가치를 따르지 않
고 하나님 계시를 따르는 사람입니다. 오늘날 한국 교회와 성당
이 세상에 감동을 주지 못하는 원인은 교회와 성당이 세대 가치

를 좇아 세상과 경쟁하기 때문입니다. 예언자는 화해와 평화를 이루어가며 평화를 막는 가치와 세력에 저항함으로써 세상 맛을 살립니다. 예언자는 그렇게 세상이 나아갈 방향을 비추는 빛입니다. 그리스도인은 악한 세력에 저항하고 번영 업적 성취 명예 권력 소비지향 가치 등에 저항하는 사람입니다.

내가 그리스도인이라고 선언했다고 해서 그리스도인이 아니고 내가 교회와 성당에 속해 있다고 해서 그리스도인이 아닙니다. 심지어 세례받았다고 그리스도인이 된 것도 아닙니다. 왜냐하면 사도도 사탄이 잡아갔을 뿐만 아니라 예수께서 '주여주여 하는 자마다 다 천국에 들어갈 것이 아니요 하나님 뜻대로 행하는 자라야 들어가리라' 말씀하시기 때문입니다.(마7:21) 구원받음, 믿음, 제자됨 모두는 같은 의미입니다.

그리스도인(제자)이란

예수 길 위에서 그 길을 따라가는 사람입니다. 예수 길 위에 선다는 뜻은 예수께서 도운 사람을 돕고 예수께서 저항한 사람을 나도 저항하는 현실입니다. 기술 사회와 자본주의 성장 사회에서, 그리스도인은 질질 끌려가는 사회에 속할 것인지 변화된 사회에 속할 것인지를 결단하는 사람입니다. 그리스도인은 누구에게 무엇으로 부름 받았습니다.

21 그들이 가버나움에 들어가니라 예수께서 곧 안식일에 회당에 들어가 가르치시매

22 뭇 사람이 그의 교훈에 놀라니 이는 그가 가르치시는 것이 권위 있는 자와 같고 서기관들과 같지 아니함일러라

23 마침 그들의 회당에 더러운 귀신 들린 사람이 있어 소리 질러 이르되

24 나사렛 예수여 우리가 당신과 무슨 상관이 있나이까 우리를 멸하러 왔나이까 나는 당신이 누구인 줄 아노니 하나님의 거룩한 자니이다

25 예수께서 꾸짖어 이르시되 잠잠하고 그 사람에게서 나오라 하시니

26 더러운 귀신이 그 사람에게 경련을 일으키고 큰 소리를 지르며 나오는지라

27 다 놀라 서로 물어 이르되 이는 어찜이냐 권위 있는 새 교훈이로다 더러운 귀신들에게 명한즉 순종하는도다 하더라

28 예수의 소문이 곧 온 갈릴리 사방에 퍼지더라

29 회당에서 나와 곧 야고보와 요한과 함께 시몬과 안드레의 집에 들어가시니

30 시몬의 장모가 열병으로 누워 있는지라 사람들이 곧 그 여자에 대하여 예수께 여짜온대

31 나아가사 그 손을 잡아 일으키시니 열병이 떠나고 여자가 그들에게 수종드니라

32 저물어 해 질 때에 모든 병자와 귀신 들린 자를 예수께 데려오니

33 온 동네가 그 문 앞에 모였더라

34 예수께서 각종 병이 든 많은 사람을 고치시며 많은 귀신을 내쫓으시되 귀신이 자기를 알므로 그 말하는 것을 허락하지 아니하시니라

35 새벽 아직도 밝기 전에 예수께서 일어나 나가 한적한 곳으로 가사 거기서 기도하시더니

36 시몬과 및 그와 함께 있는 자들이 예수의 뒤를 따라가

37 만나서 이르되 모든 사람이 주를 찾나이다

38 이르시되 우리가 다른 가까운 마을들로 가자 거기서도 전도하리니 내가 이를 위하여 왔노라 하시고

39 이에 온 갈릴리에 다니시며 그들의 여러 회당에서 전도하시고 또 귀신들을 내쫓으시더라

40 한 나병환자가 예수께 와서 꿇어 엎드려 간구하여 이르되 원하시면 저를 깨끗하게 하실 수 있나이다

41 예수께서 불쌍히 여기사 손을 내밀어 그에게 대시며 이르시되 내가 원하노니 깨끗함을 받으라 하시니

42 곧 나병이 그 사람에게서 떠나가고 깨끗하여진지라

43 곧 보내시며 엄히 경고하사

44 이르시되 삼가 아무에게 아무 말도 하지 말고 가서 네 몸을 제사장에게 보이고 네가 깨끗하게 되었으니 모세가 명한 것을 드려 그들에게 입증하라 하셨더라

45 그러나 그 사람이 나가서 이 일을 많이 전파하여 널리 퍼지게 하니 그러므로 예수께서 다시는 드러나게 동네에 들어가지 못하시고 오직 바깥 한적한 곳에 계셨으나 사방에서 사람들이 그에게로 나아오더라

3. 서기관이 가르치는 하나님나라와 다른 하나님나라

4 복음서는 예수 첫 사역을 각각 다르게 증언합니다. 복음서 저자가 강조하고 싶은 사역을 첫 사역으로 정합니다. 마가가 증언하는 예수의 첫 사역 내용은 다음과 같습니다.

1. 예수께서 안식일에 병자를 고치셨다.
2. 하나님나라를 설교했는데 그 가르침이 권위가 있고 서기관들 (율법학자) 가르침과 달랐다.
3. 악령 들린 사람을 치유했다. 즉 악한 영을 제압했다.
4. 열병 걸린 베드로 장모와 나병 환자를 고치셨다.
5. 예수께서 세력을 형성하지 않았다.

유대인들은 안식일을, 천국을 미리 맛보는 날로 여깁니다. 금요일 해 지는 시간부터 다음날 해 지는 시간까지 안식일입니다. 어둠을 뚫고 오는 새벽을 맞으며 해방을 체험합니다. 그래서 이날은 일하는 것을 금지합니다. 천국을 미리 맛보며 쉬는 날에 누가 일하면 그 쉼을 방해하는 것으로 여깁니다.

예수께서 안식일에 치유하신 의미는, 그들이 기대하는 해방과 쉼이 지금 현실이 되었음을 선포하는 사건입니다. 그리고 자기들 수준에 못 미치는 사람들을 배제하고 교양 있고 경건한 사람 중심으로 회당과 안식일이 지켜지는 현실을 깨뜨리는 사건입니다. 또한 안식일에 귀신 들린 자를 치유하는 의미는, 그 해방이 유대인들이 하나님나라에 쓸모없다고 여기는 귀신 들린 자로부터 옴을 선포하는 것입니다. 해방은 구원의 가장 중요한 표상입니다. 70-80년대 군사정권은 남미 해방신학이 유입되어 정권에 부담되는 걸 막기 위해 해방을 기피 용어로 삼았습니다. 예나 지금이나 악한 정권과 한통속인 극우파 그리스도인이 해방 용어를 기독교에서 삭제했습니다. 우리는 가슴 벅찬 이 해방 용어를 다시 살려옵니다. 유대인들은 예수께서 자신들 천국 체험을 훼손하는 것으로 생각했습니다.

마가1:23절 귀신 들린 사람은 더러운 영(프뉴마πνεῦμα) 들린 사람을 그렇게 번역한 것입니다. 더러운 영에 사로잡힌 사람은 성령과 함께하지 못한 육에 갇혀있는 사람입니다.(로마8:6) 육에 갇혀있는 사람은 첫째 악한 지배 세력에 조종당하는 사람입니다. 둘째 자본주의 이념에 굴복하여 성취 번영 소비에 삶을 바치는 사람입니다.

마가는 예수 첫 사역으로 더러운 영에 사로잡힌 사람을 해방시키는 사건을 증언합니다. 하나님 구원을 알리는 소식을 복음이라고 한(사40:9) 제 2이사야가 첫 일성으로 하나님 백성을 위로하라(사40:1) 한 것과 같습니다. 구원자 그리스도는 이 땅의 억눌린 자를 해방함으로써 하나님 백성을 위로합니다. 마가는 예수 가르침에 사람들이 놀랐다고 하면서 그 가르침이 무엇이었나를 더러운 영에 사로잡힌 사람을 해방하신 사건으로 대답합니다.

마가 해석자 마태는 예수께서 말씀으로 더러운 영을 쫓아낸다고 합니다.(마태8:16) 말씀은 하나님의 말 걸으심입니다. 악령 들린 사람 치유가 예수의 가르침임을 알 수 있습니다. 또한 마가 해석자인 누가는 예수 첫 사역이 억압에서 고통당하는 자의 해방이라고 합니다.(누가4:18-21) 예수께서 더러운 영을 꾸짖으셨습니다. 이때 쓰인 말은 '에피티마오ἐπιτιμάω'인데 견책하다 즉 책임을 물으셨다는 말입니다. 따라서 더러운 영에게 책임을 묻지 않는 영(힘)은 거룩한 영(힘)이 아닙니다.[1]

우리는 복음서 첫 장부터 기독교가 얼마나 예수로부터 일탈했는지 알 수 있습니다. 번영신학과 청부론淸富論이라는 해괴한 신학이 나왔습니다. 또한 소위 복음주의자들은 악한 기득 세력에 저항하는 설교가 복음이 아니라고 주장합니다.

기득 세력의 불의를 보고 사역을 시작한 예수는 처음부터 사회 실력자들과 불화를 작정했습니다. 예수께서 천막을 쳐놓고 안식

---

1) 강일상 마가복음의 기적 이야기 대한기독교서회 2007, 58p

일이 아닌 평일에 병자를 치유하고 하나님나라를 설교했다면 온 나라 백성들로부터 칭송받았을 겁니다. 예수는 차별과 배제를 일으키는 현실을 깨뜨리는 게 목표입니다.

예수께서 사람들이 모이자 다른 마을로 떠났습니다. 한곳에 정착하여 세력을 모으고 헌금도 받아서 날품팔이 여러 동생들도 주고 가족을 돌봤다면 가족들이 예수가 미쳤다고 잡으러 다닐 일도 없고 부자가 되었을 겁니다. 십자가로 죽으실 일도 없습니다. 그러나 그것은 하나님나라가 아닙니다. 예수 십자가 길은 처음부터 시작되었습니다. 사람을 잔뜩 모으는 교회와 성당은 반드시 망합니다. 왜냐하면 그것은 예수 사역 방향과 다르기 때문입니다. 복음을 사회와 분리하면 성서를 읽을 수 없습니다.

정교분리는 19세기 이후에 일어난 일입니다. 고대에는 정치와 사회가 종교와 분리되지 않았습니다. 아모스 예레미아 등 예언자들의 종교 비판은 유명합니다. 믿음은 내용이고 종교는 형식입니다. 형식 없이 내용이 역사役事할 수 없습니다. 따라서 예수께서 회당과 안식일을 거부한 것이 아니라 재해석했음을 알 수 있습니다. 예수께서 예배와 기도에 열중하십니다. 인간 이성과 양심의 교만을 내려놓는 길은 예배와 기도 외에는 없습니다.

서기관(율법학자)들은 회당과 안식일을 이용해 과부들 돈을 탐하고 종교예식에 절어서 길게 기도하며 상석에 앉기 좋아하고 인사 받기를 좋아합니다. 그들은 하나님나라에 대해 설교하는 사람들입니다. 하버드 종교학자 캔트웰 스미스는 "경전이란 무엇인가"에서 이스라엘이 포로에서 귀환한 서기전 350년에 성서를 정비하고 성서 중심의 경전 종교로 자리매김했다고 합니다. 종교학자 엘리아데도 그렇게 말합니다. 그러나 국가가 안정되지 못했습니다. 하스몬 왕가의 100여 년을 제외하고 그리스와 로마 등으로부터 외침에 시달렸습니다. 이러한 이유로 서기전 200년부터 묵시문학이 태동했습니다. 그 묵시문학을 서기관들이 주도했습니다. 그들이 설교하는 하나님나라는 미래에 올 나라로써 허물어진 이스라엘이 다시 세워지고 부강하고 번영된 나라입니다. 요새 말로 희망 고문입니다.

예수께서 하시는 사역과 설교는 지금 일어나는 실제 현실입니다. 그래서 허황되지 않고 권위가 있습니다.(마가1:22절) 예수께서 열병이 나서 누워 있는 베드로 장모를 치유하셨습니다. 그녀 손을 잡아 일으키시자 그녀는 일행을 섬겼습니다. 고대에는 병이 죄로 인해 발생한다고 생각합니다. 당시 묵시가들인 서기관들은 하나님나라가 남자들 율법 연구를 통해 온다고 가르쳤습니다. 당시 성경 공부는 남자들만 했습니다. 그들에게 갈릴래아 가난한 사람들과 여성 그리고 죄인들은 하나님나라에 해당되지 않습니다. 마가는 이러한 사유에 반대하고 하나님나라는 예수를 만나는 누구로부터라도 온다고 말하고 있습니다. 쓸모없다고 생각하는 여인이 예수를 통해 세상을 위하는 귀한 존재가 되었습니다.

예수께서 나병 환자를 치유하십니다. 당시 모든 병자를 죄인으로 취급했지만 나병 환자는 그 대표 격입니다.(레위13-14장, 신명24:8) 나병 환자가 고쳐 달라고 하지 않고 깨끗하게 해 달라고 한 것에 주목합니다. 본인 스스로 부정한 사람으로 자리매김합니다. 그가 저를 깨끗하게 하실 수 있다고 하실 때 쓰인 말이 '뒤나마이δύναμαι'인데, 로마서 1장 16절의 복음의 능력이라고 할 때, 그 능력이 명사형 '뒤나미스δύναμις'입니다. '뒤나미스'는 바울이 사용하는 메시아 용어로써 하나님나라에서 실현되어지는 '가능태'입니다.

예수께서 나병 환자를 보고 '불쌍히 여기사'(스플랑크니조마이 σπλαγχνισθεὶς)로 표기한 우리말 번역은 서방사본 번역에서는 '분노하사'(오르기스테이스ὀργισθεὶς)입니다.[2]
나병 환자는 가족과 마을에서 추방됩니다. 제사장에게 보이고 증명서를 받아서 가족과 마을로 돌아가라는 예수 말씀과 연계하여 보면 예수께서 가족과 사회로부터 버림받는 현실에 '분노하셨다'라는 번역이 더 적절합니다. 유대교와 기독교의 사회 인식을 개인 중심 믿음으로 치환하려는 해석이 '불쌍히 여기사'입니다.

---

2) 신현우 마가복음의 원문을 찾아서 용인:웨스트민스터출판부 2006, 50-57p

오늘날 한국 기독교는 사회 인식을 뺀 것만이 복음이라고 주장하는 현실입니다. 예수께서 나병 환자를 불쌍히 보신 게 아니라, 그가 사회와 가족으로부터 버림받은 현실에 분노하셨습니다.

예수께서 나병을 치유 받은 사람에게 아무에게도 아무 말도 하지 말라고 합니다. 제사장에게 보이고 입증하라고 합니다. 제사장에게 보이고 증명서를 받아 가족과 사회에 복귀하라는 말씀입니다. 브레데가 '마가복음에 메시아의 비밀이 있다'고 한 이래로 아무 말도 하지 말라는 예수 말씀을 메시아 비밀로 해석하는 사례가 많습니다. 우리가 서구 신학을 따라야 하는 이유는 없습니다.

나병을 치유 받은 사람이 예수 당부를 어기고 나가서 전파한 이 일을 마가는 로고스라고 합니다.[3] 여기서 우리는 로고스를 교리로 해석할 수 있습니다. 예수께서 바란 것은 그 사람이 가족과 사회에 복귀해서 기쁘고 평화한 삶을 사는 데 있습니다. 그러나 그 사람은 예수 사역이 확대되어 세상에 퍼지고 자신도 예수를 위하는 사람이 되고 예수도 유명 인사가 되기를 바랐습니다. 이 일로 예수는 마을로 들어가지 못하고 광야로 나갔습니다. 하나님나라 일하는 방식에 있어 예수와 그 사람은 서로 달랐습니다.

---

3) 전파했다가 diafhmivzw(1310, 디아페미조)인데, 동사 디아페미조는 디아(diav, 1223)와 페메(fhvmh, 5345: 말, 진술, 소문)에서 유래했으며, '널리 퍼뜨리다, 널리 퍼지다, 소문(또는 소식)을 내다(퍼뜨리다), 알리다'를 의미한다.

이사야 선지자는 하나님 의를 전하는 사람이 맹인이고 벙어리라고 합니다.(사42:18-20) 또한 하나님 의를 전하는 사람이 제자의 혀를 가졌다고 합니다,(사50:4 림무드인데 우리 성서는 학자의 혀로 KJV은 제자의 혀로 번역했습니다. 림무드를 8:16은 제자로 54:13은 교훈 받는 자로 번역했습니다. 마가는 예수 사역이 벌써 교리화하는 것을 염려했고, 예수께서는 자신의 사역이 세력화되는 것을 염려했습니다.

귀신 들린 사람이 안식일에 회당에 있는 일은 흔히 있을 수 있는 일이 아닙니다. 그래서 마가가 '마침' 그런 일이 있었다고 하며 시작합니다. 누군가 그를 치유 받기 위해 데리고 왔습니다. 예수께서 악한 영을 제압했음을 증언하기 위해 설정했음을 알 수 있습니다. 예수 사역은 사회에 만연한 악한 영을 제압하는 사역이라는 뜻입니다.

20세기 과학 만능 시대를 지나면서 과학이 우리를 밝은 미래로 인도하지 못한다는 것을 알게 되었습니다. 그러면서도 과학에 익숙한 우리는 악한 영이 세계에 준동한다는 사실을 외면하려고 합니다. 우리는 2천 년 전에 오셔서 하나님나라를 여신 예수 사역을 보면서 우리 현실을 깨달을 수 있습니다.

마가복음 2장

1 수 일 후에 예수께서 다시 가버나움에 들어가시니 집에 계시다는 소문이 들린지라

2 많은 사람이 모여서 문 앞까지도 들어설 자리가 없게 되었는데 예수께서 그들에게 도를 말씀하시더니

3 사람들이 한 중풍병자를 네 사람에게 메워 가지고 예수께로 올새

4 무리들 때문에 예수께 데려갈 수 없으므로 그 계신 곳의 지붕을 뜯어 구멍을 내고 중풍병자가 누운 상을 달아 내리니

5 예수께서 그들의 믿음을 보시고 중풍병자에게 이르시되 작은 자야 네 죄 사함을 받았느니라 하시니

6 어떤 서기관들이 거기 앉아서 마음에 생각하기를

7 이 사람이 어찌 이렇게 말하는가 신성 모독이로다 오직 하나님 한 분 외에는 누가 능히 죄를 사하겠느냐

8 그들이 속으로 이렇게 생각하는 줄을 예수께서 곧 중심에 아시고 이르시되 어찌하여 이것을 마음에 생각하느냐

9 중풍병자에게 네 죄 사함을 받았느니라 하는 말과 일어나 네 상을 가지고 걸어가라 하는 말 중에서 어느 것이 쉽겠느냐

10 그러나 인자가 땅에서 죄를 사하는 권세가 있는 줄을 너희로 알게 하려 하노라 하시고 중풍병자에게 말씀하시되

11 내가 네게 이르노니 일어나 네 상을 가지고 집으로 가라 하시니

12 그가 일어나 곧 상을 가지고 모든 사람 앞에서 나가거늘 그들이 다 놀라 하나님께 영광을 돌리며 이르되 우리가 이런 일을 도무지 보지 못하였다 하더라

13 예수께서 다시 바닷가에 나가시매 큰 무리가 나왔거늘 예수께서 그들을 가르치시니라

14 또 지나가시다가 알패오의 아들 레위가 세관에 앉아 있는 것을 보시고 그에게 이르시되 나를 따르라 하시니 일어나 따르니라

15 그의 집에 앉아 잡수실 때에 많은 세리와 죄인들이 예수와 그의

제자와 함께 앉았으니 이는 그러한 사람들이 많이 있어서 예수를 따름이러라

16 바리새인의 서기관들이 예수께서 죄인 및 세리들과 함께 잡수시는 것을 보고 그의 제자에게 이르되 어찌하여 세리 및 죄인들과 함께 먹는가

17 예수께서 들으시고 그들에게 이르시되 건강한 자에게는 의사가 쓸 데 없고 병든 자에게라야 쓸 데 있느니라 나는 의인을 부르러 온 것이 아니요 죄인을 부르러 왔노라 하시니라

18 요한의 제자와 바리새인들이 금식하고 있는지라 사람들이 예수께 와서 말하되 요한의 제자와 바리새인의 제자는 금식하는데 어찌하여 당신의 제자는 금식하지 아니하나이까

19 예수께서 그들에게 이르시되 혼인 집 손님들이 신랑과 함께 있을 때에 금식할 수 있느냐 신랑과 함께 있을 동안에는 금식할 수 없느니라

20 그러나 신랑을 빼앗길 날이 이르리니 그 날에는 금식할 것이니라

21 생베 조각을 낡은 옷에 붙이는 자가 없나니 만일 그렇게 하면 기운 새 것이 낡은 그것을 당기어 해어짐이 더하게 되느니라

22 새 포도주를 낡은 가죽 부대에 넣는 자가 없나니 만일 그렇게 하면 새 포도주가 부대를 터뜨려 포도주와 부대를 버리게 되리라 오직 새 포도주는 새 부대에 넣느니라 하시니라

23 안식일에 예수께서 밀밭 사이로 지나가실새 그의 제자들이 길을 열며 이삭을 자르니

24 바리새인들이 예수께 말하되 보시오 저들이 어찌하여 안식일에 하지 못할 일을 하나이까

25 예수께서 이르시되 다윗이 자기와 및 함께 한 자들이 먹을 것이 없어 시장할 때에 한 일을 읽지 못하였느냐

26 그가 아비아달 대제사장 때에 하나님의 전에 들어가서 제사장

외에는 먹어서는 안 되는 진설병을 먹고 함께 한 자들에게도 주지
아니하였느냐

27 또 이르시되 안식일이 사람을 위하여 있는 것이요 사람이 안식
일을 위하여 있는 것이 아니니

28 이러므로 인자는 안식일에도 주인이니라

마가복음 3장

1 예수께서 다시 회당에 들어가시니 한쪽 손 마른 사람이 거기 있
는지라

2 사람들이 예수를 고발하려 하여 안식일에 그 사람을 고치시는가
주시하고 있거늘

3 예수께서 손 마른 사람에게 이르시되 한 가운데에 일어서라 하시
고

4 그들에게 이르시되 안식일에 선을 행하는 것과 악을 행하는 것,
생명을 구하는 것과 죽이는 것, 어느 것이 옳으냐 하시니 그들이 잠
잠하거늘

5 그들의 마음이 완악함을 탄식하사 노하심으로 그들을 둘러 보시
고 그 사람에게 이르시되 네 손을 내밀라 하시니 내밀매 그 손이 회
복되었더라

6 바리새인들이 나가서 곧 헤롯당과 함께 어떻게 하여 예수를 죽일
까 의논하니라

4. 새 술은 새 부대에

예수께서 하시는 하나님나라 설교에 많은 사람들이 모였습니다. 인파 때문에 네 사람은 중풍병자를 예수 앞에 데려올 수 없었습니다. 중풍병자를 침상에 누인 채로 지붕을 뚫고 예수 앞에 내려서 치유 받게 했습니다. 초기 필사본에는 이 사실만 있는데 현재 성서인 후기 필사본에는 이때 예수께서 중풍병자의 죄를 사하시고 서기관(율법학자)들은 반발했다는 내용이 첨가되었습니다.

성서 원본은 현재 존재하지 않습니다. 마가복음은 서기 70년 경에 기록되었습니다. 모든 성서는 4세기에 정경화 되었고 이후로 가필이 허용되지 않았습니다. 지붕을 뚫고 중풍병자를 내려서 예수 앞에 오게 한 사건은 참으로 감동스런 사건입니다. 어찌 필사자가 감동하지 않았겠습니까.

다시 말씀드리자면, 첫 단락은 예수께서 중풍병자를 치유하신 내용(1-5a)과 예수와 서기관들이 죄 용서 문제로 대립한 내용(5b-10)입니다. 여기서는 예수께서 죄 용서하신 것 때문에 서기관들이 반발하지만, 이어지는 단락에서는 예수께서 서기관 자신들이 세운 신앙 기준을 반대하고 가난한 사람들, 사회에서 버림받은 사람들과 함께하시는 것 때문에 반발합니다.

마가복음 2장
5 예수께서 그들의 믿음을 보시고 중풍병자에게 이르시되 작
은 자야 네 죄 사함을 받았느니라 하시니

　그들은 중풍병자를 데리고 온 네 사람입니다. 예수께서 그 네 사
람 믿음을 보시고 중풍병자더러 죄 사함을 받았다고 하십니다.
하나님은 그 한 사람 믿음으로만 관계하지 않습니다. 나와 공동
체 관계가 나와 하나님 관계에 영향이 있다는 말입니다. 그 율법
이 죄인이라며 버린 사람을 그 네 사람은 용납했습니다. 그 믿음
이 예수에게 인정받았습니다. 예수께서 세리와 죄인을 용납하시
고 어울리신 행위를 근거로 예수께서 중풍병자에게 죄가 있음을
인정했다고 해석할 수는 없습니다. 그 중풍병자가 율법에 의해
정죄된 현실이 없어졌다는 뜻입니다. 우리가 이렇게 해석할 수
있는 근거는, 당시 사람들이 재난이나 병이 죄 때문에 일어나는
것으로 생각했습니다.
　그러나 예수는 갈릴래아에서 빌라도 학살로 죽은 사람이나 망
대가 무너져 죽은 사람이 죄 때문에 죽은 것이 아니라고 합니다.
(눅13:1-5) 때문에 우리는 중풍병자에게 죄가 있다고 해석할 수
없습니다. 예수께서 죄 사함을 받았다고 말씀하시는 뜻은, 율법
에서는 죄인일지라도 이제는 인간의 존엄과 삶의 가치를 회복시
킨다는 선언입니다.

중풍병자 치유 이야기에 이어서 예수 제자들이 금식하지 않는 걸 비난하는 사람들, 안식일에 밀 이삭 자르는 것을 비난하는 바리새인, 안식일에 손 마른 사람을 고치는 예수를 비난하는 바리새인 이야기가 이어집니다. 이들 비난하는 사람들은 자신들 법과 선의 기준을 주장하며 사회 약자인 죄인을 용납하지 않는 사람들입니다. 중풍병자를 데려온 4사람의 용납과 예수의 죄 사함을 보이며 사람들에게도 사회 약자를 하나님 의에 따라서 용납할 것을 촉구하는 것이 마가 의도입니다.

죄 용서 문제가 여기에 삽입된 것을 포함해서 죄 용서 교리의 발전이 현재 교회와 성당에 어떤 문제가 되는지 살펴봅니다.

이스라엘은 마지막 날 하나님이 자신들 죄를 도말해 주실 것을 희망했습니다.(시51:4 143:2, 이사50:7-9) 원시 그리스도인은 이러한 염원이 예수 십자가를 통해 이루어졌다고 고백했습니다. 그러나 이러한 예수 십자가의 죄 용서는 선언적 의미입니다. 죄인에게 다시 한번 삶의 기회를 준 것입니다. 성서는 예수 십자가로 우리 죄가 없어졌다고 하지 않습니다.(요일1:8) 우리는 마가복음에서도 죄 용서 교리가 발전해 갔음을 보았습니다.

최초 복음서인 마가복음보다 15년 정도 앞선 로마서는 죄가 내 안에서 탐심을 이룬다고 합니다.(로마7:8) 바울과 원시 그리스도인이 예수 십자가로 죄가 없어지지 않았다고 인식했음을 알 수 있는 구절입니다.

로마서 7장

8 그러나 죄가 기회를 타서 계명으로 말미암아 내 속에서 온갖 탐심을 이루었나니 이는 율법이 없으면 죄가 죽은 것임이라

그럼에도 불구하고 예수십자가가 우리 죄를 없앴다는 인식이 원시 교회에 폭넓게 확산되었습니다. 급기야 2세기 초에 죄가 없다고 하면 안 된다는 성서 말씀이 기록됩니다.

요한일서 1장

8 만일 우리가 죄가 없다고 말하면 스스로 속이고 또 진리가 우리 속에 있지 아니할 것이요

바울의 십자가 이해 특징은 예수 십자가가 완전 구원이 아니라는 데 있습니다.

로마서 2장 (공동번역)

6 하느님께서는 각 사람에게 그 행실대로 갚아 주실 것입니다.

빌립보서 3장

12 내가 이미 얻었다 함도 아니요 온전히 이루었다 함도 아니라 오직 내가 그리스도 예수께 잡힌 바 된 그것을 잡으려고 달려가노라

그런데 이후 신학자와 설교자들은 성서와 다르게 예수 십자가

로 죄가 없어졌다고 가르쳤습니다. 오늘날 불량한 부자와 성공자들이 교회와 성당에 와서 기도하면 죄가 없어졌다고 인식하고, 다시 가서 동일하거나 더 악랄한 죄를 짓고 다시 교회와 성당에 와서 용서받는 행위를 반복합니다.

일전에 모 검사가 세례받고 죄 용서받았다는 동영상이 유포되었습니다. 성추행 피해 당사자인 서지현 검사는 아직도 고통 중에 있는데, 가해자는 하나님에게 용서받았다는 황당한 현실로 인해 많은 젊은이들이 절망했습니다. 우리는 그동안 교회와 성당이 성서와 다르게 가르쳤다는 참혹한 현실을 알아야 합니다. 이러한 잘못된 죄 용서 인식 때문에, 교회와 성당이 중산층 이상인 성공자와 부자들 중심이 되고 가난한 사람과 실패자는 올 수 없는 곳이 되었습니다.

이로 인해 미국 교회와 한국 가톨릭은 중산층 이상의 성공자들 교회가 되었습니다. 한국 개신교도 가난한 사람은 올 수 없는 교회가 되어가고 있습니다.

예수께서 부자나 성공자, 잘사는 사람들 죄를 용서해 준 사실은 단 한 건도 없습니다. 모두 사회로부터 버림받은 사람들 죄를 용서해 주셨습니다. 죄를 없앴다는 의미가 아니라 새로운 기회를 부여한 것입니다. 세리 삭개오는 죄 용서받고 자기가 착취한 것의 4배를 갚겠다고 약속합니다. 당시 모세법에 4배로 갚아야 사회로 복귀할 수 있기 때문입니다. 피해자나 사회에 아무런 변상도 없이 세례나 기도 한 방으로 모든 죄가 없어졌다는 논리는 황당합니다. 이것을 뒷받침할 성서 구절은 없습니다.

당시에는 실패 가난 질병 재난 등이 죄 때문이라고 생각하던 시대입니다. 오늘날은 세계관이 다릅니다. 이러한 일들이 죄 때문이라고 생각하지 않습니다. 오히려 오늘날 교회와 성당이 은혜가 하나님으로부터 받은 선물이라고 가르칩니다. 아우구스티누스가 신학을 정립할 때 은혜를 물화物化reification시켰기 때문입니다. 은혜는 하나님으로부터 받은 무엇이 아니라 사랑처럼 하나님의 또 다른 이름입니다. 즉 은혜는 하나님께서 우리와 함께 하시는 현실입니다. 교회와 성당은 그동안 성공자는 하나님 은혜받은 자고 실패자는 죄인이라고 가르쳤습니다. 부자 성공자를 은혜받은 자라고 우기면 가난한 사람과 실패자는 죄인이 된다는 말입니다.

우리는 예수께서 어떻게 가난한 사람들과 버림받은 사람 죄를 용서하시고 함께 하셨는지, 그들이 하나님 백성으로 살기 위해 예수께서 어떤 사역을 하셨는지 살펴봅니다.

세리 레위를 제자 삼으시고 세리와 죄인들과 함께 식사하시다

세리는 돈은 많지만 사회에게 버림받은 민족 반역자이고 파렴

치범입니다. 가난한 사람들도 세리를 경멸했습니다. 죄인은 낙오자로서 세금을 못 내는 사람들이고 세리는 세금 걷는 사람입니다. 이들이 예수를 통해 함께 식사하는 공동체가 됐습니다. 경건한 신앙인들인 바리새인과 서기관들이 자기네들이 버린 사람들인 세리와 죄인들과 어울리는 예수께 항의합니다. 이에 맞서 예수께서는 '나는 의인을 부르러 온 것이 아니오 죄인을 부르러 왔노라'고 하십니다. 잘사는 사람을 구하러 온 것이 아니라 못사는 사람을 구하러 오셨다는 뜻입니다.

바리새인들이 세례요한 제자와 자신들은 금식하는 데 예수 제자는 금식하지 않는다고 항의하다

예수께서 결혼식 손님은 금식하지 않는다고 하십니다. 성서에서 결혼식은 구원의 때를 상징합니다. 즉 구원받는 기쁜 삶을 사는 사람은 금식하지 않는다는 뜻입니다. 부자와 성공자는 금식을 통해 경건을 지키지만, 먹을 게 없어서 굶는 가난한 사람에게는 금식이 필요 없습니다. 예수와 제자는 가난한 사람과 함께 하기 위해 금식하지 않습니다. 항의하는 바리새인들에게 예수께서 '새 술은 새 부대에 담아야 한다'고 하십니다. 이스라엘에서 포도주는 새 생명을 상징합니다. 구원 시대인 하나님나라가 왔으니 옛 법을 고수하지 말라는 뜻입니다. 즉 주어진 삶의 정황에 맞게 종교생활을 하라는 뜻입니다.

안식일에 제자들이 밀 이삭을 잘라 먹고 예수께서 안식일에 손 마른 사람을 고치시다

안식일을 제정한 의도는 종과 나그네 그리고 짐승들을 쉬게 하려는 것입니다.(출20:10 신5:14) 안정된 삶을 이룬 사람들은 안식일 날 쉬면 좋지만 날품팔이나 농사꾼들은 안식일 날도 일해야 할 때가 있습니다. 바리새인들은 안식일 날 손마른 사람을 치유하여 인간 존엄을 살리고 삶의 현장으로 복귀하는 것조차 반대합니다. 가난한 사람을 위해 만든 법이 세월이 지나면서 오히려 가난한 사람을 억압하는 법이 되었습니다. 그러나 많은 그리스도인이 오해하는 사실이 있습니다. 예수께서 옛 법을 파기하고 새 법을 주신게 아닙니다. 모세 법도 하나님 은혜입니다. 은혜 위에 은혜가 더 해졌습니다.(요한 1:16) 그것이 복음입니다. 율법을 버리고 복음만 찾는 사람은 게으른 사람입니다. 옛 것 안에 있는 현재를 탐구하려는 끊임없는 노력이 믿음입니다.

예수께서 안식일이나 금식 자체를 반대하는 것이 아닙니다. 그것이 차별과 배제의 기제가 되는 것을 반대하십니다. 금식이 필요한 사람은 금식을 통해 경건한 삶을 이루면 됩니다. 그러나 그것을 신앙 기준으로 삼아서 금식하지 않는 사람을 차별하고 배제하지 말라는 뜻입니다. 예수께서 그들의 마음이 완악함을 탄식하십니다.

도덕적이고 경건한 사람은 마음이 경직되어 있는 것이 특징입니다. 그래서 자기들 수준에 못 미치는 사람을 차별하고 배제합니다. 예수는 안식일에 손 마른 사람에게 새 생명을 주었습니다. 그러나 바리새인들은 안식일에 헤롯당과 함께 예수를 죽일 협의체를 만들었습니다. 법 수호자들에게는 안식일에 일을 하느냐 안 하느냐가 중요하지만, 예수에게는 안식일에 어떤 일을 하느냐가 중요합니다. 예수의 병 고침은 단순한 치유 사건이 아닙니다. 개인의 치유로 그에게 참 생명을 준 사건일 뿐만 아니라 새로운 사회를 건설하는 사건입니다.

고대 이스라엘에서는 눈먼 사람 등 불치병 자는 가족과 마을에서 쫓겨났습니다. 그래서 고대에 병 고침은 인간 존엄의 회복일 뿐만 아니라 사회관계의 회복입니다. 관계 회복을 통해서 건강한 사회가 탄생합니다. 마가는 예수께서 하나님나라 설교를 하는 중에 이러한 사건들이 있었다고 증언합니다. 즉 하나님나라는 가족과 사회로부터 버림받은 사람들이 가족과 사회로 복귀하는 현실입니다.

우리는 본문을 통해서 예수 사역이 버림받은 땅 갈릴래아의 가난한 사람들과 버림받은 사람들이 하나님나라 백성으로 살아가게 하시는 데 있음을 알 수 있습니다. 다시 말하자면 그들이 참 생명을 얻고 자유와 정의 그리고 평화로 살아가도록 하십니다.

우리는 죄 용서 교리가 오늘날 가난한 사람들이 하나님나라 백성되는 데 어려움을 주는 문제가 되었음을 알았습니다. 오늘날 교회와 성당에서 죄는 거론하지 않는 게 좋습니다. 죄 용서 교리는 앞에서 이야기한 대로 죄가 불량한 사람들이 자기의 악행에 정당성을 찾는 데 이용되고 가난한 사람들과 청년들이 교회를 꺼리는 현실로 작용합니다. 또한 죄는 지배자가 사람들을 통제하는 데 사용하는 지배 용어입니다. 현대 세계관에서는 실패 가난 병 드는 것이 죄 때문이 아닙니다. 죄는 거론하지 말고 예수께서 제시한 계시에 따라 사는 데 주목합시다. 사회 보편 인식과 다르거나 가난한 사람들이 교회와 성당에 오는 데 불편한 교리는 거론하지 않는 게 적절합니다.

2천 년 기독교가 절체절명의 위기입니다. 담대한 전환이 필요합니다. 파산을 앞둔 회사에 필요한 것은 더 열심히 하라는 격려가 아닙니다. 국면을 벗어나기 위한 새로운 방침이 무엇인가를 찾는 데 있습니다. 새 술이 새 부대에 담기는 현실은 예수 시대에만 국한된 것이 아닙니다.

마가복음 3장

7 예수께서 제자와 함께 바다로 물러가시니 갈릴리에서 큰 무리가 따르며

8 유대와 예루살렘과 이두매와 요단 강 건너편과 또 두로와 시돈 근처에서 많은 무리가 그가 하신 큰 일을 듣고 나아오는지라

9 예수께서 무리가 에워싸 미는 것을 피하기 위하여 작은 배를 대기하도록 제자에게 명하셨으니

10 이는 많은 사람을 고치셨으므로 병으로 고생하는 자들이 예수를 만지고자 하여 몰려왔음이더라

11 더러운 귀신들도 어느 때든지 예수를 보면 그 앞에 엎드려 부르짖어 이르되 당신은 하나님의 아들이니이다 하니

12 예수께서 자기를 나타내지 말라고 많이 경고하시니라

13 또 산에 오르사 자기가 원하는 자들을 부르시니 나아온지라

14 이에 열둘을 세우셨으니 이는 자기와 함께 있게 하시고 또 보내사 전도도 하며

15 귀신을 내쫓는 권능도 가지게 하려 하심이러라

16 이 열둘을 세우셨으니 시몬에게는 베드로란 이름을 더하셨고

17 또 세베대의 아들 야고보와 야고보의 형제 요한이니 이 둘에게는 보아너게 곧 우레의 아들이란 이름을 더하셨으며

18 또 안드레와 빌립과 바돌로매와 마태와 도마와 알패오의 아들 야고보와 및 다대오와 가나안인 시몬이며

19 또 가룟 유다니 이는 예수를 판 자더라

20 집에 들어가시니 무리가 다시 모이므로 식사할 겨를도 없는지라

21 예수의 친족들이 듣고 그를 붙들러 나오니 이는 그가 미쳤다 함일러라

22 예루살렘에서 내려온 서기관들은 그가 바알세불이 지폈다 하며 또 귀신의 왕을 힘입어 귀신을 쫓아낸다 하니

23 예수께서 그들을 불러다가 비유로 말씀하시되 사탄이 어찌 사탄

을 쫓아낼 수 있느냐

24 또 만일 나라가 스스로 분쟁하면 그 나라가 설 수 없고

25 만일 집이 스스로 분쟁하면 그 집이 설 수 없고

26 만일 사탄이 자기를 거슬러 일어나 분쟁하면 설 수 없고 망하느니라

27 사람이 먼저 강한 자를 결박하지 않고는 그 강한 자의 집에 들어가 세간을 강탈하지 못하리니 결박한 후에야 그 집을 강탈하리라

28 내가 진실로 너희에게 이르노니 사람의 모든 죄와 모든 모독하는 일은 사하심을 얻되

29 누구든지 성령을 모독하는 자는 영원히 사하심을 얻지 못하고 영원한 죄가 되느니라 하시니

30 이는 그들이 말하기를 더러운 귀신이 들렸다 함이러라

31 그 때에 예수의 어머니와 동생들이 와서 밖에 서서 사람을 보내어 예수를 부르니

32 무리가 예수를 둘러 앉았다가 여짜오되 보소서 당신의 어머니와 동생들과 누이들이 밖에서 찾나이다

33 대답하시되 누가 내 어머니이며 동생들이냐 하시고

34 둘러 앉은 자들을 보시며 이르시되 내 어머니와 내 동생들을 보라

35 누구든지 하나님의 뜻대로 행하는 자가 내 형제요 자매요 어머니이니라

5. 새로운 하나님나라 백성 출현

전국 각지에서 그리고 이방 나라 두로와 시돈에서도 많은 사람들이 예수를 보려고 갈릴래아로 모였습니다. 이때 예수께서 열두 제자를 선택하십니다. 이것은 여러 해설자들이 말하는 것처럼 예수의 일시적 성공도 아니고 이스라엘 국가 회복을 위한 열두 제자 선택도 아닙니다. 예수를 배신한 가룟 유다는 불쌍하기도 하지만 억울한 측면이 있습니다. 가룟 유다가 대표격이지만 모든 제자들이 예수의 하나님나라 사역을 이스라엘 국가 회복과 번영으로 오해할만했기 때문입니다.

서기전 722년 북이스라엘이 앗시리아에 멸망하고 10지파가 앗시리아에 끌려갔는데, 이들은 귀국하지 못하고 역사 속으로 사라졌습니다. 예수 당시는 남유다에 유다 지파와 벤야민 지파 그리고 북이스라엘 잔존 백성 일부가 유대 국가로서의 명맥을 유지하고 있었습니다. 누가 보아도 열두 제자 부르심은 이스라엘 국가 회복으로 여기게 생겼습니다. 그러나 예수께서 이후로 국가 회복을 위한 어떤 형태의 행동도 하지 않으십니다. 그 때문에 실존주의 신학자로서 실제 삶을 중요시하는 루돌프 불트만은 예수께서 실제로 열두 제자를 선택한 것이 아니라 원시 교회 사유를 성서 저자들이 기록했다고 합니다.[4] 저는 불트만 주장이 진실인지 아닌지 그 진위를 가리려는 것이 아닙니다. 열두 제자 선택이 그만큼 이해하기 어려운 사건임을 말하는 것입니다. 이렇게 많은 사람이 오해하는 상황 속에서 마가는 하나님나라 백성의 출현이 무엇을 말하는가를 증언합니다. 사람들이 성공으로 생각하는 것보다 그리고 이스라엘 국가 회복보다 '새로운 하나님나라 백성 출현'이 더 중요하다는 뜻입니다. 열두 제자 선택은 하나님께서 일전에 열두 지파 이스라엘 백성을 선택하심과 같이 이제 새로운 하나님나라 백성(그리스도인)을 선택하심을 의미합니다.

 사탄이 예수를 보고 하나님 아들이라고 부르짖습니다. 이때 예수께서 자기를 세상에 드러내지 말라 하시며 엄하게 꾸짖습니다.(에피티마오ἐπιτιμάω) 사탄도 예수가 하나님 아들인 걸 압니다. 그러나 사탄은 알기만 하지 하나님 뜻을 행하지 않습니다. 하나님 아들은 하나님 일을 하는 사람입니다. 하나님 일을 아는 것만으로 하나님나라 백성이 될 수 없습니다. 하나님나라 백성 되는 데 대한 마가의 경고입니다. 마가는 열두 제자가 이스라엘 국가 회복을 위해 어떤 임무를 맡았다고 하지 않습니다. 그 대신 제자들이 2가지 사명을 받았다고 합니다.(14-15절)

 1. 하나님나라를 전하는 사명과
 2. 귀신을 쫓아내는 사명과 권능을 받았습니다.

---

 4) 루돌프 불트만 공관복음 전승사 허혁 대한기독교서회 1970, 430p

하나님나라 백성은 이러한 일을 하는 사람입니다. 오늘날 그리스도인 소명이 여기에 있습니다. 그러므로 우리 목표는 하나님나라 백성이 하는 일이 무엇인가를 정확히 알아서 그 일을 수행하는 데 있습니다. 마가는 예수 가족이 예수께서 미쳤다고 여겼다 합니다. 고대에 미쳤다는 것은 마귀에게 씐 걸 말합니다. 이어서 예수를 살피러 예루살렘에서 온 서기관들(율법학자)이 예수께서 마귀에 씌어서 능력을 발휘한다고 비난했음을 말합니다. 다시 이어서 예수 가족이 예수를 데리러 왔다고 합니다.

서기관(율법학자)은 성전 권력자 밑에서 관리로 일하며 하나님나라를 설교하는 사람들입니다. 즉 종교 지배 세력입니다. 예수께서 서기관들에게 성령을 모독하는 자는 용서받을 수 없다고 합니다.(29절) 성령을 모독하는 죄가 무엇인가에 대한 많은 말들이 있습니다. 김삼환 목사는 교회가 시키는 거 안 하는 게 성령을 거스르는 죄라고 합니다. 아무 말 대잔치가 벌어진 상황입니다. 성서를 문맥으로 읽지 않는 폐단입니다. 서기관들이 예수께서 갈릴래아 백성들을 자유와 평화의 삶으로 인도하는 걸 방해합니다. 그러므로 성령을 모독하는 죄는 인간의 자유를 막는 죄임을 알 수 있습니다.

또한 이사야 예언에 의하면 성령은 자유하게 하는 영입니다.(이사61:1 누가4:18) 예수께서 갈릴래아 백성들에게 하나님의 위로와 희망을 전하시고 있습니다. 로마 권력과 예루살렘 지배체제에 억압당하는 갈릴래아 백성들에게 자유와 평화한 삶으로 인도하십니다. 예루살렘 종교 지도자들인 서기관들은 자신들 지배체제가 무너지는 것이 두려워서 예수의 하나님나라 사역을 방해하고 있습니다. 고대의 귀신체제는 악한 지배체제를 말합니다. 귀신에 씐 사람은 예수가 아니라 서기관들입니다.

오늘날 악한 정권이 있어서 가난한 사람과 근로자 삶의 자유와 인간 존엄을 억압합니다. 지위 낮은 사람들을 억압하는 지배세력에 예수께서는 용서받지 못할 성령 모독 죄를 묻습니다. 악한 정권은 성령을 모독하는 세력입니다.

교회와 성당은 신앙생활에서 의심과 부정을 죄악시하고 있습니다. 이러고 보면 오늘날 교우들의 자유한 삶을 돕지 못하는 모든 목사와 신부는 천국에 가기 글렀습니다. 교우들에게 의심과 부정을 못하게 했으니 그게 곧 성령을 모독하는 죄고 용서받을 수 없는 죄이니 말입니다.

앞에서 제자(그리스도인)는 예수로부터 하나님나라를 전하고 귀신을 쫓아내는 소명과 권능을 받았다고 했습니다. 그리스도인은 자신의 삶을 통해서 하나님나라를 증거합니다. 그리스도인은 고대에 귀신에게 저항했듯이 억압하는 지배체제에 저항하는 사람입니다. 즉 그리스도인은 악한 정권에 저항합니다. 그리스도인은 자유와 책임 있는 삶을 돕는 교회와 성당은 동참하고 자유를 억압하는 교회와 성당에 저항합니다. 또한 그리스도인은 인간 삶을 돈의 노예가 되게 하는 성공 성취 번영 소비지향의 가치체계에 저항합니다. 각 사람의 자유한 삶을 도우지 않고 자기 교회와 성당 체제를 공고히 하기 위해 애쓰는 사람은 성령을 모독하는 서기관과 동일한 사람입니다. 그가 목사, 신부이거나 신자이거나 상관 없습니다.

예수 가족이 예수를 찾으러 왔을 때 예수께서 혈통이 가족이 아니라 '누구든지 하나님 뜻대로 행하는 자라야 가족이다'라고 하십니다. 그동안 여러 설교자가 이 본문을 근거로 가족보다 하나님 일이 우선이라면서 교회와 성당 일을 재촉했습니다. 어처구니없는 해석입니다.

국가 법률에 저촉되지 않는 모든 일에서 하나님 의가 발현되는 게 하나님 일입니다. 교회와 성당에서 그리고 선교에서 하나님 의가 발현되지 않으면 하나님 일이 아닙니다.

예수께서 새로운 가족을 언급한 사실은 육신의 가족을 가벼이 본다는 의미가 아닙니다. 예수께서 십자가 위에서 제자에게 어머니를 부탁하는 자상함을 보이셨습니다. 가족을 돌보는 일보다 더 중요한 하나님 일은 없습니다.

이 사건은 혈통으로 하나님 백성된다고 생각하는 교만한 이스라엘 사람들에게 새로운 하나님 백성의 출현을 선포하는 사건입니다. 이것은 바울이 '이제는 혈통이나 법으로가 아니라 믿음으로 의롭다함을 얻는다'(로마3:28)고 한 진술과 같은 의미입니다. 예수와 바울은 민족 분할을 극복하고 새로운 하나님나라 백성으로 분할합니다. 하나님나라 백성으로 분할은 민족이나 신분이나 누구나를 막론하고 참여할 수 있는 분할입니다. 히틀러의 예에서 보듯이, 기득세력은 민족주의 즉 애국심을 이용해서 가난한 사람들의 지지를 유도합니다. 오늘날 가난한 사람들이 극우 정당을 지지하는 것이 이러한 이유 때문입니다.

또한 예수께서 가족을 물리친 사건은 가족이나 종교 지도자 등 어떤 그리스도인이든지를 막론하고 하나님 뜻대로 행하지 않는 사람은 '새로운 하나님나라 백성'이 아님을 선포하는 사건입니다. 세례요한도 '회개의 합당한 열매가 없으면 아브라함의 자손이 아니다. 이 돌들로도 아브라함의 자손이 되게 하리라'라고 합니다.(마태3:9) 구원 확신을 주장하는 그리스도인이 새겨들어야 하는 말씀입니다. 이스라엘이 하나님 뜻은 행하지 않고 혈통으로 하나님 백성됨을 자랑하다 망했으니 말입니다. 예수께서 혈통으로 나지 않고 하나님 뜻을 행위하는 사람으로서 나는 새로운 하나님나라 백성의 출현을 선포하셨습니다.

믿음은 소위 복음주의자들이 주장하는 것처럼 예수 십자가와 부활 교리를 아는 데 있지 않습니다. 참믿음을 지닌 그리스도인은 예수 삶과 사역 그리고 가르침을 따를 뿐만 아니라 또 이에 입각해서 십자가와 부활을 해석합니다. 믿음은 올바른 교리를 고백하는 데 있지 않습니다. 사탄도 알 건 다 압니다. 많이 아는 게 믿음이라면 지식인이 더 악질 범죄를 저지르는 현상을 이해할 수 없습니다.

예수께서 하나님 뜻을 우리에게 알리려고(계시) 세상에 오셨습니다. 우리가 예수 삶과 사역 그리고 그분의 가르침에 집중해야 하는 이유입니다. 예수께서 밝히 보여 주시는 하나님 뜻을 행하는 게 믿음입니다. 이러한 믿음으로 사는 사람이 새로운 하나님 나라 백성이고 또한 그리스도인입니다.

마가복음 4장

1 예수께서 다시 바닷가에서 가르치시니 큰 무리가 모여들거늘 예수께서 바다에 떠 있는 배에 올라 앉으시고 온 무리는 바닷가 육지에 있더라

2 이에 예수께서 여러 가지를 비유로 가르치시니 그 가르치시는 중에 그들에게 이르시되

3 들으라 씨를 뿌리는 자가 뿌리러 나가서

4 뿌릴새 더러는 길 가에 떨어지매 새들이 와서 먹어 버렸고

5 더러는 흙이 얇은 돌밭에 떨어지매 흙이 깊지 아니하므로 곧 싹이 나오나

6 해가 돋은 후에 타서 뿌리가 없으므로 말랐고

7 더러는 가시떨기에 떨어지매 가시가 자라 기운을 막으므로 결실하지 못하였고

8 더러는 좋은 땅에 떨어지매 자라 무성하여 결실하였으니 삼십 배나 육십 배나 백 배가 되었느니라 하시고

9 또 이르시되 들을 귀 있는 자는 들으라 하시니라

10 예수께서 홀로 계실 때에 함께 한 사람들이 열두 제자와 더불어 그 비유들에 대하여 물으니

11 이르시되 하나님 나라의 비밀을 너희에게는 주었으나 외인에게는 모든 것을 비유로 하나니

12 이는 그들로 보기는 보아도 알지 못하며 듣기는 들어도 깨닫지 못하게 하여 돌이켜 죄 사함을 얻지 못하게 하려 함이라 하시고

13 또 이르시되 너희가 이 비유를 알지 못할진대 어떻게 모든 비유를 알겠느냐

14 뿌리는 자는 말씀을 뿌리는 것이라

15 말씀이 길 가에 뿌려졌다는 것은 이들을 가리킴이니 곧 말씀을 들었을 때에 사탄이 즉시 와서 그들에게 뿌려진 말씀을 빼앗는 것이요

16 또 이와 같이 돌밭에 뿌려졌다는 것은 이들을 가리킴이니 곧 말씀을 들을 때에 즉시 기쁨으로 받으나

17 그 속에 뿌리가 없어 잠깐 견디다가 말씀으로 인하여 환난이나 박해가 일어나는 때에는 곧 넘어지는 자요

18 또 어떤 이는 가시떨기에 뿌려진 자니 이들은 말씀을 듣기는 하되

19 세상의 염려와 재물의 유혹과 기타 욕심이 들어와 말씀을 막아 결실하지 못하게 되는 자요

20 좋은 땅에 뿌려졌다는 것은 곧 말씀을 듣고 받아 삼십 배나 육십 배나 백 배의 결실을 하는 자니라

21 또 그들에게 이르시되 사람이 등불을 가져오는 것은 말 아래에나 평상 아래에 두려 함이냐 등경 위에 두려 함이 아니냐

22 드러내려 하지 않고는 숨긴 것이 없고 나타내려 하지 않고는 감추인 것이 없느니라

23 들을 귀 있는 자는 들으라

24 또 이르시되 너희가 무엇을 듣는가 스스로 삼가라 너희의 헤아리는 그 헤아림으로 너희가 헤아림을 받을 것이며 더 받으리니

25 있는 자는 받을 것이요 없는 자는 그 있는 것까지도 빼앗기리라

26 또 이르시되 하나님의 나라는 사람이 씨를 땅에 뿌림과 같으니

27 그가 밤낮 자고 깨고 하는 중에 씨가 나서 자라되 어떻게 그리 되는지를 알지 못하느니라

28 땅이 스스로 열매를 맺되 처음에는 싹이요 다음에는 이삭이요 그 다음에는 이삭에 충실한 곡식이라

29 열매가 익으면 곧 낫을 대나니 이는 추수 때가 이르렀음이라

30 또 이르시되 우리가 하나님의 나라를 어떻게 비교하며 또 무슨 비유로 나타낼까

31 겨자씨 한 알과 같으니 땅에 심길 때에는 땅 위의 모든 씨보다 작

은 것이로되

32 심긴 후에는 자라서 모든 풀보다 커지며 큰 가지를 내나니 공중의 새들이 그 그늘에 깃들일 만큼 되느니라

33 예수께서 이러한 많은 비유로 그들이 알아 들을 수 있는 대로 말씀을 가르치시되

34 비유가 아니면 말씀하지 아니하시고 다만 혼자 계실 때에 그 제자에게 모든 것을 해석하시더라

6. 하나님나라는 성과가 보이지 않는다

믿기지 않는 사실이지만 2천 년 동안 그리고 오늘날도 예수 삶과 사역 가르침이 설교되지 않습니다. 오늘날 기독교 위기는 예수 역사歷史 사역이 증언되지 않았기 때문입니다. 한국 개신교 80%인 복음주의(칼뱅주의)는 예수 역사歷史를 뺀 즉 정치 경제 사회를 뺀 십자가와 부활 교리만 복음이라고 주장하는 현실이기 때문에 예수 역사歷史 사역은 설교되지 않습니다.

예수께서 하나님 뜻을 알리려고 세상에 오셨습니다. 그러므로 예수 삶과 사역 그리고 가르침을 모르면 하나님 뜻을 모릅니다. 그동안 기독교가 하나님 뜻이 무엇인지도 모르면서 하나님 믿는다고 우기고 있는 현실입니다.

제목 설교는 언급할 가치도 없고 소위 강해 설교라는 형식이 있는데, 성서 한 구절을 본문으로 하는 설교 이런 설교 또한 언급할 가치가 없습니다. 복음서 1단락 즉 1에피소드를 본문으로 하는 설교가 있습니다. 이러한 설교는 예수 정신을 왜곡하는 것뿐 아니라 심하면 예수와 반대되는 설교를 하게 됩니다. 성서가 말하려는 걸 듣는 게 아니라 본문에 근현대 가치관을 투영해서 해석하기 때문입니다. 그래서 나는 설교자들이 20절 이상 몇 개 단락을 합하여 본문을 선택하는 성서 해설 설교하기를 호소합니다.

복음서에 2가지 역사歷史가 있습니다. 예수 가르침과 그 가르침을 해석한 원시교회 사유입니다. 성서는 원시 교회 사유를 예수께서 직접 말씀하신 것으로 기록했습니다.

본문은 씨 뿌리는 사람 비유와 그 해설로 시작합니다. 씨 뿌리는 사람 비유는 많은 셈어 표현과 구전 민담 형식으로 기록된 예수 가르침입니다. 이어지는 해설은 원시 기독교의 설교 어휘로 되어 있습니다. 해설은 예수 가르침이 아니라 원시 기독교 사유라는 말입니다.[5]

농부가 씨를 뿌렸습니다. 우리나라는 밭을 갈고 씨를 뿌리지만 당시 이스라엘은 씨를 뿌리고 밭을 갑니다. 씨 유실이 많은 농사 방식입니다. 길가에 뿌려진 씨는 새가 먹고 돌 밭과 가시덤불에 떨어진 씨는 싹이 났으나 자라지 못하고 죽었습니다. 좋은 땅에 뿌려진 씨는 30배 60배 100배 수확을 얻었습니다.

이 비유 해석에 2가지 오류를 범할 염려가 있습니다.
1. 내가 좋은 땅이 되도록 노력하자.(원시교회가 이렇게 해석했습니다.)
2. 말씀이 잘 자랄 수 있는 좋은 곳에 말씀을 전하자.

---

5) J 그닐카 국제성서주석 마르코복음1 한국신학연구소 201p

원시교회는 씨 뿌리는 사람에 대한 비유를 밭의 문제로 해석했습니다. 그러나 밭의 문제로 해석하는 것은 논리상 맞지 않습니다. 길가에 뿌려진 씨를 새가 먹었다고 하면서 밭의 책임으로 여깁니다. 길가에 씨가 뿌려진 현실은 뿌린 사람 책임이지 밭의 책임이 아닙니다. 마가는 씨 뿌리는 사람 비유를 밭 문제로 인식하지 않았습니다. 이 비유에 원시교회 사유인 밭의 해석을 기록했지만 이어서 수록한 단락들은 씨 뿌리는 사람에 대한 해석입니다.

오늘날에는 아예 예수 정신과는 반대로 한 해석이 나왔는데 그리스도인이 열광하는 현상이 일어났습니다. 100쇄 이상에 100만 부 넘게 판매된 '왕의 재정'이라는 책이 있습니다. 역시 씨 뿌리는 사람 역할이 아니라 밭 문제로 해석했습니다. 하나님 말씀을 좋은 땅에서 키우면 즉 말씀을 듣는 사람이 좋은 사람이면 30배 60배 100배로 결실을 맺어 부자가 된다는 해석입니다. 황당한 해석인데요, 나는 그리스도인이 이러한 해석에 열광하는 게 더 황당합니다. 세계가 자본주의 성장 번영 논리로 기후 위기를 겪는 등 재난이 임박한 데, 기독교가 해결책을 내는 게 아니라 오히려 앞장서서 선동하는 현실입니다.

본문은 이어서
1. 등불은 등대 위에 둔다.
2. 판단하지 말라.

3. 씨는 농부가 뿌리지만 자라게 하는 건 계절이다.
4. 하나님나라는 겨자씨와 같다.

이렇게 4단락 이야기로 이어집니다. 예수께서 이러한 순서로 가르치신 것이 아니라 마가가 씨 뿌리는 사람 비유 이해를 위해 편집했습니다.

등불은 등대 위에 둔다

등불을 책상 밑에 두지 않습니다. 등대 위에 두어서 고루 비치게 합니다. 등불은 역할이 있습니다. 그러므로 이 말씀은 그리스도인이 제 역할을 하지 못하면 존재 가치가 없음을 강조하기 위한 비유입니다.

하나님나라 백성(그리스도인)은 세상을 구원하시는 하나님 일에 쓰임 받도록 하나님께서 선택하셨습니다. 영혼 구원 받았다면서 자기 개인 구원에 치중하는 건 하나님 부르심에 대한 배반입니다. 이스라엘도 후대로 오면서 하나님 선택을 자신들만을 구원하기 위한 선택으로 인식하여 망했습니다.

기독교가 개인 구원과 영혼 구원에 치중하는 건, 신학이 그리스 철학을 기초로 해서 출발했기 때문입니다. 신플라톤주의에서는

'신성화'와 '완전한 인간'을 추구하여 신에게 가는 게 구원입니다. 영혼 불멸은 신플라톤주의 사유입니다. 이스라엘은 영혼과 몸이 분리되는 사유는 없습니다. 이스라엘은 개인 중심 믿음이 아니라 공동체 중심 믿음입니다. 즉 이스라엘과 그 정신을 이은 복음서는 인간 역사歷史와 하나님 역사役事에 참여하는 것을 믿음이라고 합니다. 따라서 그리스도인은 역사歷史와 하나님 사역에 참여하여 하나님이 맡기신 씨를 뿌리는 사람입니다.

판단하지 말라

밭이 길가인지 돌 밭인지 가시덤불 밭인지 좋은 땅인지 씨 뿌리는 사람이 판단하지 말라는 말입니다. 하나님 일을 성과를 바라고 하지 말라는 뜻입니다. 비유에서 30배 60배 100배 수확했다는 뜻은 반드시 결실이 있다는 뜻이지 엄청난 성과가 있다는 뜻이 아닙니다. 30배 60배 100배는 속담처럼 당시 중동의 관용구 표현입니다.

나쁜 밭에서는 성과가 안 나지만 좋은 밭에서 나는 성과가 상쇄한다는 뜻도 아닙니다. 어딘가 모르지만 하나님 역사役事가 실행되고 있다는 뜻입니다. 판단하지 말라와 함께 해석해야 하기 때문입니다.

씨는 계절이 자라게 한다

농부가 씨를 심지만 계절을 따라 비가 오고 햇빛이 비추어 자라게 하여 수확합니다. 이처럼 하나님 일은 그 일하는 사람이 성과를 내는 게 아니라 하나님이 성과를 내십니다. 인간은 하나님 일에 대한 성과를 경험하지 못하고 죽을 수도 있습니다. 그 평가는 하나님께서 하십니다. 그걸 억울하다 생각하지 않고 주님의 십자가를 따른다고 인식하며 꾸준히 기쁘게 하는 게 믿음입니다. 씨 뿌리는 사람은 뿌린 씨가 죽을 까봐 염려하지 말라는 비유입니다. 씨 뿌리는 사람 비유에 굳이 제목을 붙인다면 '낙담하지 않는 씨 뿌리는 사람'입니다.(요하킴 에레미아스)

내가 사는 동네 산비탈 콘크리트 담벼락 위의 얕은 흙에 길을 따라서 길게 누군가 금잔화를 심었습니다. 요즘 꽃이 피었습니다. 그 길을 갈 때마다 기분이 좋습니다. 안해에게 말했더니 심는 여인을 만났다고 합니다. 그 여인은 그 일을 하는 게 행복하다고 합니다. '나는 풀 한 포기를 가꾸기 위해 이 땅에 태어났다.'라는 마음가짐이 얼마나 귀중한 하나님 일에 대한 인식인 지 모릅니다.

하나님나라는 겨자씨와 같다

서기관을 비롯한 이스라엘 백성들은 하나님나라를 무성한 나무와 백향목으로 비유합니다. 완성되고 번영된 국가에 대한 상징입니다.(단4:20-22 겔31:3-9) 그러나 예수께서 비유하신 겨자씨는 하나님나라에 전혀 쓸모없다고 여기는 갈릴래아 농부가 밭에 심는 겨자씨와 같습니다. 바리새인과 사두개인들은 하나님나라는 신앙에 열중하는 자신들로부터 온다고 생각합니다.

겨자씨 비유는 나중에 크게 번성한다는 의미가 아니라 지금은 보이지 않지만 반드시 작동하고 있다는 뜻입니다. 길가나 돌밭 가시덤불 밭에서는 수확이 나지 않지만 좋은 땅에서 크게 수확이 나기에 좋은 땅을 찾아서 하나님 일을 하라는 뜻이 아닙니다. 우리가 길가 돌 밭 가시덤불 밭으로 생각하는 밭이 하나님 보시기에 좋은 땅일 수 있다는 뜻입니다. 그래서 판단하지 말라고 하십니다. 예수께서 생각하시는 하나님나라는 인간이 생각하는 성과가 날 것 같은 곳에서 일어나는 역사役事가 아닙니다. 아주 평판이 나쁜 악하거나 불행한 사람에게서 하나님나라가 발생하는가? 답은 "그렇다"입니다.[6]

오늘날 가난한 사람들이 교회와 성당에서 대상화 되었습니다. 대상화 되었다는 말은 존재 근거에서 분리된 소외의식이라는 말입니다. 다시 쉽게 말하자면, 교회와 성당이 가난한 사람들과 더불어 살며 신앙하는 게 아니라 그들을 구제해야 하는 대상으로 여긴다는 말입니다.

---

6) 요하킴 에레미아스 예수의 비유 허혁 분도출판사 1988, 144p

유대인들 믿음 중심은 회개와 사랑입니다. 그러나 그들은 갈릴래아 민중을 더불어 함께 사는 하나님 백성이 아니라 단지 구제 대상으로 대상화했습니다. 예수께서 이러한 갈릴래아 민중들과 함께 하나님나라 운동을 시작하시고 이러한 운동을 방해하는 바리새인과 서기관들에게 저항했습니다.

기독교 신학은 이러한 예수 정신을 계승하지 못했습니다. 2세기에 출발한 신학이 그리스 철학을 따랐기 때문입니다. 그리스 철학인 신플라톤주의는 황제와 귀족 그리고 부자들의 세력을 유지하기 위한 철학입니다. 즉 기득 세력의 당위성을 옹호하는 철학입니다. 우리는 신학에 가난한 사람 등 낮은 계층 사람과 함께할 수 없는 요소들을 찾아내고 예수 삶과 사역 그리고 가르침을 통해서 가난한 사람들 등 낮은 계층 사람들과 함께 하는 교회와 성당의 길을 찾습니다. 이러한 길을 외면하면 기독교 미래는 없습니다. 왜냐하면 예수께서 갈릴래아 가난한 사람들과 사회에서 버림 받은 낮은 계층 사람들에게서 하나님나라를 시작했기 때문입니다. 하나님나라가 교양있고 신앙심 깊은 사람에게서 즉 우리 생각에 가능한 곳에서 일어난다고 생각하면 바리새인과 서기관들 잘못과 같이 됩니다.

그리스도인은 예수를 따라서 그곳이 복음이 자랄 수 있는 곳인지 아닌지 성과가 있을지 없을지 큰일인지 작은 일인지 판단하지 않고 또한 낙담하지 않고 하나님 일을 하는 사람입니다.

마가복음 4장

35 그 날 저물 때에 제자에게 이르시되 우리가 저편으로 건너가자 하시니

36 그들이 무리를 떠나 예수를 배에 계신 그대로 모시고 가매 다른 배들도 함께 하더니

37 큰 광풍이 일어나며 물결이 배에 부딪쳐 들어와 배에 가득하게 되었더라

38 예수께서는 고물에서 베개를 베고 주무시더니 제자들이 깨우며 이르되 선생님이여 우리가 죽게 된 것을 돌보지 아니하시나이까 하니

39 예수께서 깨어 바람을 꾸짖으시며 바다더러 이르시되 잠잠하라 고요하라 하시니 바람이 그치고 아주 잔잔하여지더라

40 이에 제자에게 이르시되 어찌하여 이렇게 무서워하느냐 너희가 어찌 믿음이 없느냐 하시니

41 그들이 심히 두려워하여 서로 말하되 그가 누구이기에 바람과 바다도 순종하는가 하였더라

마가복음 5장

1 예수께서 바다 건너편 거라사인의 지방에 이르러

2 배에서 나오시매 곧 더러운 귀신 들린 사람이 무덤 사이에서 나와 예수를 만나니라

3 그 사람은 무덤 사이에 거처하는데 이제는 아무도 그를 쇠사슬로도 맬 수 없게 되었으니

4 이는 여러 번 고랑과 쇠사슬에 매였어도 쇠사슬을 끊고 고랑을 깨뜨렸음이러라 그리하여 아무도 그를 제어할 힘이 없는지라

5 밤낮 무덤 사이에서나 산에서나 늘 소리 지르며 돌로 자기의 몸을 해치고 있었더라

6 그가 멀리서 예수를 보고 달려와 절하며

7 큰 소리로 부르짖어 이르되 지극히 높으신 하나님의 아들 예수여 나와 당신이 무슨 상관이 있나이까 원하건대 하나님 앞에 맹세하고 나를 괴롭히지 마옵소서 하니

8 이는 예수께서 이미 그에게 이르시기를 더러운 귀신아 그 사람에게서 나오라 하셨음이라

9 이에 물으시되 네 이름이 무엇이냐 이르되 내 이름은 군대니 우리가 많음이니이다 하고

10 자기를 그 지방에서 내보내지 마시기를 간구하더니

11 마침 거기 돼지의 큰 떼가 산 곁에서 먹고 있는지라

12 이에 간구하여 이르되 우리를 돼지에게로 보내어 들어가게 하소서 하니

13 허락하신대 더러운 귀신들이 나와서 돼지에게로 들어가매 거의 이천 마리 되는 떼가 바다를 향하여 비탈로 내리달아 바다에서 몰사하거늘

14 치던 자들이 도망하여 읍내와 여러 마을에 말하니 사람들이 어떻게 되었는지를 보러 와서

15 예수께 이르러 그 귀신 들렸던 자 곧 군대 귀신 지폈던 자가 옷을 입고 정신이 온전하여 앉은 것을 보고 두려워하더라

16 이에 귀신 들렸던 자가 당한 것과 돼지의 일을 본 자들이 그들에게 알리매

17 그들이 예수께 그 지방에서 떠나시기를 간구하더라

18 예수께서 배에 오르실 때에 귀신 들렸던 사람이 함께 있기를 간구하였으나

19 허락하지 아니하시고 그에게 이르시되 집으로 돌아가 주께서 네게 어떻게 큰 일을 행하사 너를 불쌍히 여기신 것을 네 가족에게 알리라 하시니

20 그가 가서 예수께서 자기에게 어떻게 큰 일 행하셨는지를 데가볼리에 전파하니 모든 사람이 놀랍게 여기더라

21 예수께서 배를 타시고 다시 맞은편으로 건너가시니 큰 무리가 그에게로 모이거늘 이에 바닷가에 계시더니

22 회당장 중의 하나인 야이로라 하는 이가 와서 예수를 보고 발 아래 엎드리어

23 간곡히 구하여 이르되 내 어린 딸이 죽게 되었사오니 오셔서 그 위에 손을 얹으사 그로 구원을 받아 살게 하소서 하거늘

24 이에 그와 함께 가실새 큰 무리가 따라가며 에워싸 밀더라

25 열두 해를 혈루증으로 앓아 온 한 여자가 있어

26 많은 의사에게 많은 괴로움을 받았고 가진 것도 다 허비하였으되 아무 효험이 없고 도리어 더 중하여졌던 차에

27 예수의 소문을 듣고 무리 가운데 끼어 뒤로 와서 그의 옷에 손을 대니

28 이는 내가 그의 옷에만 손을 대어도 구원을 받으리라 생각함일러라

29 이에 그의 혈루 근원이 곧 마르매 병이 나은 줄을 몸에 깨달으니라

30 예수께서 그 능력이 자기에게서 나간 줄을 곧 스스로 아시고 무리 가운데서 돌이켜 말씀하시되 누가 내 옷에 손을 대었느냐 하시니

31 제자들이 여짜오되 무리가 에워싸 미는 것을 보시며 누가 내게 손을 대었느냐 물으시나이까 하되

32 예수께서 이 일 행한 여자를 보려고 둘러 보시니

33 여자가 자기에게 이루어진 일을 알고 두려워하여 떨며 와서 그 앞에 엎드려 모든 사실을 여쭈니

34 예수께서 이르시되 딸아 네 믿음이 너를 구원하였으니 평안히 가라 네 병에서 놓여 건강할지어다

35 아직 예수께서 말씀하실 때에 회당장의 집에서 사람들이 와서 회당장에게 이르되 당신의 딸이 죽었나이다 어찌하여 선생을 더 괴롭게 하나이까

36 예수께서 그 하는 말을 곁에서 들으시고 회당장에게 이르시되

두려워하지 말고 믿기만 하라 하시고

37 베드로와 야고보와 야고보의 형제 요한 외에 아무도 따라옴을 허락하지 아니하시고

38 회당장의 집에 함께 가사 떠드는 것과 사람들이 울며 심히 통곡함을 보시고

39 들어가서 그들에게 이르시되 너희가 어찌하여 떠들며 우느냐 이 아이가 죽은 것이 아니라 잔다 하시니

40 그들이 비웃더라 예수께서 그들을 다 내보내신 후에 아이의 부모와 또 자기와 함께 한 자들을 데리시고 아이 있는 곳에 들어가사

41 그 아이의 손을 잡고 이르시되 달리다굼 하시니 번역하면 곧 내가 네게 말하노니 소녀야 일어나라 하심이라

42 소녀가 곧 일어나서 걸으니 나이가 열두 살이라 사람들이 곧 크게 놀라고 놀라거늘

43 예수께서 이 일을 아무도 알지 못하게 하라고 그들을 많이 경계하시고 이에 소녀에게 먹을 것을 주라 하시니라

7. 예수그리스도 권능과 그리스도인 믿음

 이스라엘 일부 사람들이 나사렛 청년 예수를 하나님이라고 고백한 이유가 무엇일까요? 예수께서 기적을 일으키고 죽은 사람을 살렸기 때문에 신이라 불린 것이 아닙니다. 죽은 사람을 살린 전설 예언자 엘리야나 원을 그려서 비를 오게 한 예언자 원그리는 호니는 신으로 불리지 않았습니다.

 지금은 흘러간 유물이 되었지만 성서 비평에 역사 실증주의가 있습니다. 계몽주의와 합리주의를 거치면서 19세기 역사 실증주의는 한껏 고양된 인간 이성으로 인해 너무 나갔습니다. 이들은 성서에서 역사상 실제 가능한 사실과 그렇지 못한 사실을 구분했습니다. 이로 인한 반작용으로 성서를 문자 그대로 믿는다는 근본주의(복음주의)가 태동했습니다. 지금도 예수 기적을 이해할 수 있도록 설명하려는 시도가 있습니다. 중국 고대에 제갈공명은 적벽대전에서 남동풍을 불러옵니다. 또한 사마천 사기에 화타가 문상하러 가서 죽은 사람을 살렸다는 기록이 있습니다. 그러므로 예수께서 일으키신 자연에 반하는 역사役事를 믿지 못할 것은 또 무엇입니까

 예수는 확실히 우리와 다른 인간성을 지녔습니다. 따뜻하고 솔

직합니다. 감정을 숨기지 않습니다. 어떤 악에도 부정에도 지배 체제 권력에도 조금도 두려움이 없습니다. 그분이 신이라 불린 건 죽음을 살리고 기적을 일으키는 것만이 아니라 우리를 구원하기 때문입니다. 예수께서 부활하시기 전에 사람들은 그분에게서 새 생명을 보았습니다. 즉 그분에게 가면 새로운 삶이 있다는 걸 알았다는 말입니다. 그러나 예수께서 바람을 다스리고 물 위를 걷고 죽은 사람을 살린 일이 없다면, 신으로 불릴 수 없었을 겁니다. 우리는 성서가 증언하는 예수께서 인도하는 삶을 살면서 그분이 하나님으로서 우리에게 주는 새로운 삶을 체험할 수 있습니다.

요한은 예수께서 영원한 생명(영생)을 주신다고 증언합니다. 영생이란 끝없이 산다는 의미가 아닙니다. 하나님나라와 같은 의미입니다. 즉 미래에 있을 천국 삶을 지금 이 땅에서 체험하면서 사는 걸 말합니다. 마가는 예수께서 고난과 억압으로부터 해방을 주신다고 합니다. 특히 우리는 위 본문을 그러한 내용으로 해석합니다. 본문에서 예수께서 고난과 억압으로부터 해방을 주실 때 우리 믿음은 어떠해야 하는가를 관심하는 것도 중요합니다. 예수께서 제자들이 믿음 없음을 꾸중하시고 하혈하는 여인의 믿음을 칭찬하십니다. 그리고 회당장 야이로에게는 두려워 말고 믿으라고 하십니다. 우리는 주님의 권능과 그리스도인 믿음 관계를 숙고합니다.

마가는 앞에서 예수께서 비천한 사람들 중에서 제자를 선택하시고 그들에게 하나님 일을 당부하신 일을 말합니다. 그리고 하나님 일하는 새로운 하나님 백성 출현을 이야기합니다. 이제 우리 주님이 어떠한 권능의 주님인가를 이야기합니다.

바람을 다스리다

갈릴래아 호수는 담수호인데 고대에는 바다로 불렸습니다. 고대에는 지금보다 더 컸을 수 있습니다. 갈릴래아 바다를 건너는 중 큰 풍랑을 만나 배가 뒤집힐 지경입니다. 예수께서 하나님나라 사역에 지친 탓인지 배 끝에서 주무십니다. 제자들이 주무시는 예수를 깨워서 위급함을 알렸습니다. 예수께서 바람을 잠재우셨습니다. 그리고 제자를 믿음이 없다고 꾸짖으십니다. 왜 제자에게 믿음이 없다고 하셨을까요?

믿음이 그저 예수를 의심하지 않고 신뢰하는 것이라면 제자들이 꾸중들을 일은 없습니다. 마가복음은 70년에 기록되었습니다. 부활 신앙을 경험한 마가가 부활 이전의 제자 믿음에 대해 증언합니다. 그 제자는 아직 예수를 주님이라 부르지 못하고 선생님이라고 부릅니다. 그들이 예수를 따라야 하는데 여기서는 그들이 예수를 데리고 갔다고 합니다.(36절) 그렇게 자신들이 모든 걸할 수 있다는 생각으로 의기양양했던 그들입니다. 그러다가 풍랑을 만나자 두려워합니다. 예수께서 '왜 무서워하느냐 너희가 어찌 믿음이 없느냐'하십니다. 여기서 믿음이 무엇일까요?

무엇이든지 할 수 있다는 듯한 의기양양한 그들이 난관에 부딪히자 정작 믿음을 잃었습니다. 무서워한다는 것은 현실에 위압당하는 것이요 현실에 사로잡혀 종노릇하는 현상입니다. 믿음이란 십자가와 부활로 악을 이기신 예수를 따라 그 현실에 용감히 부딪히는 행위입니다. 믿음은 하나님 은혜를 구하며 내가 하는 행위입니다. 제자들이 아무것도 안 하고 예수만 의지하는 게 믿음 없음입니다.

예수그리스도를 전적으로 의지하는 게 믿음 없다는 말이 낯설게 들릴 수 있습니다. 제자는 지금 예수를 전적으로 의지했는데 믿음 없다는 꾸지람을 들었습니다. 믿음은 생각이 아니고 행위이며 믿음은 마술 행위를 바라는 게 아니라는 의미입니다. 우리는 앞선 바울 편에서 믿음이 행위를 무시하는 것이 아니라는 것을 충분히 살펴보았습니다.

귀신 들린 사람을 치유하다

무덤가에 살며 귀신 들린 사람이 군대 귀신에 들렸다고 합니다. 군대귀신이란 로마 군대를 연상합니다. 로마 군대가 헤롯 대왕 사후 갈릴래아 사람 유다 반란을 진압하는 과정에서 당시 갈릴래아 수도인 세포리스에서 2천 여 명 갈릴래아 사람이 십자가로 처형되었습니다. 고대에 2천 명은 엄청난 숫자입니다. 세포리스는 나사렛에서 북으로 4km 거리에 있습니다. 후에 아들 혜롯은 인근의 공동무덤을 헐어서 조성한 티베리아로 수도를 옮깁니다. 예수는 이러한 상황을 겪은 청년입니다. 예수는 이 두 도시를 포함해서 도시에서는 사역하지 않았습니다. 갈릴래아 일대 소읍에서 사역하셨습니다. 마가복음 기록 당시인 1차 항쟁(서기 66-73)과 또 2차 항쟁(서기132-135)에서 예루살렘과 온 유다가 로마 군대에 의해 초토화되었습니다. 젊은이가 어찌 미치지 않고 살겠습니까?

한국에만 있는 고3병이 있습니다. 반에서 10위 권 안팍에 있는 학생이 미칩니다. 부모 기대가 큰 데 아무리 공부해도 등 수가 올라가지 않아서 병이 납니다. 오늘날 청년들이 과도한 경쟁에 몰려 정신 줄을 놓고 자살하거나 칼을 들고 거리로 나가는 일이 발생합니다. 정의와 평화를 모르는 힘 있고 가진 자들은 학교 식당 백화점 등 곳곳에서 갑질을 합니다. 우리는 이러한 사회를 조장하는 사회 지배체제와 경쟁과 빈부 격차를 조장하는 악한 정권에 저항합니다. 그리고 기도합니다.

예수께 치유 받은 귀신 들린 사람이 예수를 따르려고 하자 예수께서 거절하고 집으로 가라고 합니다. 광인은 무덤가에서 살았습니다. 예수께서 죽음과 함께 하던 광인의 삶에 새 생명을 주십니다. 가족과 함께하는 새로운 삶을 회복시킵니다. 예수 제자(그리스도인)가 되는 것보다 더 중요한 일은 가족 일원으로 충실히 사는 데 있습니다. 이것이 예수제자가 되는 길입니다.

 이해하기 어려운 일이 발생합니다. 사탄이 자신들을 멸하지 말고 돼지 떼에게 들어가게 해 달라고 합니다. 예수께서 허락하시고 그 돼지 2천 마리는 호수에 빠져 죽습니다. 당시 로마 군대의 깃발 문양이 멧돼지입니다. 사탄과 로마 군대를 동일시 하고 그 돼지 떼가 몰살한 것은 로마 군대가 몰살할 것으로 상징할 수 있습니다.

하혈하는 여인을 치유하고 죽은 소녀를 살리다

 회당장 야이로는 예수 앞에 꿇어 엎드려 딸을 치유해 달라고 간청합니다. 예수께서 그 딸을 치유하러 가시던 도중에, 많은 인파 속에서 하혈하는 여인이 예수 옷자락을 만지고 병이 치유되었습니다. 예수께서 여인을 칭찬하고 그 여인 믿음이 그를 낫게 했다고 말씀하십니다. 당시에는 공공장소에서 부정한 여인이 남성 옷에 손댈 수 없습니다. 여인은 이러한 규정을 깨뜨리고 예수께로 갔습니다. 칭찬받은 믿음은 여인의 주체성과 용기 있는 행위입니다. 또한 살고자 하는 욕망입니다. 예수께서 '딸아 네 믿음이 너를 구원하였다 평화하라'고 하십니다. 공동 번역은 그 여인이 예수님 딸(뒤가테르θυγάτηρ) 일 수 없어서 여인으로 번역했습니다. 마가는 이 여인이 하나님나라 백성으로서 하나님 딸로 새로운 삶을 얻었노라고 증언합니다. 부정한 여인은 성전에 갈 수도 없고 사람들을 만날 수도 없습니다. 12년 세월 모멸을 겪으며 살아온 여인에게 딸이라고 부르십니다. 이보다 더 사랑스럽고 존귀한 표현은 없습니다. '평화하라'는 말씀은 이 여인과 우리 모두가 듣기 원하는 주님의 음성입니다. 고대 이스라엘에서 하혈하는 여인은 부정한 여인입니다. 경건한 사람은 부정한 사람과 함께할 수 없다라는 게 당시 종교 표준입니다. 오늘날도 이 표준을 고수하는 그리스도인이 많습니다. 예수께서 하늘 계시를 이 땅으로 가져오셨습니다. 그 계시는 종교 표준들이 붕괴되고 와해되는 것을 의미합니다.[7]

마가는 왜 회당장 야이로 딸을 살리신 사건 안에 혈루병 치유 사건을 삽입했을까요? 그렇게 전승이 있었을 수도 있고 마가가 그렇게 설정했을 수도 있습니다. 어찌 되었든지 마가에게는 이 두 사건을 연결하여 그 의미를 전하려는 의도가 있습니다. 마가는 예루살렘이 로마군에 의해 파괴된 직후인 70년에 복음서를 집필했습니다. 야이로가 예수께 와서 자신의 어린 딸이 '구원을 받아 살게 하소서'라고 간청합니다. 혈루병 여인을 치유한 동사는 과거형입니다. 그러나 사는 동사는 현재형입니다. 마가는 지금 사는 것이 구원임을 강조합니다. 성서에서는 의미 없는 삶이 죽음입니다.(로마8:6) 예수께서 그 여인에게 '네 믿음이 너를 구원하

---

7) CK 바레트 요한복음1 한국신학연구소 1992, 403p

였다'고 하십니다. 마가는 그 여인의 믿음이 무엇이라고 말하지 않고, 우리도 그 믿음이 무엇인지 알 수 없습니다. 마가는 이스라엘 멸망 후에 이제 이스라엘이 살길은 회당장으로 상징되는 유대교 믿음도 아니고 군사력이 강대한 로마 제국도 아닌 혈루병을 치유하시고 죽은 소녀를 살리신 예수그리스도에 대한 믿음만이 살길임을 말하고 있습니다.

우리는 오늘날도 자본주의 체제 아래서 성취 번영 경쟁 소비지향 명예 권력 같은 세상 원리(갈4:3 스토이케이온στοιχεῖον)에 의존해서 살 수 없습니다. 그리스도에 대한 믿음만이 살길입니다.

여러 해설자들은 하혈하는 여인과 다르게 회당장 야이로는 믿음이 없다고 말합니다. 이는 야이로 믿음에 대한 언급이 없어서고 두 사건을 연결하여 이해하지 못해서그렇습니다. 그런데 나는 그렇게 생각하지 않습니다. 회당장은 고위직입니다. 처음에 그 고위직 회당장이 평신도 예수 앞에 무릎을 꿇고 딸을 치유해 달라고 간청합니다. 자신의 명예와 권력을 내려놓고 예수께 꿇어 간구하는 행위가 믿음입니다. 하나님 일은 권력이나 명예를 세워서는 할 수 없습니다. 예수께서 예루살렘에 가는 길 위에서 제자에게 권력을 행사하지 말 것을 간곡히 가르치십니다.(마가 9:33-10:45)

성서에서 숫자는 거의 모두 상징입니다. 따라서 12년 하혈한 여인과 죽었다가 살아난 12세 소녀에서 12는 상징입니다. 12제자 선택이 새로운 하나님나라 백성 출현이듯이 12를 지닌 여인을 살림은 새로운 하나님 백성에게 새 생명 주심을 상징합니다. 많은 그리스도인이 종교에 열중하는 것을 믿음으로 인식합니다. 목사들은 바울이 믿음으로 구원을 얻는다고 했다며 교회와 성당에 충실하는 것이 믿음이라고 가르치고 또 그 믿음으로 구원받는다고 가르칩니다. 바울이 '믿음을 통해서 은혜로 구원받는다'고 한 것을(엡2:5-10) 루터가 바울이 '믿음으로 구원받는다' 했다고 말했습니다. 루터는 당시 가톨릭이 로마 베드로 성당을 짓기 위해서 천국가는 표라면서 면죄부를 파는 등 행위를 통해 구원받는다고 했기 때문에 그 부당한 행위를 깨기 위해 믿음을 강조했습니다. 그러나 후학들이 루터가 구원을 위해 믿음과 행위를 분리했다고 여겼습니다. 그 결과로 오늘날 그리스도인이 믿음과 행위가 다르다고 여기게 되었습니다.

바울이 이해한 믿음은 행위와 반대 의미로써 믿음이 아닙니다. 바울의 믿음이란 법을 해석하는 행위입니다. 이것이 법(문화 종교 이념 도덕 등 인간 가치체계)으로 살지 않고 믿음으로 산다는 의미입니다.

언어철학자 비트겐슈타인은, 기독교 믿음은 생각이 아니고 어떤 행위를 나타내는 말이라고 합니다. 그런데 기독교 믿음을 나타내는 적절한 단어는 없다고 합니다. 왜냐하면 믿음이란 본문에서처럼 각각의 여러 행위에서 하나님이 은혜로서 함께 하는 행위이기 때문입니다. 이스라엘은 안 믿는 사람이 없는 종교 국가이므로 의심하지 않고 신뢰한다는 뜻의 믿음이라는 말은 없습니다. 히브리어의 에무나가 신약성서에서 '피스티스'로 번역되었는데 이 '피스티스πίστις'가 신뢰한다는 뜻의 믿음입니다. '에무나'는 성실히 충실히 등 행위를 수식하는 부사입니다. 따라서 믿음은 은혜를 구하면서 하는 어떤 행위입니다.

하나님은 우리가 기도하면 어떤 결과를 주시지 않고 기회를 주십니다. 즉 하나님은 우리에게 행위를 요구합니다. 하나님이 요구하는 행위를 하는 게 믿음입니다. 반복해서 말씀드리지만, 하나님 은혜는 하나님께서 주신 어떤 결과가 아닙니다. 우리가 믿음으로 구할 때 우리와 함께하는 하나님 힘이 은혜입니다.
우리가 어떤 행위를 하면서 은혜를 구하면 주님은 바람을 잠재우듯이 귀신을 쫓아내듯이 하혈하는 여인을 치유하듯이 죽은 소녀를 살리듯이 우리에게 새 생명을 주십니다.

마가복음 6장

1 예수께서 거기를 떠나사 고향으로 가시니 제자도 따르니라

2 안식일이 되어 회당에서 가르치시니 많은 사람이 듣고 놀라 이르되 이 사람이 어디서 이런 것을 얻었느냐 이 사람이 받은 지혜와 그 손으로 이루어지는 이런 권능이 어찌됨이냐

3 이 사람이 마리아의 아들 목수가 아니냐 야고보와 요셉과 유다와 시몬의 형제가 아니냐 그 누이들이 우리와 함께 여기 있지 아니하냐 하고 예수를 배척한지라

4 예수께서 그들에게 이르시되 선지자가 자기 고향과 자기 친척과 자기 집 외에서는 존경을 받지 못함이 없느니라 하시며

5 거기서는 아무 권능도 행하실 수 없어 다만 소수의 병자에게 안수하여 고치실 뿐이었고

6 그들이 믿지 않음을 이상히 여기셨더라 이에 모든 촌에 두루 다니시며 가르치시더라

7 열두 제자를 부르사 둘씩 둘씩 보내시며 더러운 귀신을 제어하는 권능을 주시고

8 명하시되 여행을 위하여 지팡이 외에는 양식이나 배낭이나 전대의 돈이나 아무 것도 가지지 말며

9 신만 신고 두 벌 옷도 입지 말라 하시고

10 또 이르시되 어디서든지 누구의 집에 들어가거든 그 곳을 떠나기까지 거기 유하라

11 어느 곳에서든지 너희를 영접하지 아니하고 너희 말을 듣지도 아니하거든 거기서 나갈 때에 발 아래 먼지를 떨어버려 그들에게 증거를 삼으라 하시니

12 제자들이 나가서 회개하라 전파하고

13 많은 귀신을 쫓아내며 많은 병자에게 기름을 발라 고치더라

14 이에 예수의 이름이 드러난지라 헤롯 왕이 듣고 이르되 이는 세례 요한이 죽은 자 가운데서 살아났도다 그러므로 이런 능력이 그

속에서 일어나느니라 하고

15 어떤 이는 그가 엘리야라 하고 또 어떤 이는 그가 선지자니 옛 선지자 중의 하나와 같다 하되

16 헤롯은 듣고 이르되 내가 목 벤 요한 그가 살아났다 하더라

17 전에 헤롯이 자기가 동생 빌립의 아내 헤로디아에게 장가 든 고로 이 여자를 위하여 사람을 보내어 요한을 잡아 옥에 가두었으니

18 이는 요한이 헤롯에게 말하되 동생의 아내를 취한 것이 옳지 않다 하였음이라

19 헤로디아가 요한을 원수로 여겨 죽이고자 하였으되 하지 못한 것은

20 헤롯이 요한을 의롭고 거룩한 사람으로 알고 두려워하여 보호하며 또 그의 말을 들을 때에 크게 번민을 하면서도 달갑게 들음이러라

21 마침 기회가 좋은 날이 왔으니 곧 헤롯이 자기 생일에 대신들과 천부장들과 갈릴리의 귀인들로 더불어 잔치할새

22 헤로디아의 딸이 친히 들어와 춤을 추어 헤롯과 그와 함께 앉은 자들을 기쁘게 한지라 왕이 그 소녀에게 이르되 무엇이든지 네가 원하는 것을 내게 구하라 내가 주리라 하고

23 또 맹세하기를 무엇이든지 네가 내게 구하면 내 나라의 절반까지라도 주리라 하거늘

24 그가 나가서 그 어머니에게 말하되 내가 무엇을 구하리이까 그 어머니가 이르되 세례 요한의 머리를 구하라 하니

25 그가 곧 왕에게 급히 들어가 구하여 이르되 세례 요한의 머리를 소반에 얹어 곧 내게 주기를 원하옵나이다 하니

26 왕이 심히 근심하나 자기가 맹세한 것과 그 앉은 자들로 인하여 그를 거절할 수 없는지라

27 왕이 곧 시위병 하나를 보내어 요한의 머리를 가져오라 명하니 그 사람이 나가 옥에서 요한을 목 베어

28 그 머리를 소반에 얹어다가 소녀에게 주니 소녀가 이것을 그 어

머니에게 주니라

29 요한의 제자들이 듣고 와서 시체를 가져다가 장사하니라

30 사도들이 예수께 모여 자기들이 행한 것과 가르친 것을 낱낱이 고하니

31 이르시되 너희는 따로 한적한 곳에 가서 잠깐 쉬어라 하시니 이는 오고 가는 사람이 많아 음식 먹을 겨를도 없음이라

32 이에 배를 타고 따로 한적한 곳에 갈새

33 그들이 가는 것을 보고 많은 사람이 그들인 줄 안지라 모든 고을로부터 도보로 그 곳에 달려와 그들보다 먼저 갔더라

34 예수께서 나오사 큰 무리를 보시고 그 목자 없는 양 같음으로 인하여 불쌍히 여기사 이에 여러 가지로 가르치시더라

35 때가 저물어가매 제자들이 예수께 나아와 여짜오되 이 곳은 빈 들이요 날도 저물어가니

36 무리를 보내어 두루 촌과 마을로 가서 무엇을 사 먹게 하옵소서

37 대답하여 이르시되 너희가 먹을 것을 주라 하시니 여짜오되 우리가 가서 이백 데나리온의 떡을 사다 먹이리이까

38 이르시되 너희에게 떡 몇 개나 있는지 가서 보라 하시니 알아보고 이르되 떡 다섯 개와 물고기 두 마리가 있더이다 하거늘

39 제자에게 명하사 그 모든 사람으로 떼를 지어 푸른 잔디 위에 앉게 하시니

40 떼로 백 명씩 또는 오십 명씩 앉은지라

41 예수께서 떡 다섯 개와 물고기 두 마리를 가지사 하늘을 우러러 축사하시고 떡을 떼어 제자에게 주어 사람들에게 나누어 주게 하시고 또 물고기 두 마리도 모든 사람에게 나누시매

42 다 배불리 먹고

43 남은 떡 조각과 물고기를 열두 바구니에 차게 거두었으며

44 떡을 먹은 남자는 오천 명이었더라

8. 하나님나라 사역은 돈 없이 실행한다

4복음서 저자들은 각각 자신들 의도에 따라서 예수 사역과 가르침을 편집했습니다. '예수께서 고향에서 배척받았다'는 전승이 있습니다. 요한복음은 이 전승을 예수께서 예루살렘에서 배척받으시고 갈릴래아에서 환영받으셨다는 증언에 첨부했습니다. 요한은 예수께서 예루살렘에서도 가르치셨는데 그들이 받아들이지 않은 사실을 강조합니다. 다소 무리해 보이지만 요한은 예수 고향이 예루살렘이고 그곳에서 배척받았다고 합니다.(요한4:44) 예수 출신 고향이 나사렛이지만 종교 정치 고향은 예루살렘이라는 뜻입니다.

마가는 예수께서 고향에서 배척받은 전승을 예수를 따르는 제자(그리스도인) 소명에 첨부합니다. 내용은 다음 순서를 따릅니다.
1. 예수께서 고향에서 배척받으시다.
2. 12제자를 하나님나라 사역으로 파송하시다.
3. 세례 요한이 헤롯에게 죽임을 당하다.
4. 예수께서 5천 명을 먹이시다.

이 본문을 관통하는 가르침은 세 가지입니다.
1. 제자(그리스도인)는 세례 요한과 예수 전통을 잇는 예언자이다.

2. 하나님나라 사역은 돈 없이 실행한다.
3. 예수는 우리를 돌보는 주님이시다.

예수께서 고향에서 배척받으시다

　예수께서 사역하시는 중에 고향 나세렛을 방문합니다. 통상 성공한 사람이 고향을 방문하면 온 마을 사람이 환영 현수막을 걸고 환영합니다. 성공한 사람이 다리를 놓아 주거나 도서관을 지어 주는 등 고향을 위해 베풀기 때문입니다. 그러나 나사렛 사람들은 예수의 지혜와 권능은 인정하지만 그분 가족을 잘 안다는 이유로 배척합니다. 보다 근본 이유가 있습니다.

　예수는 돈 없는 예언자입니다. 마을에 베풀 돈도 없을 뿐만 아니라 자신들이 위험에 엮일 수 있음을 염려합니다. 예언자는 악한 권력자와 불량한 부자들에게 하나님 뜻을 전하며 경고하는 사람입니다. 그들 보기에 위험한 인물입니다. 그래서 '예언자는 고향에서 환영받지 못한다'는 속담이 있습니다. 고향 사람들은 예수께서 자기 마을에서 몇몇 병자를 고쳐주는 데는 관심 없습니다. 그건 자기와 상관없는 일이라고 생각합니다. 그들은 예수께서 안식일에 생명을 살리신 일이 자기들과 상관없다고 생각하는 바리새인 서기관과 같습니다.

　예수께서 고향에서 아무 권능도 행할 수 없었다고 합니다. 믿음은 신과 인간 어느 일방 사건이 아니라 서로 관계 속에서 일어나는 역사役事입니다. 이 문제는 다음 회에서 보다 자세히 설명합니다.

예수를 따르는 제자(그리스도인)는 예수와 같이 예언자이므로 권력자나 힘 있는 사람들 부자들과 희희낙락하는 사람이 아닙니다.

12제자를 파송하다

예수께서 12제자를 하나님나라 사역으로 파송합니다. 제자에게 더러운 귀신을 제어하는 권능을 줍니다. 더러운 귀신은 인간을 억압하는 모든 지배 체제입니다. 예언자는 이러한 지배 체제에 저항하는 소명을 받았습니다. 이것이 하나님나라 사역입니다. 하나님나라 사역에 지팡이 이외에 양식과 돈이나 무엇을 담을 배낭이나 여벌 옷, 여벌 신발을 가지고 가지 말라고 합니다. 고대 중동에서 지팡이는 호신용입니다. 한 집에 머물라고 합니다. 그리고 영접하지 않으면 발아래 먼지를 털고 떠나라고 하십니다. 더 좋은 집을 찾아다니지 말고 영접하지 않는 사람과 교제하려고 애쓰지 말라는 뜻입니다. 타 종교 지역에 가서 무리하게 선교하는 사람은 예수 가르침에 위배됩니다. 예수께서 하나님나라 일에서 철저히 돈을 배격합니다. 그리고 제자(그리스도인)가 하나님나라 사역하며 호의호식하지 말라고 당부합니다.

마르키온(서기 약85-약160)은 자기 마음에 들지 않는 구절은 지우고 자신만의 성서를 만들어 가르쳤습니다. 이단으로 쫓겨났지만 그래도 정직한 사람입니다. 성서 한 구절도 오류가 없고 자신들은 성서 문자대로 믿는다고 우기면서 예수 가르침은 무시하는 중대형 교회는 또 뭡니까? 그들은 제자에게 돈 없이 하나님나라 사역을 보내시는 예수, 화려한 예루살렘 성전을 보시고 우신 예수는 자신들 예수가 아니라고 생각합니다. 여행이라고 한 번역(6:8)에 문제가 있습니다. '호도스[8]'는 '길'이 기본이지만 헬라문헌에서 종교 의미로 사용할 때는 '진리의 길'입니다. 즉 진리의 길을 나설 때 돈없이 나서라는 뜻입니다.

가룟 유다에 대한 옥한흠 목사 설교가 유트브에 있는데 그리스도인으로부터 대단한 환영을 받습니다. 그는 가룟 유다가 돈을 밝히다가 육신과 영혼이 지옥에 떨어졌으니 여러분은 돈을 멀리하라고 절절히 호소합니다. 사람들에게 돈을 멀리하라면서 자기 교회에는 무지막지하게 돈과 사람을 쌓는 경우는 또 뭡니까? 나는 그분 설교에서 이 점을 깨닫지 못하는 그리스도인이 그렇게 많다는 게 놀랍습니다. 아직도 개척 교회 목사들 중에 옥한흠 목사처럼 제자 훈련을 해서 교회를 키우려고 하는 목사가 많습니

---

8) 70인역에서 '데레크'가 '호도스'로 번역되는 데 생명나무의 길입니다.(창3:24)

다. 그 제자 훈련이 인간성 훈련과 중간 지도자 육성 훈련입니다. 이러한 완전한 인간을 위한 훈련은 그리스 철학이 기독교 신학에 유입되어 생긴 일입니다. 옥한흠 목사는 이렇게 해서 자기 교회를 대형 교회로 키웠습니다. 옥한흠 목사처럼 교회를 크게 키우고 돈 많이 벌어서 기독교를 망하게 하려는 목사가 아직도 많다는 게 슬픕니다. 사람들은 돈을 탐해서는 안되고 교회와 성당은 돈을 탐해도 된다는 논리가 어떻게 성립되는지 나는 잘 모릅니다. 오늘날 한국 교회와 성당은, 예수께서 제자에게 하나님나라 일은 돈 없이 하라고 당부하신 말씀을 목사와 신부가 앞장서서 무시하는 현실입니다.

과학과 신학의 대화를 주도하는(과신대) 서울대 우종학 교수는 한국에 2가지 교회만 있다고 합니다. 대형 교회와 대형 교회가 되고 싶은 교회입니다. 세계 기독교사에 유례가 없이 한국 교회가 대형화했습니다. 한국인에게 외침外侵에 시달린 민족 정서가 있습니다. 큰 곳에 속하면 안전하게 느낍니다. 유난히 큰 것을 좋아하는 민족입니다. 연대감이 주는 안정감과 달콤함에 취해서 그곳이 죽는 곳인지도 모릅니다. 중대형 교회는, 포도주 통에 좋은 포도주를 가진 사람이 포도주를 많이 가지기 위해서 그 통에 물을 붓는 것과 같습니다.(칼뱅을 고발한 카스텔리오) 5백만 명이나 되는 유사 기독교는 어김없이 자기 교회 교인들을 통해서 건강 식품 사업을 합니다. 기성 교회도 각종 수익 사업하는 것은 마찬가지입니다. 하나님이 돈이 없다고 생각해서 돈 벌어서 하나님나라 사역한다는 명분입니다. 이것이 지금 한국 교회와 성당 현실입니다. 이러한 교회와 성당에 예수그리스도는 없습니다.

세례 요한이 헤롯왕에게 죽임 당하다

헤롯 왕이 세례 요한을 죽였습니다. 헤롯이 동생 아내를 부인으로 맞은 걸 세례 요한이 비난했기 때문입니다. 동시대 역사가 요세푸스는 세례 요한 인기가 너무 많아서 반란으로 이어질 걸 헤롯이 염려해서 죽였다고 합니다.

마가는 이미 첫 장에서 세례 요한과 예수의 관계 그리고 그분들과 제자의 연결을 이야기했는데 또다시 합니다. 기록 당시에 세례 요한 동아리와 예수 동아리는 경쟁 관계입니다. 세례 요한 세력이 훨씬 더 큽니다. 보통 인식이라면 예수 증언에서 경쟁자인 세례 요한에 대한 소식은 제외합니다. 그러나 마가는 세례 요한을 강조합니다. 그 이유는,
 1. 제자(그리스도인)의 고난을 말하기 위해서입니다.
 2. 제자(그리스도인)가 세례 요한과 예수를 잇는 예언자임을 강조하기 위해서입니다.

거듭 말씀드리지만 예언자는 하나님 아픔을 전하는 사람입니

다. 또한 악한 권력자와 불량한 힘 있는 사람들과 불량한 부자들에게 하나님 뜻을 경고하고 가난한 사람들, 낮은 계층 사람들에게 하나님 위로와 희망을 전하는 사람입니다.(아브라함 요수아 헤셸) 본문은 예언자인 예수께서 고향에서 배척받고 세례 요한이 하나님 뜻을 전하다 죽었음을 예언자인 그리스도인(제자)들에게 상기시키고 있습니다.

5천 명을 먹이시다

많은 사람들이 예수 설교를 듣기 위해 모였습니다. 배고픈 시절에 많은 사람들이 새로운 희망을 기대하며 메시아(그리스도)를 보기 위해 모였습니다. 그들 가운데 끼니를 거른 사람이 많았으리라 생각됩니다. 식사 시간이 지나자 예수께서 그들을 불쌍히 여기셨습니다. 예수께서 물고기 두 마리와 떡 다섯 덩어리로 남자만 5천 명을 먹이셨습니다. 당시는 전쟁에 필요한 남자만 세는 것이 관행입니다. 고대 기록이므로 여성과 어린이가 불편해할 이유는 없습니다. 제자들이 음식을 준비하지 않은 형편을 예수께서 모를 리 없습니다. 그런데 예수께서 제자에게 '너희가 먹을 것을 주라'고 합니다. 하나님 역사役事는 그리스도인이 행위하는 가운데 일어납니다. '남은 떡과 물고기가 12바구니에 차게 남았다'는 구절은 상징입니다. 계속해서 언급되는 숫자 12는 새로운 하나님나라 백성을 상징합니다. 남은 음식이 12광주리에 찼다는 뜻은 예수께서 하나님나라 백성을 돌보신다는 의미입니다. 마가가 5천 명 먹이신 사건을 제자 소명과 연결한 의미는, 그리스도인은 세례 요한과 예수의 고난을 따르는 예언자이지만 두려워하지 말라 입니다. 왜냐하면 예수그리스도는 우리 형편을 돌보시는 주님이시기 때문입니다.

예수께서 사역 전에 사막에서 40일 금식 기도하셨습니다. 그때 사탄으로부터 돌을 떡으로 만들어 먹으라는 권유를 받습니다. 예수께서 거절하신 데에 두 가지 의미가 있습니다.

  1. 하나님나라 사역은 돈으로 하지 않는다.
  2. 하나님 일에서 나의 이익을 얻지 않는다.

예수께서 하나님나라 사역을 돈으로 하지 않는다고 그분이 사람들 배고픔을 외면한다는 뜻이 아닙니다. 바울식으로 말하자면, 예수께서 법으로 살지 않고 믿음으로 사십니다. 본문은 예언자로서 하나님 일하는 사람은 고난이나 가난을 두려워하지 말라고 우리에게 주는 메시지입니다. 우리 주님이 돌보시기 때문입니다. 옳은 일하는 사람 삶의 기준은 권력이나 부와 명예가 아니라 떳떳함입니다.

예수는 배고픈 사람, 아픈 사람, 가난한 사람, 해고 위험있는 근로자, 사회 진출에 어려움을 겪는 젊은이, 노후 준비 안 된 노인, 이주 노동자, 미혼모, 생계가 어려운 자영업자, 성소수자 등을 돌보시는 우리 주님이십니다.

　이 사건을 증언하는 마가의 서술에서 5개 동사가 지나치리만큼 자세합니다. 먼저 우리는 이 다섯 개 동사에서 제일 앞에 '받았다'와 맨 뒤에 '주셨다' 동사를 눈여겨봅니다. 마가에게 믿음은 예수를 따라 사는 데 있습니다. 하늘을 우러러 나의 소유를 감사하고 저만 먹을 수 없어서 쪼개어 나눕니다.(강일상 334p)
　여기서 받은 걸 은혜라고 하는 것은 좋지 않습니다. 소위 부와 명예를 은혜라고 자랑하여 가난한 사람과 실패자를 실망시킬 수 있습니다. 은혜는 하나님이 함께하는 힘이지, 그분에게 받은 어떤 것이 아닙니다. 은혜가 사랑처럼 하나님의 또 다른 이름인데, 아우구스티누스가 신플라톤주의에 따라서 은혜를 물화 refication시켰습니다. 세상 사회에서 성공은 하나님나라와 아무 상관이 없습니다.

마가복음 6장

45 예수께서 즉시 제자들을 재촉하사 자기가 무리를 보내는 동안에 배 타고 앞서 건너편 벳새다로 가게 하시고

46 무리를 작별하신 후에 기도하러 산으로 가시니라

47 저물매 배는 바다 가운데 있고 예수께서는 홀로 뭍에 계시다가

48 바람이 거스르므로 제자들이 힘겹게 노 젓는 것을 보시고 밤 사경쯤에 바다 위로 걸어서 그들에게 오사 지나가려고 하시매

49 제자들이 그가 바다 위로 걸어 오심을 보고 유령인가 하여 소리 지르니

50 그들이 다 예수를 보고 놀람이라 이에 예수께서 곧 그들에게 말씀하여 이르시되 안심하라 내니 두려워하지 말라 하시고

51 배에 올라 그들에게 가시니 바람이 그치는지라 제자들이 마음에 심히 놀라니

52 이는 그들이 그 떡 떼시던 일을 깨닫지 못하고 도리어 그 마음이 둔하여졌음이러라

53 건너가 게네사렛 땅에 이르러 대고

54 배에서 내리니 사람들이 곧 예수신 줄을 알고

55 그 온 지방으로 달려 돌아 다니며 예수께서 어디 계시다는 말을 듣는 대로 병든 자를 침상째로 메고 나아오니

56 아무 데나 예수께서 들어가시는 지방이나 도시나 마을에서 병자를 시장에 두고 예수께 그의 옷 가에라도 손을 대게 하시기를 간구하니 손을 대는 자는 다 성함을 얻으니라

마가복음 7장

1 바리새인들과 또 서기관 중 몇이 예루살렘에서 와서 예수께 모여 들었다가

2 그의 제자 중 몇 사람이 부정한 손 곧 씻지 아니한 손으로 떡 먹

는 것을 보았더라

3 (바리새인들과 모든 유대인들은 장로들의 전통을 지키어 손을 잘 씻지 않고서는 음식을 먹지 아니하며

4 또 시장에서 돌아와서도 물을 뿌리지 않고서는 먹지 아니하며 그 외에도 여러 가지를 지키어 오는 것이 있으니 잔과 주발과 놋그릇을 씻음이러라)

5 이에 바리새인들과 서기관들이 예수께 묻되 어찌하여 당신의 제자는 장로들의 전통을 준행하지 아니하고 부정한 손으로 떡을 먹나이까

6 이르시되 이사야가 너희 외식하는 자에 대하여 잘 예언하였도다 기록하였으되 이 백성이 입술로는 나를 공경하되 마음은 내게서 멀도다

7 사람의 계명으로 교훈을 삼아 가르치니 나를 헛되이 경배하는도다 하였느니라

8 너희가 하나님의 계명은 버리고 사람의 전통을 지키느니라

9 또 이르시되 너희가 너희 전통을 지키려고 하나님의 계명을 잘 저버리는도다

10 모세는 네 부모를 공경하라 하고 또 아버지나 어머니를 모욕하는 자는 죽임을 당하리라 하였거늘

11 너희는 이르되 사람이 아버지에게나 어머니에게나 말하기를 내가 드려 유익하게 할 것이 고르반 곧 하나님께 드림이 되었다고 하기만 하면 그만이라 하고

12 자기 아버지나 어머니에게 다시 아무 것도 하여 드리기를 허락하지 아니하여

13 너희가 전한 전통으로 하나님의 말씀을 폐하며 또 이같은 일을 많이 행하느니라 하시고

14 무리를 다시 불러 이르시되 너희는 다 내 말을 듣고 깨달으라

15 무엇이든지 밖에서 사람에게로 들어가는 것은 능히 사람을 더럽게 하지 못하되

16 사람 안에서 나오는 것이 사람을 더럽게 하는 것이니라 하시고

17 무리를 떠나 집으로 들어가시니 제자들이 그 비유를 묻자온대

18 예수께서 이르시되 너희도 이렇게 깨달음이 없느냐 무엇이든지 밖에서 들어가는 것이 능히 사람을 더럽게 하지 못함을 알지 못하느냐

19 이는 마음으로 들어가지 아니하고 배로 들어가 뒤로 나감이라 이러므로 모든 음식물을 깨끗하다 하시니라

20 또 이르시되 사람에게서 나오는 그것이 사람을 더럽게 하느니라

21 속에서 곧 사람의 마음에서 나오는 것은 악한 생각 곧 음란과 도둑질과 살인과

22 간음과 탐욕과 악독과 속임과 음탕과 질투와 비방과 교만과 우매함이니

23 이 모든 악한 것이 다 속에서 나와서 사람을 더럽게 하느니라

24 예수께서 일어나사 거기를 떠나 두로 지방으로 가서 한 집에 들어가 아무도 모르게 하시려 하나 숨길 수 없더라

25 이에 더러운 귀신 들린 어린 딸을 둔 한 여자가 예수의 소문을 듣고 곧 와서 그 발 아래에 엎드리니

26 그 여자는 헬라인이요 수로보니게 족속이라 자기 딸에게서 귀신 쫓아내 주시기를 간구하거늘

27 예수께서 이르시되 자녀로 먼저 배불리 먹게 할지니 자녀의 떡을 취하여 개들에게 던짐이 마땅치 아니하니라

28 여자가 대답하여 이르되 주여 옳소이다마는 상 아래 개들도 아이들이 먹던 부스러기를 먹나이다

29 예수께서 이르시되 이 말을 하였으니 돌아가라 귀신이 네 딸에게서 나갔느니라 하시매

30 여자가 집에 돌아가 본즉 아이가 침상에 누웠고 귀신이 나갔더라

31 예수께서 다시 두로 지방에서 나와 시돈을 지나고 데가볼리 지방을 통과하여 갈릴리 호수에 이르시매

32 사람들이 귀 먹고 말 더듬는 자를 데리고 예수께 나아와 안수하여 주시기를 간구하거늘

33 예수께서 그 사람을 따로 데리고 무리를 떠나사 손가락을 그의 양 귀에 넣고 침을 뱉어 그의 혀에 손을 대시며

34 하늘을 우러러 탄식하시며 그에게 이르시되 에바다 하시니 이는 열리라는 뜻이라

35 그의 귀가 열리고 혀가 맺힌 것이 곧 풀려 말이 분명하여졌더라

36 예수께서 그들에게 경고하사 아무에게도 이르지 말라 하시되 경고하실수록 그들이 더욱 널리 전파하니

37 사람들이 심히 놀라 이르되 그가 모든 것을 잘하였도다 못 듣는 사람도 듣게 하고 말 못하는 사람도 말하게 한다 하니라

9. 하나님 공경에 대하여

신앙인 악행이 비신앙인 악행을 능가합니다. 신앙인이 하나님을 공경한다면서 악행을 저지릅니다. 우리는 이 문제를 다루면서 기독교 하나님은 어떤 분인가 그리고 무엇이 하나님 공경하는 길인가를 알아봅니다. 주권 신학과 케노시스(신의 비움)신학이 있습니다.

주권 신학

하나님께서 절대 주권으로 세상을 섭리한다는 신학입니다. 하나님은 보이지 않는 분이므로 신의 대리자인 지도자가 주권을 행사합니다. 고대 수메르의 에누마 엘리쉬 신화가 있습니다. 남신 아푸스와 여신 티아맛은 젊은 신들이 까불대고 시끄러워서 잠을 잘 수가 없었습니다. 그래서 이들을 죽이기로 결정했는데 음모가 발각되어서 에아 신이 남신 아푸스를 죽입니다. 여신 티아맛은 복수를 결심합니다. 젊은 신들은 가장 젊은 신 마르둑에게 티아맛을 죽여달라고 부탁합니다. 마르둑은 티아맛을 죽이고 신들의 대권을 차지합니다. 마르둑이 폭력을 사용해서 젊은 신들을 구원합니다. 이 신화를 고대 바빌론 국가가 계승했습니다. 바빌론 왕 함무라비는 하늘에서 이루어진 일이 땅에서도 이루어진다고 선언합니다.[9] 땅에서도 하늘에서와 같이 폭력을 사용해서 세상을 구원한다는 말입니다. 자신이 행하는 폭력의 정당성을 신에게서 찾습니다.

칼뱅은 재세례파 7천 명을 살해했습니다. 그중 80대 노인과 여섯 아이를 둔 어머니도 있습니다. 자기와 교리가 다르다는 이유로 신학자 세르베투스를 고문하고 화형시켰습니다. 자신의 신학을 반대한 세르베투스를 계략으로 유인하여 화형시켰습니다. 세르베투스가 투옥 중에 자신의 인분을 치워주고 몸을 깨끗하게 해달라고 호소했지만 묵살당했습니다. 칼뱅의 주권 신학이 인간성을 잃게 했음을 알 수 있습니다. 제네바 시를 4년여 통치하면서 54명을 화형시켰습니다. 거의 1달에 1명꼴로 화형시켰습니다. 자신은 하나님 명예를 지키기 위해서 그랬다고 합니다.[10] 자신이 하는 폭력의 정당성을 하나님에게서 찾습니다. 칼뱅은 하나님께 복종하는 것만이 의를 이룰 수 있다고 합니다.(기독교강요 1,16,5)

신의 주권에 의한 기독교 섭리 신학은 그리스 철학으로부터입니다. 플라톤은 10번째 법규집에서 신이 자신의 소유물을 돌본다고 합니다. 섭리 신학은 그리스 철학자 키케로와 세네카도 가르

---

9) 월터 윙크 사탄의 체제와 예수의 비폭력 한성수 한국기독교연구소 2020, 68p
10) 슈테판 츠바이크 다른 의견을 가질 권리 안인희 바오출판사 2019

쳤습니다. 세네카의 '섭리에 대하여'는 기독교 신학자 글과 조금도 다르지 않습니다. 하나님 주권에 의한 섭리 신학은 칼뱅에 의해서 기독교로 유입되었습니다. 히에로무니스는 라틴어 번역 성서인 불가타 역에서 이스라엘 하나님 '엘샤다이'를 '전능한 하나님'으로 번역했습니다. 칼뱅이 이것을 받아서 '전능한 하나님' 주권 신학을 세웠습니다. 오늘날 유대 랍비들은 '엘샤다이'를 '젖가슴 가진 분'으로 번역합니다. 기독교에서 성령 하나님을 '보혜사'라고 부르는 것과 같습니다. 한국 개신교 80%인 복음주의(개혁주의 근본주의 칼뱅주의)는 주권 신학을 신봉합니다. 목사가 교회를 지배하고 폭력을 사용하기 위해서는 주권 신학만 한 게 없습니다.

케노시스 신학

하나님은 천지창조를 하시고 만물에 자유를 주시기 위해 자신의 권능을 제한했습니다. 이것을 신의 비움이라 하여 '케노시스'라고 합니다. 인간의 자유는 하나님의 창조 질서입니다. 예수는 하나님을 계시하기 위해서 땅으로 오셨습니다. 예수는 폭력으로 세상을 구원하지 않기 위해서 스스로 신의 권능을 제한(케노시스)하고 십자가로 죽으시고 부활하셨습니다.

포이어바흐는 '기독교 본질'에서 인간은 자신의 의지를 투사하여 신을 만든다고 합니다. 지도자가 폭력을 사용하기 위해서 신도 그렇게 한다고 주장한다는 뜻입니다. 그래서 그는 보이지 않는 신을 말하지 말고 신을 계시하기 위해 오신 예수에게로 가라고 합니다. 하나님이 세계를 창조할 때 세계에 자유를 주셨기 때문에 하나님이 원하지 않는 일이 일어납니다.

예레미아는 하나님께서 '그를 위하여 내 창자가 끊어질 듯이 아프다' 고 말씀하신다고 합니다.(렘31:20 기타모리 가조, 하나님의 아픔의 신학) 바울은 성령 하나님께서 우리를 위하여 말할 수 없는 탄식으로 기도하신다고 합니다.(로마8:26)

"하나님에 대한 이해가 우리 삶의 태도를 결정합니다".(에른스트 트뢸취, 루트비히 포이어바흐)

베드로가 예수를 그리스도(구원자)라고 고백했는데 예수께서 베드로를 꾸짖으셨습니다.(마가8:30 에피티마오) 베드로는 예수를 주권을 행사하는 정치 군사적 그리스도로 인식했기 때문에 꾸지람을 받았습니다. 본문을 통해서 우리 주님이신 예수께서 어떤 분인가를 알아보고 그분이 하나님을 공경하기 위해서 무엇을 하라고 하는지 알아봅니다.

제자에게 설득당하신 예수

예수께서 제자에게 갈릴래아 바다를 가로질러 동쪽 이방인이 많이 사는 뱃세다로 가라고 하십니다. 뱃세다는 고라신과 함께 예수께서 사역하셨지만 회개하지 않아서 예수께서 저주하신 땅입니다.(마태11:21) '재촉하사'로 번역된 '아낭카조ἀναγκάζω'는 '억지로 하게한다'는 뜻입니다.(6:45) 제자들이 예수 지시를 꺼렸다는 의미입니다. 제자들이 풍랑을 만나서 힘겹게 노저어가는 중에 예수께서 물위를 걸어서 제자 배를 지나가시려고 합니다. 제자들이 유령인 줄 알고 놀랐다가 예수를 불러서 배에 오르시게 합니다. 그런데 배가 가려던 곳을 안 가고 방향을 당겨서 가까운 서쪽 게네사렛 땅으로 갔습니다. 예수께서 제자들이 5천 명 먹이신 권능을 잊고 마음이 둔하여졌다고 한탄하신 것으로 보아 제자들이 거센 풍랑 등을 이유로 예수를 설득해서 어려운 선교지 뱃세다가 아닌 서쪽 게네사렛 땅으로 갔다고 해석할 수 있습니다. 예수께서 자신의 계획을 제자 반대로 중단하셨습니다. "바람"이란 뜻인 헬라어 아네모스(ἄνεμος)는 풍조, 공허란 뜻도 있습니다. 바람은 단순한 바람이 아니라 시대에 따라 변하는 세태, 곧 풍조(風潮)입니다. 제자들이 예수 의도를 거부하고 복음을 유대인에 국한하려는 세태를 주장했습니다.(백은경 목사 설교) 예수께서 제자들 배를 지나가시려고 했다는 부분도 이러한 해석을 뒷받침합니다.

마가는 제자들이 오병이어 기적을 깨닫지 못하고 마음이 둔하여졌다고 합니다.(6:52) 오병이어는 가진 것을 나누라는 의미입니다. 예수는 제자들이 뱃세다 이방인에게 가서 말씀을 전하기를 원하십니다. 그러나 제자는 어쭙잖은 선민의식으로 이스라엘 밖을 이방인으로 규정함으로써 자신들만이 하나님나라 백성임을 인식하려고 합니다. 상대를 불신자로 적대하면서 자신의 선민의식을 가지려는 태도는 예수께서 바라는 바가 아닙니다. 남을 구하고자 하는 그 일을 통해서 내가 구원받게 된다는 사실을 깨닫게 해주는 본문입니다.

페니키아 여인에게 설득당하신 예수

예수께서 북쪽 이방 땅 두로에 잠시 들리셨습니다. 페니키아 여인이 귀신 들린 딸을 치유해 달라고 간청합니다. 예수께서 자녀의 떡을 이방인(외국인) 개에게 줄 수 없다고 하시며 거절합니다. 여인은 개도 상 아래 흘린 부스러기를 먹는다며 간청하자 예수께서 치유해 주십니다. 유대인들이 이방 사람을 개라고 부르는 관행을 따랐다고 해도 여인을 개라고 하신 건 너무하신 호칭입니다. 예수께서 이방 여인과 논쟁에서 지셨습니다. 말씀은 달콤한 꿀이 아닙니다. 오늘날 설교자들은 교인들이 당혹해 할 설교를 하는지 돌아봅니다. 가혹한 설교를 이 여인처럼 응답해야 구원이 있습니다. 그 여인이 이 말(로고스)을 했기 때문에 딸이 치유 받았습니다.(7:29) 이 로고스는 가혹한 설교에 무릎을 꿇는 말(로고스)입니다.

성스러움에 대하여

바리새인과 서기관들이 예수 제자 몇 명이 손을 씻지 않고 식사하는 걸 나무랍니다. 고대에 정결법은 엄격합니다. 예수께서는 그들이 새로운 법령을 만들어 그 법령의 경건함으로 하나님을 공경한다고 주장하지만 실상은 하나님을 멀리하는 것이라고 꾸짖습니다. 그들이 고르반이라는 법령을 만들어서 하나님께 헌금하면 부모에게 안 드려도 된다고 하는 행위를 예수께서 나무라십니다. 그것은 부모님을 공경하라는 십계명을 어긴 것이라고 말씀하십니다. 부자들은 하인이 떠온 물로 손 씻기 쉽지만 가난한 농부들은 들에서 손 씻고 먹기가 쉽지 않습니다. 종교법을 부자들 중심으로 만들어서 가난한 사람들이 살아가기 어렵게 하는 걸 예수께서 깨뜨리십니다. 예수와 제자는 가난한 사람들을 위하여 그들이 하는 행동을 함으로써 가난한 사람들 편이 됩니다. 종교는 옛날부터 신성함과 성스러움을 지킨다는 명분으로 힘 있는 자, 부자 중심의 법령을 만들어 왔습니다. 그리고 폭력을 행사해 왔습니다.[11]

---

11) 자크 데리다 신앙과 지식 신정아 최용호 아카넷 2016, 134, 182, 190-191p

종교 지도자들은 하나님을 공경한다는 의미로 각종 금령을 만들어서 사람들을 지배하고 통치합니다. 그리고 폭력을 서슴지 않습니다. 하나님도 주권으로 통치하시니 자기도 그렇게 한다는 것입니다. 그러나 예수께서는 자신의 계획을 관철하기 위해 사람들 형편을 무시하시는 분이 아니라 오히려 그들의 형편을 따릅니다. 예수는 물러서기도 하고 양보하기도 합니다. 예수께서 제시하시는 하늘 계시는 인간을 억압하는 모든 지배체제를 깨뜨립니다. 각종 종교 금령을 지키는 것이 하나님을 공경하는 것이 아닙니다. 자유를 주신 하나님의 창조 질서에 따라서, 자유를 억압하는 모든 지배체제에 저항하는 것이 하나님 공경하는 길입니다. 또한 주님이신 예수께서 여시는 하늘 계시에 따라서 자유 정의 평화롭게 사는 것이 하나님을 공경하는 길입니다.

귀머거리를 고치시다

예수께서 탄식하시며, 듣지 못하는 사람을 고치십니다. 듣지 못하고 보지 못하는 사람은 예수께서 여시는 하늘 계시를 알 수 없습니다. 귀와 눈이 열린 사람은 예수께서 제시한 신앙을 받아들인 사람을 의미합니다. 오늘날도 역사 예수를 모르면 그분이 여신 하늘 계시를 알 수 없습니다.

예수께서 그를 따로 데리고 무리를 떠나서 치유하십니다.(7:32)

뱃세다 맹인을 고치실 때도 마을 밖으로 데리고 나가서 고치십니다.(8:23) 예수께서 마을 밖으로 데리고 나가서 고치신 이유는, 기존 가치체제 안에서는 볼 수 없다는 뜻입니다. 또한 개혁을 거부하고 안주하려는 틀 안에서는 새로움을 볼 수도 들을 수도 없다는 의미입니다. 교리를 조금만 벗어난 해석을 하면 이단이라며 핏대를 세우는 사람은 눈여겨봐야 할 대목입니다. 그리고 예수께서 그들에게 아무에게도 말하지 말라고 합니다. 이사야 선지자는 하나님 의를 전하는 사람이 맹인이고 귀머거리라고 합니다.(사 42:18-19) 이것은 하나님이 행하시는 하나님나라를 자기가 하는 것처럼 나대지 말라는 말씀입니다. 예수께서도 데려온 사람들과 치유 받은 사람에게 이와 같은 말씀을 하십니다. 오늘날 교회 성당에서 그리고 기독교 기관에서 하나님 일한다는 명목으로 발생하는 악이 하늘을 찌릅니다.

1 그 무렵에 또 큰 무리가 있어 먹을 것이 없는지라 예수께서 제자
을 불러 이르시되

2 내가 무리를 불쌍히 여기노라 그들이 나와 함께 있은 지 이미 사흘
이 지났으나 먹을 것이 없도다

3 만일 내가 그들을 굶겨 집으로 보내면 길에서 기진하리라 그 중에
는 멀리서 온 사람들도 있느니라

4 제자들이 대답하되 이 광야 어디서 떡을 얻어 이 사람들로 배부르
게 할 수 있으리이까

5 예수께서 물으시되 너희에게 떡 몇 개나 있느냐 이르되 일곱이로
소이다 하거늘

6 예수께서 무리를 명하여 땅에 앉게 하시고 떡 일곱 개를 가지사 축
사하시고 떼어 제자에게 주어 나누어 주게 하시니 제자들이 무리에
게 나누어 주더라

7 또 작은 생선 두어 마리가 있는지라 이에 축복하시고 명하사 이것
도 나누어 주게 하시니

8 배불리 먹고 남은 조각 일곱 광주리를 거두었으며

9 사람은 약 사천 명이었더라 예수께서 그들을 흩어 보내시고

10 곧 제자와 함께 배에 오르사 달마누다 지방으로 가시니라

11 바리새인들이 나와서 예수를 힐난하며 그를 시험하여 하늘로부
터 오는 표적을 구하거늘

12 예수께서 마음속으로 깊이 탄식하시며 이르시되 어찌하여 이 세
대가 표적을 구하느냐 내가 진실로 너희에게 이르노니 이 세대에 표
적을 주지 아니하리라 하시고

13 그들을 떠나 다시 배에 올라 건너편으로 가시니라

14 제자들이 떡 가져오기를 잊었으매 배에 떡 한 개밖에 그들에게
없더라

15 예수께서 경고하여 이르시되 삼가 바리새인들의 누룩과 헤롯의

누룩을 주의하라 하시니

16 제자들이 서로 수군거리기를 이는 우리에게 떡이 없음이로다 하거늘

17 예수께서 아시고 이르시되 너희가 어찌 떡이 없음으로 수군거리느냐 아직도 알지 못하며 깨닫지 못하느냐 너희 마음이 둔하냐

18 너희가 눈이 있어도 보지 못하며 귀가 있어도 듣지 못하느냐 또 기억하지 못하느냐

19 내가 떡 다섯 개를 오천 명에게 떼어 줄 때에 조각 몇 바구니를 거두었더냐 이르되 열둘이니이다

20 또 일곱 개를 사천 명에게 떼어 줄 때에 조각 몇 광주리를 거두었더냐 이르되 일곱이니이다

21 이르시되 아직도 깨닫지 못하느냐 하시니라

22 벳새다에 이르매 사람들이 맹인 한 사람을 데리고 예수께 나아와 손 대시기를 구하거늘

23 예수께서 맹인의 손을 붙잡으시고 마을 밖으로 데리고 나가사 눈에 침을 뱉으시며 그에게 안수하시고 무엇이 보이느냐 물으시니

24 쳐다보며 이르되 사람들이 보이나이다 나무 같은 것들이 걸어 가는 것을 보나이다 하거늘

25 이에 그 눈에 다시 안수하시매 그가 주목하여 보더니 나아서 모든 것을 밝히 보는지라

26 예수께서 그 사람을 집으로 보내시며 이르시되 마을에는 들어가지 말라 하시니라

27 예수와 제자들이 빌립보 가이사랴 여러 마을로 나가실새 길에서 제자에게 물어 이르시되 사람들이 나를 누구라고 하느냐

28 제자들이 여짜와 이르되 세례 요한이라 하고 더러는 엘리야, 더러는 선지자 중의 하나라 하나이다

29 또 물으시되 너희는 나를 누구라 하느냐 베드로가 대답하여 이르되 주는 그리스도시니이다 하매

30 이에 자기의 일을 아무에게도 말하지 말라 경고하시고

31 인자가 많은 고난을 받고 장로들과 대제사장들과 서기관들에게 버린 바 되어 죽임을 당하고 사흘 만에 살아나야 할 것을 비로소 그들에게 가르치시되

32 드러내 놓고 이 말씀을 하시니 베드로가 예수를 붙들고 항변하매

33 예수께서 돌이키사 제자을 보시며 베드로를 꾸짖어 이르시되 사탄아 내 뒤로 물러가라 네가 하나님의 일을 생각하지 아니하고 도리어 사람의 일을 생각하는도다 하시고

34 무리와 제자들을 불러 이르시되 누구든지 나를 따라오려거든 자기를 부인하고 자기 십자가를 지고 나를 따를 것이니라

35 누구든지 자기 목숨을 구원하고자 하면 잃을 것이요 누구든지 나와 복음을 위하여 자기 목숨을 잃으면 구원하리라

36 사람이 만일 온 천하를 얻고도 자기 목숨을 잃으면 무엇이 유익하리요

37 사람이 무엇을 주고 자기 목숨과 바꾸겠느냐

38 누구든지 이 음란하고 죄 많은 세대에서 나와 내 말을 부끄러워하면 인자도 아버지의 영광으로 거룩한 천사들과 함께 올 때에 그 사람을 부끄러워하리라

10. 예수께서 원하는 믿음

　기독교 쇠락 원인이 그리스도인에게 있지 않습니다. 기독교 신학에 있습니다. 그리스도인이 비그리스도인보다 더 선하거나 더 악하지 않습니다. 구별이 없습니다. 대체로 목사를 비난하지만 다른 직업군보다 더 일탈이 많다고 할 수 없습니다. 기독교 쇠락 원인은 기독교가 예수와 다른 길을 갔기 때문입니다. 즉 기독교 정체성을 세상에 알리지 못해서입니다. 다시 말해서 기독교가 세상에 감동을 주지 못했습니다.

　미국을 주도하는 사람이 유대인이라 하지만 오늘날 미국인 2% 되는 유대인들은 미국과 이스라엘의 팔레스타인 정책을 지지하지 않습니다. 팔레스타인 파괴 정책을 지지하는 사람들은 25% 이상인 기독교 복음주의자들입니다.[12] 이들은 신자유주의 정책을 주도하여 빈부격차를 늘리고 인종차별주의를 조장합니다.

　풀러신학교에서 칼뱅 신학을 가르치는 아브라함 카이퍼는 아프리카인 아시아인 그리고 여성은 열등하므로 우수한 백인 남성이 깨우쳐서 하나님께 인도해야 한다고 주장합니다. 할렘가 12세 흑인 소녀가 임신해서 아이를 낳으면 그 아이가 다시 12세가 되어

---

12) 최용환 오늘의 이스라엘 세종 2023, 304p

아이를 낳습니다. 할렘가 흑인들은 교육을 받을 수 있는 기회가 낮아서 그곳을 벗어날 수 없습니다. 집 없이 개인 천막에서 가정 생활하는 홈리스가 6십만 명 정도 되는 데 매년 1만 명씩 증가합니다. 이러한 정책을 주도한 복음주의 그리스도인은 교회 생활을 열심히 하며 경건하게 고상하게 거룩하게 교양 있게 살면서 가난한 사람 등 낮은 계층 사람들(프토코이πτωχοί)을 불쌍히 여기며 사랑으로 구제하며 삽니다. 이들은 저소득층을 위한 국가의 의료 복지 주거 정책을 반대합니다. 더불어 같이 살도록 삶의 틀을 바꾸는 게 아니라 차별하며 즐겁게 신앙합니다. 교회는 높은 교육 수준과 사회에서 성공한 사람들 중심으로 교제하도록 형성되어 있습니다. 가난한 사람 낮은 계층 사람은 올 수 없는 교회가 되었습니다. 현대판 바리새인입니다. 한국의 복음주의 그리스도인도 이러한 세상을 만들기 위해서 미국을 숭상합니다.

4천 명을 먹이다

예수께서 5천 명을 먹이신 사건과 4천 명을 먹이신 두 전승이 성서에 기록되었습니다. 5천 명은 이스라엘 땅에서 4천 명 먹이심은 이방 땅에서 이루어졌습니다. 예수께서 먼 곳에서 온 사람도 있고 돌아가다가 쓰러질 수도 있다고 하며 배고픈 그들이 불쌍하다고 합니다. 예수께서 떡 7덩이와 물고기 2마리로 4천 명을 먹이셨습니다. 이스라엘과 이방 모두를 먹이셨습니다.

바리새인들이 표적을 구하다

믿는 사람들은 '그리스도께서 오실지라도 그 행하실 표적이 이 사람이 행한 것보다 더 많으랴'라고 합니다.(요한7:31) 그러나 믿지 않는 바리새인들은 예수가 메시아임을 증명할 수 있는 표적을 보이라고 요구합니다. 5천 명과 4천 명 먹인 사건은 표적으로 인정하지 않습니다. 그들은 이스라엘을 회복할 정치 군사 표적을 요구합니다. 바리새인들은 높은 도덕심으로 살면서, 가난한 사람 등 사회에서 버림받은 사람 비도덕 사람을 함께 신앙 생활할 수 없는 사람으로 차별합니다. 그러나 그들을 사랑으로 구제하며 즐겁게 살고 있으므로 이러한 표적은 인정할 수 없습니다. 이들의 관심은 자신들 명예와 권력이 더 강화되는 데에만 있습니다.

예수께서 바리새인과 헤롯의 누룩을 조심하라고 제자를 가르치다

예수께서 5천 명 먹이신 일과 4천 명 먹이신 사건을 그리스도 표적으로 인식하지 못하는 믿음은 바른 사람이 될 수 없다고 말씀합니다. 누룩은 보이지 않지만 그 성향을 나타내는 기본 인자입니다. 바리새인은 자기보다 낮은 계층 사람과는 더불어 살지 않고 차별하는 속성이 뼛속까지 가득한 사람입니다. 헤롯은 자기 이익을 위해서는 로마에 민족도 팔 수 있는 사람입니다. 또한 힘없고 낮은 계층 사람을 지배하고 폭력을 서슴지 않습니다. 예수께서 이러한 믿음의 사람이 되지 않도록 처음부터 조심하라고 합니다.

맹인을 치유하다

예수께서 오천 명과 사천 명을 먹이신 사건을 보고도 깨닫지 못하는 제자에게, '너희가 눈이 있어도 보지 못하며 귀가 있어도 듣지 못하느냐 또 기억하지 못하느냐'(8:18)라고 나무라신 후에 맹인을 치유합니다. 그리고 이어서 예수를 정치 군사 메시아로 보는 베드로를 꾸짖고, 예수의 변모 사건에서 자신이 하나님 아들임을 보게 합니다. 마가는 순서에 따라서 예수를 바르게 보는 과정을 안내합니다. 맹인을 고치고 마을로 가지 말고 집으로 가라고 합니다. 마을을 안 거치고 집으로 갈 수는 없습니다. 그러므로 이러한 말씀을 한 이유를 생각할 수 있습니다. 새롭게 보게 되었으므로 차별하고 지배하려는 마을로 상징되는 세대 가치는 보지 말고 집에 가서 새롭게 믿음을 시작하라는 말씀입니다.

예수께서 베드로와 논쟁하다

예수께서 제자에게 '너희는 나를 누구라 하느냐' 물었습니다. 베드로가 '그리스도'라고 대답했습니다. 성서에는 예수께서 베드로에게 경고했다고 번역했지만 꾸짖으셨다는 '에피티마오 ἐπιτιμάω'입니다. 베드로가 예수를 정치 군사 그리스도로 생각했기 때문에 꾸짖으셨습니다. 베드로는 그리스도가 고난과 저항의 그리스도라는 인식을 할 수 없었습니다. 이제는 예수께서 십자가에서 죽으시고 부활하신다고 하니까 베드로가 말렸습니다. 이번에는 사탄이라고까지 꾸짖습니다. 가족과 생업을 떠나서 3년 가까이 따라다녔고 아직 얻은 것도 없는데 죽는다니까 베드로가 얼마나 놀랐겠습니까. 베드로가 예수께 항변했다로 번역된 단어도 꾸짖었다는 뜻의 '에피티마오ἐπιτιμάω'입니다. 성서 번역자들이 제자가 예수를 꾸짖었다는 게 말이 안 되어서 오늘날 인식 상황에 맞게 번역했습니다.

 예수께서 하나님으로 고백 된 것은 예수 부활 후의 일입니다. 예수께서 베드로를 꾸짖고 베드로도 예수를 꾸짖는 일이 벌어졌습니다. 베드로에게 사탄이라고까지 하신 걸 보면 다혈질 베드로가 예수 멱살을 잡았을지도 모릅니다. 나 같으면 그랬을 것 같습니다. 예수께서 바리새인들 뿐만 아니라 제자도 5천 명과 4천 명 먹이신 일을 보고도 깨닫지 못함을 한탄합니다. 우리는, 예수께서 5천 명 먹이신 일과 4천 명 먹이신 일을 그리스도 표적과 사역의 중심으로 인식하지 못하면 제자 즉 그리스도인이 될 수 없다는 말씀을 주목합니다.(8:18-21)

 5천 명과 4천 명 먹인 사건은,
 1. 빵을 가난한 사람과 나누고 더불어 살아라
 2. 예수께 나오면 새 생명 즉 새로운 삶이 있다는 표적입니다.

바리새인은 물론 제자도 예수를 통해 번영된 삶을 이루길 원했습니다. 예수 따르는 믿음이 그토록 어렵습니다. 예수께서 자신을 따라오려면 자기 십자가를 지고 따라오라고 합니다. 오늘날은 예수 믿는 데 고난이 있지 않습니다. 그러면 자기 십자가를 진다는 게 무엇일까요? 그것은 자기 안에 있는 탐욕과 명예욕 권력욕 즉 낮은 계층 사람과 차별하며 살려는 우월의식을 버리고 자기 자신이 되는 길입니다. 경쟁하고 차별하고 안락만을 추구하는 등 기존 가치 체계를 무너뜨리고 예수계시를 따르는 게 고난이고 십자가입니다. 거기에 참 생명과 부활이 있습니다.

루터의 십자가 신학은 자기의지를 죽인다는 '자기부정'의 십자가 신학입니다. 루터는 자유의지를 부정합니다. 이것은 희생을 요구하거나 교회의 지시를 따르라는 순종의 의미를 나타나게 했습니다. 종교인에게 휘둘릴 염려 뿐만아니라 지배자에게 저항이라는 예수십자가 의도에도 어긋납니다.

바울은 십자가를 진다는 의미를 죄에 대하여 죽는다고 합니다.(롬6:2) 죽는다는 의미인 바울의 십자가 신학은 자기 부정이 아니라 세상원리(스토이케이온 갈4:3)와 세태(에이온 롬12:2)와의 단절입니다. 본문 8장 34절도, 자기를 부인하고의 '아파르네오마이13'는 '자기 것이 아니라고 부인하다'입니다.

---

13) 70인역에서 '마아스'를 '아파르네오마이'로 번역했습니다. '마아스'는 거절하다입니다.(사31:7)

기독교는 그동안 선한 사람이 되라고 설교해 왔습니다. 그러나 설교하는 사람이나 듣는 사람이나 비신앙인보다 더 선하지 않습니다. 왜냐하면 비신앙인도 교육 인문학 문화 예술를 통해 선한 길을 배우기 때문입니다. 인간성 훈련은 불교나 공자 맹자 카네기 인간 훈련 책이 기독교 가르침보다 수준이 높습니다.

5세기에 기독교 신학이 정립될 때 아우구스티누스가 하나님이 '최고 선'이라고 했습니다. 그는 신플라톤주의자였기 때문에 아리스토텔레스가 신이 '최고 선'이라고 한 걸 따랐습니다. 신플라톤주의는 힘 있는 자 부자 중심 철학입니다. 가난한 사람, 낮은 계층 사람에게는 관심이 없습니다. 힘 있는 사람 부자들이 절제하고 금욕하여 선한 사람이 되어 사회를 안정시키는 철학입니다. 이러한 철학은 차별과 배제를 일으킵니다. 모든 학문과 철학은 기득세력을 위해 봉사합니다.

예수 갈릴래아 운동은 이와는 완전히 다릅니다. 가난한 사람 힘 없는 사람의 존엄이 지켜지고 더불어 사는 세상이 됨으로써 평화를 추구하는 운동입니다. 기독교 신학이 출발할 때 예수를 배반하고 플라톤 가르침으로 시작되었습니다. 5세기에 기독교가 역사 종교에서 철학 종교로 궤도 수정했습니다.

오늘날 교회와 성당은 가난한 사람과 낮은 계층 사람을 대상화하여 경건하고 교양 있는 믿음으로 사는 데 만족하려고 합니다. 경건하게 살며 가난한 사람을 구제하며 사는 걸 깊은 신앙으로 인식합니다. 그래서 교회는 인문학 설교로 격식을 높이고 음악을 고급화합니다. 가난한 사람과 낮은 계층 사람이 올 수 없는 교회와 성당을 만듭니다. 대상화란 존재 근거에서 분리된 소외 의식입니다. 즉 기독교가 가난한 사람, 낮은 계층 사람을 버림으로써 존립 근거를 잃어버렸습니다.

기독교는 예수께서 예루살렘의 사두개인과 바리새인들이 갈릴래아 소작농과 날품팔이 세리 성매매 여인들을 대상화하여 함께 신앙 생활을 하지 않으려는 구도를 깨뜨리는 데서 출발했습니다. 이러한 예수 길을 따르는 믿음이 예수께서 원하는 믿음입니다. 그리스도인 존재 근거는 가난한 사람과 낮은 계층 사람들과 함께하는 데 있습니다. 가난한 사람과 낮은 계층 사람은 우리를 인간답게 살 수 있는 길을 제시합니다. 가난한 사람과 낮은 계층 사람은 우리를 구원합니다. 성서는 지극히 작은 자를 돌본 행위가 하나님께 한 행위라고 합니다.(마태25:31-46)

'연대하고 나누라' 이것이 기독교 심장입니다. 한국 교회는 아직 희망이 있습니다. 작은 교회 중심으로 지역 사회에 기여하고 모든 사람이 올 수 있는 교회가 되도록 힘쓰는 교회들이 있습니다. 교회가 가난한 사람들과 절망하는 젊은이들과 사회로부터 소외된 사람들에게 희망이 되는 곳이길 간절히 바랍니다.

마가복음 9장

1 또 그들에게 이르시되 내가 진실로 너희에게 이르노니 여기 서 있는 사람 중에는 죽기 전에 하나님의 나라가 권능으로 임하는 것을 볼 자들도 있느니라 하시니라

2 엿새 후에 예수께서 베드로와 야고보와 요한을 데리시고 따로 높은 산에 올라가셨더니 그들 앞에서 변형되사

3 그 옷이 광채가 나며 세상에서 빨래하는 자가 그렇게 희게 할 수 없을 만큼 매우 희어졌더라

4 이에 엘리야가 모세와 함께 그들에게 나타나 예수와 더불어 말하거늘

5 베드로가 예수께 고하되 랍비여 우리가 여기 있는 것이 좋사오니 우리가 초막 셋을 짓되 하나는 주를 위하여, 하나는 모세를 위하여, 하나는 엘리야를 위하여 하사이다 하니

6 이는 그들이 몹시 무서워하므로 그가 무슨 말을 할지 알지 못함이더라

7 마침 구름이 와서 그들을 덮으며 구름 속에서 소리가 나되 이는 내 사랑하는 아들이니 너희는 그의 말을 들으라 하는지라

8 문득 둘러보니 아무도 보이지 아니하고 오직 예수와 자기들뿐이었더라

9 그들이 산에서 내려올 때에 예수께서 경고하시되 인자가 죽은 자 가운데서 살아날 때까지는 본 것을 아무에게도 이르지 말라 하시니

10 그들이 이 말씀을 마음에 두며 서로 문의하되 죽은 자 가운데서 살아나는 것이 무엇일까 하고

11 이에 예수께 묻자와 이르되 어찌하여 서기관들이 엘리야가 먼저 와야 하리라 하나이까

12 이르시되 엘리야가 과연 먼저 와서 모든 것을 회복하거니와 어찌 인자에 대하여 기록하기를 많은 고난을 받고 멸시를 당하리라 하였느냐

13 그러나 내가 너희에게 이르노니 엘리야가 왔으되 기록된 바와 같이 사람들이 함부로 대우하였느니라 하시니라

14 이에 그들이 제자에게 와서 보니 큰 무리가 그들을 둘러싸고 서기관들이 그들과 더불어 변론하고 있더라

15 온 무리가 곧 예수를 보고 매우 놀라며 달려와 문안하거늘

16 예수께서 물으시되 너희가 무엇을 그들과 변론하느냐

17 무리 중의 하나가 대답하되 선생님 말 못하게 귀신 들린 내 아들을 선생님께 데려왔나이다

18 귀신이 어디서든지 그를 잡으면 거꾸러져 거품을 흘리며 이를 갈며 그리고 파리해지는지라 내가 선생님의 제자에게 내쫓아 달라 하였으나 그들이 능히 하지 못하더이다

19 대답하여 이르시되 믿음이 없는 세대여 내가 얼마나 너희와 함께 있으며 얼마나 너희에게 참으리요 그를 내게로 데려오라 하시매

20 이에 데리고 오니 귀신이 예수를 보고 곧 그 아이로 심히 경련을 일으키게 하는지라 그가 땅에 엎드러져 구르며 거품을 흘리더라

21 예수께서 그 아버지에게 물으시되 언제부터 이렇게 되었느냐 하시니 이르되 어릴 때부터니이다

22 귀신이 그를 죽이려고 불과 물에 자주 던졌나이다 그러나 무엇을 하실 수 있거든 우리를 불쌍히 여기사 도와 주옵소서

23 예수께서 이르시되 할 수 있거든이 무슨 말이냐 믿는 자에게는 능히 하지 못할 일이 없느니라 하시니

24 곧 그 아이의 아버지가 소리를 질러 이르되 내가 믿나이다 나의 믿음 없는 것을 도와 주소서 하더라

25 예수께서 무리가 달려와 모이는 것을 보시고 그 더러운 귀신을 꾸짖어 이르시되 말 못하고 못 듣는 귀신아 내가 네게 명하노니 그 아이에게서 나오고 다시 들어가지 말라 하시매

26 귀신이 소리 지르며 아이로 심히 경련을 일으키게 하고 나가니 그 아이가 죽은 것 같이 되어 많은 사람이 말하기를 죽었다 하나

27 예수께서 그 손을 잡아 일으키시니 이에 일어서니라

28 집에 들어가시매 제자들이 조용히 묻자오되 우리는 어찌하여 능히 그 귀신을 쫓아내지 못하였나이까

29 이르시되 기도 외에 다른 것으로는 이런 종류가 나갈 수 없느니라 하시니라

30 그 곳을 떠나 갈릴리 가운데로 지날새 예수께서 아무에게도 알리고자 아니하시니

31 이는 제자들을 가르치시며 또 인자가 사람들의 손에 넘겨져 죽임을 당하고 죽은 지 삼 일만에 살아나리라는 것을 말씀하셨기 때문이더라

32 그러나 제자들은 이 말씀을 깨닫지 못하고 묻기도 두려워하더라

11. 법과 예언에 대하여

예수께서 변모하시다

예수께서 광채 나는 흰 모습으로 변모했습니다. 그리고 엘리야, 모세와 함께 담소하셨습니다. 베드로가 초막 셋을 지어 여기서 살자고 제안했으나 예수께서 거절하고 하산했습니다. 하나님나라는 피안에 있지 않고 우리가 살아가는 삶에 있기 때문에 우리 삶에서 하나님나라를 이루시기 위해 하산했습니다.

귀신 들린 아이를 치유하다

산 위에서 예수와 함께 살기를 원했던 제자들이 하산해서 삶의 현실에 맞닥뜨립니다. 영에 사로잡힌 아이인 데, 이전 본문에 등장하는 더러운 영만이 아니라 말 못하고 듣지 못하게 하는 영입니다. 제자들이 고치지 못해서 아버지가 예수께 데려왔습니다. 예수께서 이러한 현실을 믿음이 없는 세대age라고 합니다.(8:19) 더러운 영과 말 못하고 듣지 못하게 하는 영에 붙잡혀 있는 현실이란, 권력자들이 국가 권력을 사유화하여 정적을 무도하게 탄압하며 민생과 상관없다고 하는 말에 속는 현실입니다. 그 권력을 감시할 정적이 약화되면 감시 기능이 약화해서 불의와 부정을 막을 방법이 없습니다. 실제 권력자들이 그렇게 불의와 부정을 일삼습니다. 또한, 우리는 성령을 강조하는 종교인들이 물질과 권력을 탐하는 현실을 봅니다. 신자들도 따라서 물질과 권력을 믿음에 대한 축복으로 인식합니다. 이러한 현실이 듣고도 알지 못하고 저항하지도 못하는(말 못하는) 더러운 영에 사로잡힌 현실입니다. 성서에서 말하는 영은 성령과 더러운 영입니다. 그러나 오늘날 그리스도인은 영을 물질의 반대 개념으로 인식하고, 성령을 그 물질을 가져다주는 영으로 인식하여 이러한 현상이 일어납니다. 악한 세대를 이기는 믿음은, 하나님께서 역사하시는 하나님나라 사역에 기도와 함께 적극 참여하는 행위입니다.

죽음과 부활을 두 번째로 말씀하시다

사람들에게 넘겨져 죽으시고 3일 만에 부활하실 걸 예고합니다. 그러나 제자들이 알아듣지 못합니다. 예수께서 변모하여 모세와 엘리야와 담소하셨다는 의미는 예수께서 법과 예언을 포괄하는 주님이시라는 의미입니다. 엘리야가 다시 와서 이스라엘을 구할 거라는 묵시가 있습니다.(말4:5-6, 마태11:14 16:14 17:11 27:49) 고대 대부분 국가는 왕과 제사장 제도를 갖추었습니다. 그러나 이스라엘은 법을 담당하는 왕과 제사장 그리고 하나님 말씀을 대언하는 예언자 제도를 갖추었습니다.

모세

모세는 법을 상징합니다. 인류 최고最古 법전은 수메르의 남무우르 법전(서기전 2100-2050)입니다. 동일 지역인 고대 바빌로니아 함무라비 법전(서기전 1700-1750)은 남무우르 법을 이어서 제정되었습니다. 모세 법은 서기전 1200년 경에 제정되었습니다. 눈에는 눈, 이에는 이를 상하게 하여 처벌한다는 동일 상해 법칙은 위에서 언급한 3법이 표현 양식과 내용 모두 같습니다. 모세 법에는 종과 나그네를 쉬게 하기 위해 안식일이 제정되는 등 약자 보호가 강화되었습니다. 법은 창조 질서를 보존하고 백성의 안위를 돌보는 등의 역할을 위해 제정되었습니다. 법 제정 목적이 이러한데도 고대로부터 오늘날까지 지도자들은 법을 통해 폭력을 행사해 왔습니다.

엘리야

엘리야는 서기전 800년 대의 아합왕 시절에 활동한 예언자입니다. 남유다의 가장 융성한 왕은 다윗이고 북이스라엘의 가장 융성한 왕은 아합왕입니다. 아합왕은 권력을 행사하여 나봇의 포도밭을 빼앗았습니다. 또 시리아 왕의 딸 이세벨을 왕비로 받아들여 그녀로 인해 북이스라엘이 바알신을 섬기게 되었습니다. 엘리야는 이렇게 불의한 권력에 하나님 말씀을 전하고 고난을 겪다가 불병거를 타고 하늘로 올라갔다는 전설적 예언자입니다.

 예수가 누구인가를 탐구하는 이론을 기독론이라고 합니다. 이상하게도 오늘날 조직신학의 기독론에 모범 기독론과 예언자 기독론은 없습니다. 그동안 조직신학자들이 하나님나라를 몰라서입니다. 예수께서 새로운 시대를 열었다는 것 즉 하나님나라가 시작되었다는 걸 몰라서 예수께서 무슨 사역을 하시고 무엇을 가르쳤는지가 그들에게 중요하지 않습니다. 조직신학자들은 예수 역사를 형이상학화 하고 교리화하여 그것을 고백하는 것을 믿음이라고 했습니다. 그리하여 그동안 그리스도인이 예수를 따라 사는 삶이 곧 믿음이라는 인식을 하지 못했습니다.

 마태복음 23장
 2 서기관들과 바리새인들이 모세의 자리에 앉았으니

 예수께서 마지막 저항을 위해 예루살렘에 가셔서 제자와 무리를 가르치신 말씀입니다. 서기관과 바리새인들이 모세의 자리에 앉았다는 뜻은, 그들이 법을 장악하여 갈릴래아 민중을 차별하고 배제한다는 말씀입니다. 그렇게 함으로써 판단하지 않고 구원하시는 하나님 사역을 방해하는 현실입니다.(마태7:1-2, 요한3:17, 8:15 로마2:1, 4) 바리새인들은 예수로부터 치유받아 눈을 뜬 사람을 욕하며 너는 예수 제자들이지만 우리는 모세(법) 제자라고 말합니다. 그러면서 눈뜬 사람의 공동체 복귀를 거절합니다.(요한9:28,34) 법을 주장하는 사람들은 다른 사람의 생명이나 불행에는 관심 없습니다. 오로지 자신이 안전한 법 체제 안에서 권력 행사하는 것에만 관심이 있습니다. 예수는 예언자가 되어서 법을 불의하게 행사하는 자들에게 저항합니다.

로마서 3장
21 이제는 율법 외에 하나님의 한 의가 나타났으니 율법과 선지자들에게 증거를 받은 것이라

바울은 하나님 의가 나타났으니 법으로 살지 말고 믿음으로 살라고 합니다.(로마1:16-17) 믿음으로 산다는 말은 법을 무시한다는 말이 아니라 법이 요구하는 현실을 믿음을 통해 이룬다는 말입니다.(로마10:4) 마가의 '예언으로 산다'는 말과 바울의 '믿음으로 산다'는 말은 같은 말입니다. 모세(법)의 시대는 세례 요한까지이고 예수께서 새 시대를 여셨습니다.(누가16:16) 즉 하나님나라가 이미 왔으나 아직 완성되지 않았습니다. 옛 시대엔 폭력을 통해서 권위를 세웠습니다. 우리가 칼뱅에서 보았듯이 이제는 폭력이 권위를 세우는 것이 아닙니다. 폭력은 권위를 해체합니다. 오늘날 권위는 전문성과 헌신에서 옵니다. 권력은 물리적 폭력만이 아닙니다. 권력은 가정과 일터 등 모든 삶에서 언어 감정 기분 등으로 상대를 위압하는 모든 태도를 말합니다. 그 폭력은 질서

(법)를 세운다는 명분입니다. 상대에게 도움 되는 행위는 권위이고 상대에게 상처 되는 행위는 권력입니다. 법(질서, 체제)을 위한다는 명목으로 상대를 내리누르는 모든 행위는 권력입니다. 특히 신앙인이 하나님을 위한다는 이유로 일으키는 권력 행위는 하나님을 위한 행위가 아니라 사탄을 위한 행위입니다.

예언이란 하나님께서 권력 없는 세상을 위해 하시는 사역에 함께하는 행위입니다. 지금 우리나라는 신천지와 통일교가 기승을 부리는 현실이 아합왕 시대를 방불하게 합니다. 예언자이신 예수를 따르는 그리스도인은 예언자로서, 예언자 엘리야가 아합왕과 무당 이세벨에게 저항했듯이 예언자로서 불의한 정부에 저항합니다. 그리스도인은 세상 악으로부터 오는 모든 권력에 저항합니다. 예언자는 이웃의 아픔을 나와 하나님 아픔으로 인식하고 부당한 권력에 저항하는 사람입니다. 예수께서 어려서부터 귀신 들린 아이를 고치셨습니다. 오늘날 귀신은 우리를 억압하는 지배체제입니다. 우리가 기도와 행동으로 악한 지배체제를 무너뜨리는 하나님과 함께하는 것이 우리 구원입니다. 예수는 십자가에서 죽으실 때까지 저항했습니다. 그러므로 그리스도인은 그분의 길을 따라가는 사람입니다. 당시 제자는, 제자(그리스도인)는 스승의 길을 따라가야 한다는 사실을 몰랐습니다. 예언자란 단순히 우월적 자리에서 불쌍한 사람을 돕는 신앙인이 아닙니다. 하나님은 세상에서 천대받고 멸시받는 사람의 아픔에 함께 아파하고 분노합니다. 우리 그리스도인도 함께 아파하고 분노합니다. 그리스도인은 그들이 존엄한 인격으로 살도록 돕는 사람입니다. 그리고 이 일을 방해하는 세력에 저항하는 사람입니다.

마가복음 9장

33 가버나움에 이르러 집에 계실새 제자에게 물으시되 너희가 길에서 서로 토론한 것이 무엇이냐 하시되

34 그들이 잠잠하니 이는 길에서 서로 누가 크냐 하고 쟁론하였음이라

35 예수께서 앉으사 열두 제자를 불러서 이르시되 누구든지 첫째가 되고자 하면 뭇 사람의 끝이 되며 뭇 사람을 섬기는 자가 되어야 하리라 하시고

36 어린 아이 하나를 데려다가 그들 가운데 세우시고 안으시며 제자에게 이르시되

37 누구든지 내 이름으로 이런 어린 아이 하나를 영접하면 곧 나를 영접함이요 누구든지 나를 영접하면 나를 영접함이 아니요 나를 보내신 이를 영접함이니라

38 요한이 예수께 여짜오되 선생님 우리를 따르지 않는 어떤 자가 주의 이름으로 귀신을 내쫓는 것을 우리가 보고 우리를 따르지 아니하므로 금하였나이다

39 예수께서 이르시되 금하지 말라 내 이름을 의탁하여 능한 일을 행하고 즉시로 나를 비방할 자가 없느니라

40 우리를 반대하지 않는 자는 우리를 위하는 자니라

41 누구든지 너희가 그리스도에게 속한 자라 하여 물 한 그릇이라도 주면 내가 진실로 너희에게 이르노니 그가 결코 상을 잃지 않으리라

42 또 누구든지 나를 믿는 이 작은 자들 중 하나라도 실족하게 하면 차라리 연자맷돌이 그 목에 매여 바다에 던져지는 것이 나으리라

43 만일 네 손이 너를 범죄하게 하거든 찍어버리라 장애인으로 영생에 들어가는 것이 두 손을 가지고 지옥 곧 꺼지지 않는 불에 들어가는 것보다 나으니라

44 (없음)

45 만일 네 발이 너를 범죄하게 하거든 찍어버리라 다리 저는 자로 영생에 들어가는 것이 두 발을 가지고 지옥에 던져지는 것보다 나으니라

46 (없음)

47 만일 네 눈이 너를 범죄하게 하거든 빼버리라 한 눈으로 하나님의 나라에 들어가는 것이 두 눈을 가지고 지옥에 던져지는 것보다 나으니라

48 거기에서는 구더기도 죽지 않고 불도 꺼지지 아니하느니라

49 사람마다 불로써 소금 치듯 함을 받으리라

50 소금은 좋은 것이로되 만일 소금이 그 맛을 잃으면 무엇으로 이를 짜게 하리요 너희 속에 소금을 두고 서로 화목하라 하시니라

마가복음 10장

1 예수께서 거기서 떠나 유대 지경과 요단 강 건너편으로 가시니 무리가 다시 모여들거늘 예수께서 다시 전례대로 가르치시더니

2 바리새인들이 예수께 나아와 그를 시험하여 묻되 사람이 아내를 버리는 것이 옳으니이까

3 대답하여 이르시되 모세가 어떻게 너희에게 명하였느냐

4 이르되 모세는 이혼 증서를 써주어 버리기를 허락하였나이다

5 예수께서 그들에게 이르시되 너희 마음이 완악함으로 말미암아 이 명령을 기록하였거니와

6 창조 때로부터 사람을 남자와 여자로 지으셨으니

7 이러므로 사람이 그 부모를 떠나서

8 그 둘이 한 몸이 될지니라 이러한즉 이제 둘이 아니요 한 몸이니

9 그러므로 하나님이 짝지어 주신 것을 사람이 나누지 못할지니라 하시더라

10 집에서 제자들이 다시 이 일을 물으니

11 이르시되 누구든지 그 아내를 버리고 다른 데에 장가 드는 자는 본처에게 간음을 행함이요

12 또 아내가 남편을 버리고 다른 데로 시집 가면 간음을 행함이니라

13 사람들이 예수께서 만져 주심을 바라고 어린 아이들을 데리고 오매 제자들이 꾸짖거늘

14 예수께서 보시고 노하시어 이르시되 어린 아이들이 내게 오는 것을 용납하고 금하지 말라 하나님의 나라가 이런 자의 것이니라

15 내가 진실로 너희에게 이르노니 누구든지 하나님의 나라를 어린 아이와 같이 받들지 않는 자는 결단코 그 곳에 들어가지 못하리라 하시고

16 그 어린 아이들을 안고 그들 위에 안수하시고 축복하시니라

17 예수께서 길에 나가실새 한 사람이 달려와서 꿇어 앉아 묻자오되 선한 선생님이여 내가 무엇을 하여야 영생을 얻으리이까

18 예수께서 이르시되 네가 어찌하여 나를 선하다 일컫느냐 하나님 한 분 외에는 선한 이가 없느니라

19 네가 계명을 아나니 살인하지 말라, 간음하지 말라, 도둑질하지 말라, 거짓 증언 하지 말라, 속여 빼앗지 말라, 네 부모를 공경하라 하였느니라

20 그가 여짜오되 선생님이여 이것은 내가 어려서부터 다 지켰나이다

21 예수께서 그를 보시고 사랑하사 이르시되 네게 아직도 한 가지 부족한 것이 있으니 가서 네게 있는 것을 다 팔아 가난한 자들에게 주라 그리하면 하늘에서 보화가 네게 있으리라 그리고 와서 나를 따르라 하시니

22 그 사람은 재물이 많은 고로 이 말씀으로 인하여 슬픈 기색을 띠고 근심하며 가니라

23 예수께서 둘러 보시고 제자에게 이르시되 재물이 있는 자는 하나님의 나라에 들어가기가 심히 어렵도다 하시니

24 제자들이 그 말씀에 놀라는지라 예수께서 다시 대답하여 이르시되 애들아 하나님의 나라에 들어가기가 얼마나 어려운지

25 낙타가 바늘귀로 나가는 것이 부자가 하나님의 나라에 들어가는 것보다 쉬우니라 하시니

26 제자들이 매우 놀라 서로 말하되 그런즉 누가 구원을 얻을 수 있는가 하니

27 예수께서 그들을 보시며 이르시되 사람으로는 할 수 없으되 하나님으로는 그렇지 아니하니 하나님으로서는 다 하실 수 있느니라

28 베드로가 여짜와 이르되 보소서 우리가 모든 것을 버리고 주를 따랐나이다

29 예수께서 이르시되 내가 진실로 너희에게 이르노니 나와 복음을 위하여 집이나 형제나 자매나 어머니나 아버지나 자식이나 전토를 버린 자는

30 현세에 있어 집과 형제와 자매와 어머니와 자식과 전토를 백 배나 받되 박해를 겸하여 받고 내세에 영생을 받지 못할 자가 없느니라

31 그러나 먼저 된 자로서 나중 되고 나중 된 자로서 먼저 될 자가 많으니라

32 예루살렘으로 올라가는 길에 예수께서 그들 앞에 서서 가시는데 그들이 놀라고 따르는 자들은 두려워하더라 이에 다시 열두 제자를 데리시고 자기가 당할 일을 말씀하여 이르시되

33 보라 우리가 예루살렘에 올라가노니 인자가 대제사장들과 서기관들에게 넘겨지매 그들이 죽이기로 결의하고 이방인들에게 넘겨 주겠고

34 그들은 능욕하며 침 뱉으며 채찍질하고 죽일 것이나 그는 삼 일 만에 살아나리라 하시니라

35 세베대의 아들 야고보와 요한이 주께 나아와 여짜오되 선생님이여 무엇이든지 우리가 구하는 바를 우리에게 하여 주시기를 원하옵나이다

36 이르시되 너희에게 무엇을 하여 주기를 원하느냐

37 여짜오되 주의 영광중에서 우리를 하나는 주의 우편에, 하나는 좌편에 앉게 하여 주옵소서

38 예수께서 이르시되 너희는 너희가 구하는 것을 알지 못하는도다 내가 마시는 잔을 너희가 마실 수 있으며 내가 받는 세례를 너희가 받을 수 있느냐

39 그들이 말하되 할 수 있나이다 예수께서 이르시되 너희는 내가 마시는 잔을 마시며 내가 받는 세례를 받으려니와

40 내 좌우편에 앉는 것은 내가 줄 것이 아니라 누구를 위하여 준비되었든지 그들이 얻을 것이니라

41 열 제자가 듣고 야고보와 요한에 대하여 화를 내거늘

42 예수께서 불러다가 이르시되 이방인의 집권자들이 그들을 임의로 주관하고 그 고관들이 그들에게 권세를 부리는 줄을 너희가 알거니와

43 너희 중에는 그렇지 않을지니 너희 중에 누구든지 크고자 하는 자는 너희를 섬기는 자가 되고

44 너희 중에 누구든지 으뜸이 되고자 하는 자는 모든 사람의 종이 되어야 하리라

45 인자가 온 것은 섬김을 받으려 함이 아니라 도리어 섬기려 하고 자기 목숨을 많은 사람의 대속물로 주려 함이니라

12. 갑질하는 삶은 지옥이다

고대인의 수사법에 강조하려는 말을 처음과 끝에 배열하는 수미쌍관이 있습니다. 마가는 9장 35절에서 '누구든지 첫째가 되고자 하면 뭇 사람의 끝이 되며'라고 하고, 10장 44절에서 '으뜸이 되고자 하는 자는 모든 사람의 종이 되어야 하리라'고 합니다. 따라서 그 중간에 말씀들을 신앙인의 권력 문제로 해설합니다.

니체와 한병철은 권력 의지를 삶에 의욕을 주는 '생의 의지'라고 긍정합니다. 법 사상가 칼 슈미트는 이러한 사상을 발전시켜서 주권자(권력자)는 '예외 상황'을 결정하는 사람이라고 합니다. 그래서 그는 히틀러를 지지했습니다. 이러한 사상에 어느 정도 인정할 수 있는 부분이 있더라도 나는 반대합니다. 왜냐하면 내가 그리스도인이기 때문입니다. 야콥 부르크하르트는 '모든 권력은 악'이라고 합니다. 그리스도인은 자기 힘으로 남을 돕는 사람 즉 서로 연대하는 사람이기 때문에, 나는 권력은 악이라는 사상을 지지합니다. 니체는 사랑을 반대합니다. 그는 사랑을 남을 돕는 개념으로 이해합니다. 우월적 지위에서 남을 돕고 만족감을 누리는 행위가 인류에게 칭송받는 것은 부당하다고 합니다. 쇼펜하우어는 사랑을 친밀이나 친절로 파악하여 사랑하지 말고 상대와 적정 거리를 두라고 합니다. 그의 유명한 고슴도치 우화입니다. 고

습도치들이 너무 추워서 최대한 가까이 모이자 서로 찌르므로 불편해합니다. 너무 떨어지면 춥고 너무 가까우면 아픕니다. 최선 거리를 찾아서 지냅니다. 그는 사람 관계도 이와 같다고 합니다.

고린도전서 13장
3 내가 내게 있는 모든 것으로 구제하고 또 내 몸을 불사르게 내줄지라도 사랑이 없으면 내게 아무 유익이 없느니라

바울에게서 구제나 친절은 예수사랑이 아닙니다. 예수사랑은 낮은 자의 인간 존엄을 지켜주는 행위입니다. 나는 예수사랑을 차등 없는 사랑이라고 합니다. 물론 이 차등 없는 사랑에 예수께서 저항한 부류의 사람은 해당 안 됩니다. 구제나 친절이 예수사랑보다 가치가 적다거나 소중하지 않다는 말이 아닙니다. 구제나 친절은 이 세계가 절실히 필요로 하는 사랑입니다. 다만 예수께서 가는 길이 그 길이 아니라는 겁니다. 우리는 예수께서 무엇에 아파하시고 무엇에 분노하시는 지를 찾아갑니다. 예수께서 그리스도인은 소금이라고 합니다. 전체의 일부분이 되어서 역할을 감당하라는 말씀입니다. 그동안 기독교는 세상에서 부분이 되려고 하지 않고 전체가 되려고 했습니다. 전체에서 힘의 논리를 발휘하여 곳곳에서 권력을 행사합니다. 나의 동료인 장로교 목사들은 지구가 장로교 중심으로 돌아가는 줄 압니다.

누가 더 크냐

마지막 항쟁을 위해 예루살렘으로 가는 길에서 제자들이 서열 문제로 싸웠습니다. 어떻게든 예루살렘에서 결판이 날 예정이므로 권력 서열을 정해야 한다고 생각합니다.

어린아이 같아야 천국에 들어간다

서열 문제로 싸운 제자들이 어린아이를 예수께 데려오는 것을 막았습니다. 서기관과 바리새인들은 갈릴래아 소작 농민과 날품팔이 세리 성매매 여인 등이 천국에서 쓸모없는 사람이라고 차별하고 배제합니다. 이제는 갈릴래아 사람인 제자들이 어린아이가 천국에 쓸모없다고 배제합니다. 고대에는 영아 사망율이 높고 식량이 부족해서 어린이가 존중받지 못했습니다. 특히 여자아이는 결혼 시 지참금으로 재산을 축내기 때문에 숲에 버려지는 일도 있었습니다. 예수께서 어린아이 같아야 천국에 들어갈 수 있다고 합니다. 어린아이는 권력 없는 사람입니다. 권력 없이 살아야 기쁘고 평화한 삶을 이룰 수 있습니다.(로마14:17) 순수하고 순결해야 천국에 갈 수 있다는 말이 아닙니다. 어린아이에서 순수나 순결을 찾는다면 하나님나라를 신플라톤주의로 오염시키게 됩니다.

기독교 개방성

예수께서 제자에게, 예수에게 속하지 않으면서 선한 일하는 사람을 배제하거나 차별하지 말고 용납하라고 합니다. 그리스도인에게 특별한 권리가 있다고 생각하면, 그것이 세상에 권력을 행사하는 행위입니다. 불교는 기독교를 용납합니다. 기독교는 불교를 용납하지 않습니다. 현재 불교와 기독교 중에 누가 예수 가르침을 따르고 있습니까? 예수께서 너희 속에 소금을 두고 서로 평화하라 합니다. 소금은 부패를 막기도 하지만 중요한 임무는 맛을 내는 것입니다. 예수께서 스스로 화목제물이 되어서 하나님과 세상을 화해케 하고 우리 서로를 화해로 인도하십니다.(로마 3:25) 바울과 칼 바르트는 예수를 화해자 하나님이라고 합니다. 화해는 권력을 해체합니다. 그리스도인은 권력을 해체하여 세상을 맛깔난 세상으로 이끕니다.

갑질하면 지옥간다

예수께서 작은 자(힘없는 자)에게 권력 행사하여 넘어지게 하는 자는 연자 맷돌 메고 바다에 빠져 죽는 게 낫다고 합니다. 또 그런 행위를 하는 거 보다 한 눈을 빼거나 한 손을 자르라고 합니다. 예수 독설이 무섭습니다. 권력으로 약한 자를 괴롭히는 게 그렇게 무서운 죄입니다. 하나님 의(구원)는 상한 갈대를 꺾지 않으시고 꺼져가는 등불을 끄지 않으시기 때문에,(사42:1-3) 작은 자(힘없는 자)를 넘어지게 하는 행위는 하나님 사역을 방해하는 행위입니다.

이혼 문제로 아내(남편)를 괴롭히지 말라

법(구약성서)에는 이혼증서를 써 주고 이혼하라고 합니다. 이혼증서가 있어야 여자가 재혼할 수 있습니다. 그러나 예수는 이혼하지 말라고 합니다. 예수 가르침은 아내(남편)를 보호하라는 창조 질서를 따르라는 말씀입니다. 칼뱅은 본문을 해석하면서 아내가 문둥병 걸려도 이혼해서는 안 된다고 합니다. 성서를 법으로 인식하여 오해했습니다. 마태복음은 제자도 예수 가르침을 법으로 인식하여 그러면 '장가들지 않는 게 좋겠다'라고 증언합니다.(마태19:10) 상대를 버림으로써 그 사람 삶을 절망케 한다면 이혼하면 안 됩니다. 이혼하여 서로 평화를 얻는다면 이혼하는 게 창조 질서를 따르는 행위입니다. 성서 가르침은 법이 아닙니다. 본회퍼는 자신의 「윤리학」에서 기독교 윤리는 어떤 기준이 있는 게 아니기 때문에 그 상황에서 성령의 인도를 받으라고 합니다. 바울과 기독교 윤리학자 조셉 플레처는 예수사랑이 모든 행위의 기준이라고 합니다.

부자는 어떻게 해야 천국에 가는가

예수께서 모든 선한 일을 다 했다는 부자 청년에게 재산을 다 팔아서 가난한 사람에게 주고 따르라고 합니다. 모든 사람이 거지가 되어야 자신을 따를 수 있다는 뜻이 아닙니다. 부자가 가진 권력 의지를 버리라는 말씀입니다. 부자는 권력 행사를 일상으로 하는 사람이기 때문에 작은 자(힘없는 자)를 절망케 할 수 있습니다. 오늘날 한국은 천민 자본주의에 의해 신분이 급격히 변한 사회입니다. 부자나 힘 있는 자의 갑질이 일상입니다. 거의 모든 사람이 자기 과시로 삶의 낙을 삼습니다. 대한항공 임원이 부하직원에게 갑질한 것이 사회문제가 된 일이 있습니다. 그녀가 자녀와 남편을 학대하는 사생활이 노출되었습니다. 그녀 남편이 종합병원 병원장이라는 지위를 포기하고 이혼하는 걸 보았습니다. 그녀는 부자지만 그녀 삶은 지옥입니다. 그녀는 너무 심하고, 작게 권력 행사하는 건 괜찮나요? 권력 길에 서는가 연대 길에 서는가가 문제입니다. 권력 길에 선 자는 사탄이 돕고, 연대 길에 선 자는 하나님이 도우십니다.

예수께서 집과 가족을 버리라는 말씀은 정말로 그걸 버리고 복음을 믿으라는 말씀이 아닙니다. 예수 가르침은 거의 역설입니다. 역설은 표상되는 언어가 아니라 숨겨진 뜻을 찾는 기법입니다. 예수 말씀은 가진 것으로 하는 모든 권력 행위를 버리라는 말씀입니다. 가족을 버리라는 말씀은 나에게 있는 소유로부터 권력이 발생하는 걸 깨닫기 위해 하시는 충격 요법입니다. 결코 쉽지 않습니다. 그게 그렇게 어려워서 부자는 성령이 도우셔야 천국에 갈 수 있습니다. 성령이 도우시면 지금 삶이 천국이 됩니다. 그것이 하나님나라 삶입니다. 하나님 일은 가족을 넘어서서 하는 것이라는 엉터리 해석은 안 했으면 좋겠습니다. 성서를 문맥으로 읽지 않아서 오는 폐단입니다. 가족을 돌보는 일보다 더 큰 하나님 일은 없습니다. 기독교 윤리학자 J C 베네트는 가족을 돌보는 일은 하나님 일이므로 이기심을 나쁘게 평가하지 말라고 합니다. 대신 이기심을 올바로 사용하도록 힘쓰라고 합니다. 그리스도인이 특별히 가족을 소중히 하는 사람이라는 인식을 사회에 심었다면, 오늘날 교회와 성당이 사회로부터 버림받지는 않았을 겁니다. 가족 이기주의라는 말은 나쁜 말입니다. 헌신을 극한으로 몰아서 자신도 못하는 걸 좋은 행위로 포장하는 건 바른 윤리가 아닙니다.

예수 대속과 같은 연대

급기야 예수 마지막 예루살렘 길에서, 야고보와 요한이 자기들에게 최고 권력을 달라고 합니다.

마가복음 10장

45 인자가 온 것은 섬김을 받으려 함이 아니라 도리어 섬기려 하고 자기 목숨을 많은 사람의 대속물로 주려 함이니라

예수께서 자신이 십자가 대속으로 섬김같이 제자도 연대하라고 합니다. 대속은 노예를 해방시키기 위해 대신 값을 치르는 걸 말합니다. 우리는 복음서에서 유일한 기록인 예수 십자가 대속이 영혼 구원을 말하는 데 언급되지 않고 권력 문제를 가르치는 데 언급됨을 주목합니다. 바울도 십자가 대속을 영혼 구원으로 말하지 않습니다. 화해 문제를 설명하는 도구로 사용합니다. (로마3:24-25) 십자가 대속의 영혼 구원 교리는 5세기에 아우구스티누스가 세우고 11세기에 안셀무스가 정립했습니다. 4복음서와 바울서신은 십자가 대속(구속)이 영혼 구원이라고 말하지 않습니다. 영혼 구원 교리는 몸과 영혼의 분리를 주장하는 그리스 철학에서 왔습니다. 십자가 구속(대속)은 하나님 백성으로 삼을 수 없는 우리를 예수 십자가 대속으로 하나님께서 우리를 하나님 백성 삼으셨다는 뜻입니다.(로마3:28) 이것이 구원입니다. 그러나 그 구원은 완전 구원이 아닙니다. 우리는 하나님나라 삶을 통해서 성령의 도우심으로 그 구원을 이루어 갑니다. 권력 의지를 버리고 연대함으로써 하는 화해는 구원으로 가는 길입니다. 섬긴다는 말은 자기보다 낮은 사람에게 쓰는 기독교 종교 용어가 되었습니다. 섬김 용어는 자기 이해로만 사용하고, 함부로 사

용하지 않는 게 좋습니다. 상대에게 가식으로 비칠 염려가 있습니다. '크고자 하는 자는 섬기는 자가 되라'(마가10:43)에서 섬기는 자는 디아코노스diavkono로서 디아코니아diakoniva가 어원입니다. 디아코니아는 바울 서신에서 주로 연대하는 의미로 사용됩니다. 섬김은 연대라고 변경하여 사용하는 게 좋습니다. 권력은 개인이든 사회든 교회든 그 중심부에서 발생합니다. 권력은 내부 평화를 막습니다. 하나님 의는 주변부에서 역사役事합니다. 이스라엘 민족 아브라함 야곱 요셉 예수 제자 모두는 주변부입니다. 특별히 하나님 강권으로 부른 학식 있는 바울도 주변부입니다. 그는 예루살렘 성골이 아닙니다. 예수도 주변부입니다. 권력은 차이를 경계 지음으로써 발생합니다. 즉 차별하고 배제하는 행위가 권력입니다. 차별과 배제는 언제나 중심부에서 발생합니다. 나는 어느 곳에서는 주변부에 있고 어느 곳에서는 중심부에 있습니다. 내가 중심부에 있을 때는 권력이 아니라 권위가 되어야 합니다. 진정한 권위는 상대를 살리는 데서 옵니다. 내가 주변부에 있을 때는 권력에 저항합니다. 특히 하나님 이름을 빙자하여 오는 권력에 저항합니다. 권력에 복종은 자기 자신을 포기하는 일입니다.[14]

---

14) 한병철 권력이란 무엇인가 김남시 문학과 지성사 2012, 91, 100, 101p

마가복음 10장

46 그들이 여리고에 이르렀더니 예수께서 제자와 허다한 무리와 함께 여리고에서 나가실 때에 디매오의 아들인 맹인 거지 바디매오가 길 가에 앉았다가

47 나사렛 예수시란 말을 듣고 소리 질러 이르되 다윗의 자손 예수여 나를 불쌍히 여기소서 하거늘

48 많은 사람이 꾸짖어 잠잠하라 하되 그가 더욱 크게 소리 질러 이르되 다윗의 자손이여 나를 불쌍히 여기소서 하는지라

49 예수께서 머물러 서서 그를 부르라 하시니 그들이 그 맹인을 부르며 이르되 안심하고 일어나라 그가 너를 부르신다 하매

50 맹인이 겉옷을 내버리고 뛰어 일어나 예수께 나아오거늘

51 예수께서 말씀하여 이르시되 네게 무엇을 하여 주기를 원하느냐 맹인이 이르되 선생님이여 보기를 원하나이다

52 예수께서 이르시되 가라 네 믿음이 너를 구원하였느니라 하시니 그가 곧 보게 되어 예수를 길에서 따르니라

마가복음 11장

1 그들이 예루살렘에 가까이 와서 감람 산 벳바게와 베다니에 이르렀을 때에 예수께서 제자 중 둘을 보내시며

2 이르시되 너희는 맞은편 마을로 가라 그리로 들어가면 곧 아직 아무도 타 보지 않은 나귀 새끼가 매여 있는 것을 보리니 풀어 끌고 오라

3 만일 누가 너희에게 왜 이렇게 하느냐 묻거든 주가 쓰시겠다 하라 그리하면 즉시 이리로 보내리라 하시니

마가복음 11장

4 제자들이 가서 본즉 나귀 새끼가 문 앞 거리에 매여 있는지라 그 것을 푸니

5 거기 서 있는 사람 중 어떤 이들이 이르되 나귀 새끼를 풀어 무엇 하려느냐 하매

6 제자들이 예수께서 이르신 대로 말한대 이에 허락하는지라

7 나귀 새끼를 예수께로 끌고 와서 자기들의 겉옷을 그 위에 얹어 놓 으매 예수께서 타시니

8 많은 사람들은 자기들의 겉옷을, 또 다른 이들은 들에서 벤 나뭇 가지를 길에 펴며

9 앞에서 가고 뒤에서 따르는 자들이 소리 지르되 호산나 찬송하리 로다 주의 이름으로 오시는 이여

10 찬송하리로다 오는 우리 조상 다윗의 나라여 가장 높은 곳에서 호산나 하더라

11 예수께서 예루살렘에 이르러 성전에 들어가사 모든 것을 둘러 보시고 때가 이미 저물매 열두 제자를 데리시고 베다니에 나가시 니라

12 이튿날 그들이 베다니에서 나왔을 때에 예수께서 시장하신지라

13 멀리서 잎사귀 있는 한 무화과나무를 보시고 혹 그 나무에 무엇 이 있을까 하여 가셨더니 가서 보신즉 잎사귀 외에 아무 것도 없더 라 이는 무화과의 때가 아님이라

14 예수께서 나무에게 말씀하여 이르시되 이제부터 영원토록 사람 이 네게서 열매를 따 먹지 못하리라 하시니 제자들이 이를 듣더라

15 그들이 예루살렘에 들어가니라 예수께서 성전에 들어가사 성전 안에서 매매하는 자들을 내쫓으시며 돈 바꾸는 자들의 상과 비둘기 파는 자들의 의자를 둘러 엎으시며

16 아무나 물건을 가지고 성전 안으로 지나다님을 허락하지 아니 하시고

17 이에 가르쳐 이르시되 기록된 바 내 집은 만민이 기도하는 집이라 칭함을 받으리라고 하지 아니하였느냐 너희는 강도의 소굴을 만들었도다 하시매

18 대제사장들과 서기관들이 듣고 예수를 어떻게 죽일까 하고 꾀하니 이는 무리가 다 그의 교훈을 놀랍게 여기므로 그를 두려워함일러라

19 그리고 날이 저물매 그들이 성 밖으로 나가더라

20 그들이 아침에 지나갈 때에 무화과나무가 뿌리째 마른 것을 보고

21 베드로가 생각이 나서 여짜오되 랍비여 보소서 저주하신 무화과나무가 말랐나이다

22 예수께서 그들에게 대답하여 이르시되 하나님을 믿으라

23 내가 진실로 너희에게 이르노니 누구든지 이 산더러 들리어 바다에 던져지라 하며 그 말하는 것이 이루어질 줄 믿고 마음에 의심하지 아니하면 그대로 되리라

24 그러므로 내가 너희에게 말하노니 무엇이든지 기도하고 구하는 것은 받은 줄로 믿으라 그리하면 너희에게 그대로 되리라

25 서서 기도할 때에 아무에게나 혐의가 있거든 용서하라 그리하여야 하늘에 계신 너희 아버지께서도 너희 허물을 사하여 주시리라 하시니라

26 (없음)

27 그들이 다시 예루살렘에 들어가니라 예수께서 성전에서 거니실 때에 대제사장들과 서기관들과 장로들이 나아와

28 이르되 무슨 권위로 이런 일을 하느냐 누가 이런 일 할 권위를 주었느냐

29 예수께서 이르시되 나도 한 말을 너희에게 물으리니 대답하라 그리하면 나도 무슨 권위로 이런 일을 하는지 이르리라

30 요한의 세례가 하늘로부터냐 사람으로부터냐 내게 대답하라

31 그들이 서로 의논하여 이르되 만일 하늘로부터라 하면 어찌하여

그를 믿지 아니하였느냐 할 것이니

32 그러면 사람으로부터라 할까 하였으나 모든 사람이 요한을 참 선지자로 여기므로 그들이 백성을 두려워하는지라

33 이에 예수께 대답하여 이르되 우리가 알지 못하노라 하니 예수께서 이르시되 나도 무슨 권위로 이런 일을 하는지 너희에게 이르지 아니하리라 하시니라

13. 지배체제와 하나님나라

예수 일행이 여리고에 이르렀을 때 맹인 거지 바디매오가 예수께 다가옵니다. 그가 주변 만류를 무릅쓰고 '다윗의 자손 예수여 나를 불쌍히 여기소서'라고 외쳐서 고침을 받습니다. 바디매오 이름의 뜻은 '더러운 영'입니다. 부모가 그렇게 이름 지었을 리는 없고 사람들이 그렇게 불렀으리라고 봅니다. 맹인 바디매오는 겉옷을 벗어 던지고 예수께 달려갔습니다. 겉옷은 보통 자신의 품위와 위신을 나타냅니다. 더러운 영에 갇혀 있던 바디매오는 자신을 지배하던 세계로 상징되는 겉옷을 벗어 던지고 예수께서 여시는 새로운 세계인 하나님나라로 진입합니다. 이제까지 자신의 삶을 지탱하던 모든 가치를 버리고 예수께서 여신 하나님나라 삶을 이루겠다는 의지입니다.

예수께서 바디매오에게 '네 믿음이 너를 구원하였다'고 말씀합니다.(10:52) 구원되었다가 아니라 구원하였다입니다. 너를 구원한 것은 '너의 그 믿음'이라는 것입니다. 네게 무엇을 하여 주기를 원하느냐는 물음에 바디매오가 '보기'를 원한다고 답합니다. 그 '보기'가 '아나블레포ἀναβλέπω'인데 블레포(보다)라는 동사에 덧붙여진 '아나ἀνά'에 '다시'라는 뜻이 있습니다. 즉 바디매오는 예수께 '다시 보기'를 간청했습니다. 맹인이 다시 본다는 게 이상해서 번역자들이 '다시'를 생략했습니다. 그러나 그는 다시 보기를 원합니다. 마가가 그가 다시 보기를 원했다고 말하는 것일 수 있습니다. 그는 예수를 나사렛 예수로도, 정치 군사 메시아로도 아닌 구주의 메시아로 '다시' 보기를 원했습니다. 우리는 예수께서 '네 믿음이 너를 구원하였다' 하신 말씀에서 그 믿음이, 다시 보기를 원하고 다시 보게 된 행위라고 말할 수 있습니다.

예루살렘 입성

최후 일전을 위해 예루살렘 성에 입성하는 예수는 군사를 대동하지 않고 군마가 아니라 새끼 나귀를 타고 입성합니다. 예루살렘 사람들이 아니라 갈릴래아에서 같이 온 사람들이 환영한 이상한 입성입니다. 무기를 없애고 평화를 가져다줄 메시아는 나귀를 탄다는 선지자 예언이 이루어졌습니다.(스가랴9:9) 예수께서 지배체제에 저항하는 새로운 방식을 인류에게 보이셨습니다.

무화과나무 저주

배고픈 예수께서 잎사귀가 무성한 무화과나무에 열매를 따러 갔다가 열매가 없으므로 '네가 다시는 열매를 맺지 못하리라'고 저주합니다. 결국 그 나무는 말라 죽습니다. 당황스러운 일은 당시는 그 무화과 나무가 열매 맺는 철이 아닙니다. 버트란트 러셀은 그의 저서 「나는 왜 그리스도인이 아닌가」에서 자기는 멀쩡한 나무를 죽이는 잔인한 예수를 믿을 수 없다고 합니다. 성서는 현대인을 대상으로 쓰인 글이 아닙니다. 더구나 예수께서 현대인을 가르치는 글도 아닙니다. 고대 기록을 현대의 증진된 자연관이나 여성관, 인권 개념 등을 투사해서 읽는 것은 온당하지 않습니다. 당시에도 기적을 보고 믿음이 생기는 사람도 있고 오히려 반대하는 사람도 있습니다. 죽은 라자로를 살리신 걸 보고 예수를 믿는 사람도 있고 오히려 그 일 때문에 예수를 죽이려한 사람들도 있습니다.(요한11:45, 53) 무화과나무는 하나님에게 버림받은 이스라엘을 상징합니다.(호세아9:10 예레미아24:1-10) 열매 맺는 철이 아님에도 불구하고 열매 없다고 저주하신 것은 성전이 마땅히 해야할 일에서 악이 발생하는 걸 의미합니다. 악이 발생하는 걸 무엇으로도 핑계할 수 없다는 뜻입니다. 나무 한 그루 죽음이 이스라엘 민족 죽음을 상징하는 도구로 쓰였습니다. 이스라엘 멸망 원인은, 무화과나무가 잎사귀만 있고 열매가 없듯이 이스라엘이 성전에서 하는 예배만을 믿음으로 알고 하나님 뜻을 실행하지 않은 데 있습니다.

성전 항쟁

예수께서 성전 환전상과 제물 파는 자들 의자를 둘러엎으시며 항쟁합니다. 성전을 강도 소굴로 만들었다고 일갈합니다. 갈릴래아는 비옥한 땅입니다. 그러나 90% 이상이 소작농이고 예루살 렘 사람들이 지주입니다. 예루살렘 성전은 착취의 본산입니다. 갈릴래아에서 예수와 적대하며 논쟁하던 사람들은 주로 바리새 파입니다. 예루살렘에서 예수와 적대한 사람은 성전 권력자인 대 제사장과 사두개파입니다. 바리새파는 나타나지 않습니다. 갈릴 래아에서는 신학 논쟁이지만 예루살렘에서는 권력에 맞선 항쟁 입니다.

예수 권위 논쟁

성전 지배자들이 예수께 무슨 권위로 그러한 행동을 하는가를 묻습니다. 예수께서 너희가 세례 요한의 권위를 인정하지 않으므 로 대답하지 않겠다고 합니다. 마지막 예언자 말라기 이후 4백 년 동안 예언자가 나타나지 않았습니다. 예수와 백성들은 세례 요한 을 하나님이 보내신 예언자로 인정하는데, 지배 세력들은 인정하 지 않습니다. 자기들 지배체제가 위협받기 때문입니다. 예수께서 그들이 세례 요한을 통한 하나님 구원 사역을 인정하지 않는다면 자신에게 어떠한 권위가 있는지 말해 주어도 소용없으므로 말하 지 않겠다고 합니다. 오늘날 소위 복음주의자라는 그리스도인이 예언자 세례 요한을 가벼이 보는 경향이 있습니다. 당시 지배 세 력이 세례 요한을 두려워한 것같이 오늘날 사회 지배 세력이 된 그리스도인은 세례 요한의 역할을 주목하려 하지 않습니다. 그분 예언이 두려운 까닭입니다.

예루살렘 성전을 차지하기 위해 지배세력간 전쟁이 빈번했습니다. 1차 로마 항쟁 시(서기66-70년)에는 바리새파와 시큰디파(칸사이) 간 내전이 있었습니다. 2차 항쟁 시(서기132-135)에는 바리코키바스가 내전을 주도했습니다. 대 로마 항쟁보다 성전 권력을 누가 차지하느냐가 더 중요했습니다. 성전을 중심으로 권력과 각종 이권이 발생하기 때문입니다. 그야말로 성전이 예수께서 말씀하신 강도 소굴입니다. 예수께서 성전의 화려함을 보시고 우셨습니다. 아마도 갈릴래아 가난한 사람들이 생각나서 우셨으리라 생각됩니다.

1. 성전이 차별 중심입니다.

남성들 자리는 지성소 가까운 안쪽에, 여성 자리는 바깥이 자리입니다. 그리고 이방인과 장애인 그리고 죄인으로 지목된 세리 성매매 여인 등은 성전에 들어올 수 없습니다. 죄인은 용서받을 수 있는 기회 조차 박탈되었습니다. 죄인 아닌 사람들만 모여서 죄 용서해 달라고 기도합니다. 오늘날 교회와 성당도 이와 같습니다.

2. 성전이 각종 이권 중심입니다.

성전 관리와 보수 인력 채용, 제물과 제사용품 판매, 인허가 사업과 해외 교포를 통한 수익 사업권 등을 지배합니다. 성전 지배세력이 이스라엘 정치 사회 경제 종교의 지배 세력입니다. 당시 종교인들은 돈맛을 알았고 권력 행사를 즐겼습니다.

예수는 왜 죽었을까요?

마가는 예수 죽음 원인이 성전 항쟁이라고 합니다.(마가11:18) 성전 항쟁이 없었다면 죽지 않았을 거라는 학자가 많습니다. 성전 항쟁이 있던 유월절에 예루살렘 백성 2만 5천 명과 해외 순례객 10만 명이 모였습니다. 유대인 학자 게자 베르메쓰는 예수의 성전 항쟁이 해외 교포까지 최대 인원이 모이는 유월절이 아니었다면 죽지 않았을 거라고 합니다.

그분이 죽으신 것은 가장 하나님과 가까이 일하는 성전에서 악이 발생함을 폭로하기 위해서일까요. 성전은 지배체제와 함께 할수 없음을 선언하기 위해서일까요. 오늘날 예수께서 목숨으로 지킨 교회가 가장 하나님과 멀리 있는 현실이 비통합니다.

지배체제와 함께하는 교회나 지배체제에 얹혀있는 교회는 가짜입니다. 그 교회에 예수가 없으면서 예수교(기독교)라고 우기는 현실입니다.

예수는 성전이 사회 중심 세력이 되는 걸 반대합니다. 왜냐하면 돈맛과 권력으로 인해 반드시 타락하기 때문입니다. 이러한 예수 의도가 교회 초기부터 무시당하는 조짐이 보입니다. 마가복음보다 30여 년 후에 기록된 요한복음에는 예수께서 성전을 강도 소굴이라 하신 말씀이 빠졌습니다. 성전에서 장사하지 말라는 말씀으로 바뀝니다. 기독교는 2천 년 동안 예수의 성전 항쟁을 성전을 깨끗이 한다는 뜻의 성전 정화라고 불렀습니다. 그동안 교회와 성당은 예수께서 항쟁한 이유를 알려고 하지도 않고 그 정신을 따르려고도 하지 않았습니다. 교회와 성당이 차별 중심이 되었습니다. 교회와 성당이 각종 이권 사업에 혈안이면서도 여신도회 바자회를 반대하는 장로들도 있습니다. 오늘날 교회와 성당이 강도의 소굴이 되었습니다. 예수 기준으로 그렇다는 말입니다.

오늘날 교회는 교회가 조직을 유지하기 위해 마땅히 하는 일에서 악이 발생합니다. 교우를 치리하고 정죄하는 게 일상입니다. 교회가 부동산 수익 사업하는 건 흉도 아닙니다. 교회와 성당이 각종 수익사업에 앞장섭니다. 교회와 성당이 사회와 돈벌이 경쟁을 합니다. 교회와 성당이 각 분야에서 돈으로 우위를 확보하여 교회 비전문가가 사회 전문가를 지휘하여 말썽이 납니다. 교회와 성당이 예수 시대보다 더 돈과 권력으로 타락했습니다. 예수 시대보다 더 가난한 사람과 소외계층 사람들이 교회와 성당에 올 수 없게 되었습니다.

예수는 하나님께 예배드리는 것만을 믿음으로 만족하는 것에 분노합니다. 그보다 더 오히려 성전이 민중을 지배하고 억압하는 현실에 절망하고 분노합니다. 또한 지배체제가 오로지 자신들 탐욕을 위해 성전을 이용하는 데 분노합니다. 예수께서 무화과 나무 죽음을 설명하면서 멸망하기 직전 이스라엘에게 다음 2가지를 요구합니다.

1. 관념 믿음이 아닌 열매 맺는 믿음을 가지라고 합니다.

예수께서 믿음으로 산을 바다에 던질 수 있다고 하십니다. 과장을 즐기시는 예수 특유 화법입니다. 성전에서 예배로 그치는 건 믿음이 아니라는 의미입니다. 행위로 결과가 나타나도록 하는 게 믿음이라는 뜻입니다. 한국의 소위 복음주의가 관념 믿음에 빠졌습니다.

2. 용서하라고 합니다.

이스라엘은 하나님이 그들을 선택하심이 세계를 구원하시려는데 있음을(출19:5-6) 망각하고 세계를 자신들과 분리하려고 했습니다. 그래서 그들은 이방 사람을 개라고 불렀습니다. 뿐만 아니라 자국내에서도 각종 파벌이 생겨서 서로 반목하고 민중은 땅의 사람들(암 하레츠)이라며 분리했습니다. 예수께서 극도로 분열된 사회에 용서할 것을 가르칩니다. 여기서 용서는 상대를 죄인으로 지목하지 말고 용서하라는 뜻입니다. 마땅히 항쟁할 대상을 용서하라는 말씀이 아닙니다. 성소수자를 용서하지 않는 교회는 예수께서 항쟁한 성전과 같은 교회입니다. 오늘날 쇠락 길을 가는 기독교가 귀히 들어야 할 말씀입니다. 소위 진보 신학을 하는 사람들 중에 오늘날 기독교 관념 믿음을 바울이 세웠다고 하는 사람이 많습니다. 바울이 세운 게 아니라 아우구스티누스와 루터가 관념 신학을 세우면서 바울 핑계를 대서 그렇습니다. 바울이 믿음을 통해 은혜로 구원받는다고 한 진술은 행위를 가벼이 본 진술이 아닙니다.

에베소서 2장
8 너희는 그 은혜에 의하여 믿음으로 말미암아 구원을 받았으니 이것은 너희에게서 난 것이 아니요 하나님의 선물이라
9 행위에서 난 것이 아니니 이는 누구든지 자랑하지 못하게 함이라
10 우리는 그가 만드신 바라 그리스도 예수 안에서 선한 일을 위하여 지으심을 받은 자니 이 일은 하나님이 전에 예비하사 우리로 그 가운데서 행하게 하려 하심이니라

갈라디아서 5장
6 그리스도 예수 안에서는 할례나 무할례나 효력이 없으되 사랑으로써 역사하는 믿음뿐이니라

바울은 예수를 만나고 나서 자신의 믿음이 교만에 가득함을 알게 됩니다. 그래서 그는 교만을 막기 위해서 은혜로 구원받음을 강조했습니다. 다시 말하자면 그는 그리스도인이 자기 행위를 자랑하여 교만해지는 걸 막기 위해 믿음을 통해 은혜로 구원받음을 말했습니다. 또한 믿음은 사랑으로 표현된다고 합니다. 하나님께

서 우리가 선한 일을 하도록 믿음을 통해 은혜로 구원해 주신다는 말씀(엡2:8-10)을 놓고 볼 때, '믿음으로 말미암아 구원을 받았다'라는 말만 잘라서 읽고서 믿음 구원인가 행위 구원인가 논쟁하는 것은 대단히 우스운 현상입니다. '믿음으로 구원받는다'도 바울 의도가 아닙니다. 루터 의도입니다. 명확한 바울 의도는 '믿음을 통해 은혜로 구원받는다'입니다. 예배와 교리 고백 그리고 윤리와 도덕은 믿음이 아닙니다. 믿음을 얻기 위한 예비 동작입니다. 예배와 교리 고백 그리고 윤리와 도덕은 마라톤 선수가 출발선에 서 있는 것과 같습니다. 마라톤이란 출발선에 서 있는 상태가 아니라 선수가 뛰는 현실을 말합니다. 믿음이란 하나님 뜻이 역사役事될 때 그것을 믿음이라고 합니다.

사람들이 바디매오가 예수에게 즉 하나님나라에 쓸모없다고 생각하여 예수께 다가가는 것을 막습니다. 예수께서 바디매오에게 '네 믿음이 너를 구원하였다'고 합니다. 바디매오 믿음은, 사람들이 막는데도 불구하고 뿌리치며 계속 '다윗 자손 예수여 나를 불쌍히 여기소서' 하여서 부름을 받고, 이어서 겉옷으로 상징되는 지배체제를 거부하고 하나님나라를 받아들인 적극적인 능동 행위입니다. 그는 이제 걸인으로서 고통과 억울함(恨)으로부터 구원받았습니다. 그에게 새로운 삶이 시작되었습니다. 바로 하나님나라 삶입니다.

마가복음 12장

1 예수께서 비유로 그들에게 말씀하시되 한 사람이 포도원을 만들어 산울타리로 두르고 즙 짜는 틀을 만들고 망대를 지어서 농부들에게 세로 주고 타국에 갔더니

2 때가 이르매 농부들에게 포도원 소출 얼마를 받으려고 한 종을 보내니

3 그들이 종을 잡아 심히 때리고 거저 보내었거늘

4 다시 다른 종을 보내니 그의 머리에 상처를 내고 능욕하였거늘

5 또 다른 종을 보내니 그들이 그를 죽이고 또 그 외 많은 종들도 더러는 때리고 더러는 죽인지라

6 이제 한 사람이 남았으니 곧 그가 사랑하는 아들이라 최후로 이를 보내며 이르되 내 아들은 존대하리라 하였더니

7 그 농부들이 서로 말하되 이는 상속자니 자 죽이자 그러면 그 유산이 우리 것이 되리라 하고

8 이에 잡아 죽여 포도원 밖에 내던졌느니라

9 포도원 주인이 어떻게 하겠느냐 와서 그 농부들을 진멸하고 포도원을 다른 사람들에게 주리라

10 너희가 성경에 건축자들이 버린 돌이 모퉁이의 머릿돌이 되었나니

11 이것은 주로 말미암아 된 것이요 우리 눈에 놀랍도다 함을 읽어 보지도 못하였느냐 하시니라

12 그들이 예수의 이 비유가 자기들을 가리켜 말씀하심인 줄 알고 잡고자 하되 무리를 두려워하여 예수를 두고 가니라

13 그들이 예수의 말씀을 책잡으려 하여 바리새인과 헤롯당 중에서 사람을 보내매

14 와서 이르되 선생님이여 우리가 아노니 당신은 참되시고 아무도 꺼리는 일이 없으시니 이는 사람을 외모로 보지 않고 오직 진리로써 하나님의 도를 가르치심이니이다 가이사에게 세금을 바치는 것이

옳으니이까 옳지 아니하니이까

15 우리가 바치리이까 말리이까 한대 예수께서 그 외식함을 아시고 이르시되 어찌하여 나를 시험하느냐 데나리온 하나를 가져다가 내게 보이라 하시니

16 가져왔거늘 예수께서 이르시되 이 형상과 이 글이 누구의 것이냐 이르되 가이사의 것이니이다

17 이에 예수께서 이르시되 가이사의 것은 가이사에게, 하나님의 것은 하나님께 바치라 하시니 그들이 예수께 대하여 매우 놀랍게 여기더라

18 부활이 없다 하는 사두개인들이 예수께 와서 물어 이르되

19 선생님이여 모세가 우리에게 써 주기를 어떤 사람의 형이 자식이 없이 아내를 두고 죽으면 그 동생이 그 아내를 취하여 형을 위하여 상속자를 세울지니라 하였나이다

20 칠 형제가 있었는데 맏이가 아내를 취하였다가 상속자가 없이 죽고

21 둘째도 그 여자를 취하였다가 상속자가 없이 죽고 셋째도 그렇게 하여

22 일곱이 다 상속자가 없었고 최후에 여자도 죽었나이다

23 일곱 사람이 다 그를 아내로 취하였으니 부활 때 곧 그들이 살아날 때에 그 중의 누구의 아내가 되리이까

24 예수께서 이르시되 너희가 성경도 하나님의 능력도 알지 못하므로 오해함이 아니냐

25 사람이 죽은 자 가운데서 살아날 때에는 장가도 아니 가고 시집도 아니 가고 하늘에 있는 천사들과 같으니라

26 죽은 자가 살아난다는 것을 말할진대 너희가 모세의 책 중 가시나무 떨기에 관한 글에 하나님께서 모세에게 이르시되 나는 아브라함의 하나님이요 이삭의 하나님이요 야곱의 하나님이로라 하신 말씀을 읽어보지 못하였느냐

27 하나님은 죽은 자의 하나님이 아니요 산 자의 하나님이시라 너

희가 크게 오해하였도다 하시니라

28 서기관 중 한 사람이 그들이 변론하는 것을 듣고 예수께서 잘 대답하신 줄을 알고 나아와 묻되 모든 계명 중에 첫째가 무엇이니이까

29 예수께서 대답하시되 첫째는 이것이니 이스라엘아 들으라 주 곧 우리 하나님은 유일한 주시라

30 네 마음을 다하고 목숨을 다하고 뜻을 다하고 힘을 다하여 주 너의 하나님을 사랑하라 하신 것이요

31 둘째는 이것이니 네 이웃을 네 자신과 같이 사랑하라 하신 것이라 이보다 더 큰 계명이 없느니라

32 서기관이 이르되 선생님이여 옳소이다 하나님은 한 분이시요 그외에 다른 이가 없다 하신 말씀이 참이니이다

33 또 마음을 다하고 지혜를 다하고 힘을 다하여 하나님을 사랑하는 것과 또 이웃을 자기 자신과 같이 사랑하는 것이 전체로 드리는 모든 번제물과 기타 제물보다 나으니이다

34 예수께서 그가 지혜 있게 대답함을 보시고 이르시되 네가 하나님의 나라에서 멀지 않도다 하시니 그 후에 감히 묻는 자가 없더라

35 예수께서 성전에서 가르치실새 대답하여 이르시되 어찌하여 서기관들이 그리스도를 다윗의 자손이라 하느냐

36 다윗이 성령에 감동되어 친히 말하되 주께서 내 주께 이르시되 내가 네 원수를 네 발 아래에 둘 때까지 내 우편에 앉았으라 하셨도다 하였느니라

37 다윗이 그리스도를 주라 하였은즉 어찌 그의 자손이 되겠느냐 하시니 많은 사람들이 즐겁게 듣더라

38 예수께서 가르치실 때에 이르시되 긴 옷을 입고 다니는 것과 시장에서 문안 받는 것과

39 회당의 높은 자리와 잔치의 윗자리를 원하는 서기관들을 삼가라

40 그들은 과부의 가산을 삼키며 외식으로 길게 기도하는 자니 그 받는 판결이 더욱 중하리라 하시니라

41 예수께서 헌금함을 대하여 앉으사 무리가 어떻게 헌금함에 돈

넣는가를 보실새 여러 부자는 많이 넣는데

42 한 가난한 과부는 와서 두 렙돈 곧 한 고드란트를 넣는지라

43 예수께서 제자들을 불러다가 이르시되 내가 진실로 너희에게 이르노니 이 가난한 과부는 헌금함에 넣는 모든 사람보다 많이 넣었도다

44 그들은 다 그 풍족한 중에서 넣었거니와 이 과부는 그 가난한 중에서 자기의 모든 소유 곧 생활비 전부를 넣었느니라 하시니라

14. 산 자의 하나님

이스라엘은 서기전 200년 경부터 메시아가 출현하여 구원하리라는 묵시문학이 활발했습니다. 이러한 묵시문학은 서기관(율법학자)들이 주도했습니다. 그 메시아는 정치 군사 혹은 우주 종말 메시아입니다. 예수께서 이러한 메시아와는 다르게 하나님 구원이 지금 우리 삶에서 시작되었음을 선포합니다. 하늘 계시에 따르는 삶이 구원입니다. 즉 하나님나라 삶이 구원입니다. 특히 4 복음서와 바울 서신들은 하나님나라에 대한 소식입니다. 즉 계시에 따라 어떻게 사는가에 대한 이야기입니다. 하나님나라가 믿음과 결부되지 못한 것이 기독교 최대 비극입니다. 기독교 초기부터 지금까지 그렇게 되었습니다.

서기 135년에 이스라엘 국가가 완전히 멸망하여 갈릴래아 예수 메시아 운동은 계속 이어지지 못했습니다. 인류 문명은 정치 경제가 주도합니다. 예수 운동이 예루살렘에서 정치경제 중심지인 로마로 넘어갔습니다. '예루살렘이 아테네와 무슨 상관이냐'라는 터툴리아누스의 외침이 당시 신학이 로마 중심 철학인 그리스 철학으로 세워졌음을 말합니다. 4세기까지는 예수를 따르던 갈릴래아 사람들 전통이 기독교에서 보입니다. 이후 갈릴래아 예수 운동 전통에 있던 사람들 대부분이 유대교로 복귀했습니다.

교회가 그들을 이단으로 판정했기 때문입니다. 기독교가 예수에게 가장 가까이 있던 사람들을 이단으로 판정했습니다. 4세기에 히에로니무스가 아우구스티누스에게 보낸 편지에 '갈릴래아 복음을 따르는 사람들은 그리스도인이 아니고 이단이다'라는 내용이 있습니다.[15]

2세기에 오리게네스는 문명인인 그리스 로마 사람들에게 기독교가 야만 종교가 아님을 그리스 철학으로 변증했습니다. 그는 다작의 저술로 천 편 넘는 글을 남겼습니다. 이러한 사유가 로마 관리이고 주교인 암브로시오스를 거쳐서 로마 황실 교사 출신이자 신플라톤주의자인 아우구스티누스에게 계승되었습니다. 암브로시오스가 아우구스티누스를 기독교로 개종시켰습니다. 4세기에 기독교 신학은 아우구스티누스에 의해 플라톤 관념 철학을 바탕으로 세워졌습니다. 이때부터 기독교 신학이 민중의 삶에 대한 이야기가 아니라 지식인 관념 신학이 되어서 국가와 기득세력에 봉사하는 신학이 되었습니다.

한편 2세기 이레니우스는 1세기 글인 4복음서와 바울 서신이 예수 메시아 운동의 중심임을 선언하고 그 글들을 보존했습니다. 이 글들이 4세기 아타나시우스 독단에 의해 오늘날의 27서 신약 성서로 선정되었습니다. 그후 393년 히포 공의회와 397년

---

15) 게자 베르메스 유대인 예수의 종교 노진준 은성 2019, 368p

과 419년 카르타고 공의회에서 최종 성서로 결정되었습니다. 신 플라톤주의 사상의 범람 속에서 그 사유와 반대되는 성서가 정립된 것은 기적입니다. 성서는 하나님께서 우리 삶에서(역사에서) 어떻게 구원 사역을 펼치시는가에 대한 소식입니다. 즉 삶에 대한 이야기입니다.

신플라톤주의는 황제와 제국 그리고 부유한 지식인과 사회 지배층을 위한 철학입니다. 세상을 악하게 인식하여 그 세상에서 선한 진리를 찾습니다. 진리를 관념화(개념화)하여 그 관념에 동의하는 것이 신플라톤주의 믿음입니다. 신플라톤주의는 스토아 철학과는 별개로, 플로토니우스가 플라톤 사상을 종교화한 사상입니다. 아우구스티누스는 이러한 스토아 인식론을 기독교에 유입하여 교리를 만들었습니다.

그리스 로마 기득 세력이 관념을 믿음으로 생각하듯이 오늘날 기독교 복음주의(개혁주의) 자들도 교리를 믿음으로 생각합니다. 우습고 슬픈 현실은 많은 그리스도인이 교리가 이념(관념)인지 모릅니다. 정작 자신들이 자본주의 이념에 찌들어 사는 줄 모르는 극우론자들이 사회 개혁을 주장하는 사람들을 공격하면서 그들을 사회주의 이념에 매여 사는 이념론자들이라고 공격하는 것과 같은 꼴입니다.

성서는 그리스도인이 예수 삶과 사역 그리고 가르침을 따르는 길, 즉 하나님나라 삶을 제시합니다. 기독교는 그 길을 따라 사는 게 믿음입니다. 본문은 당시 부유한 기득 세력인 바리새인과 서기관들이 관념화된 그들 믿음을 주장하는 데 대항하여, 예수께서 하나님 의가 실제 삶에서 이루어져 가고 있음을 가르치는 내용입니다. 즉 바리새인과 서기관들의 관념 믿음을 삶에 대한 믿음으로 전환할 것을 요구하는 내용입니다.

포도밭 비유

예수께서 비유로 말씀합니다. 어떤 주인이 농부들에게 포도밭을 맡겼습니다. 그 주인이 소출을 받으려고 여러 번 종을 보냈지만 농부들은 그 종들을 죽이거나 때려서 보냈습니다. 마지막으로 아들을 보냈으나 그 아들도 죽였습니다. 그 결과 주인이 농부들을 죽이고 포도원을 다른 사람에게 준다는 내용입니다. 주인은 하나님이고 여러 종은 이스라엘 예언자들이고 아들은 그리스도입니다. 농부는 좁게는 사두개인과 서기관 등 직업 종교인이고 넓게는 하나님이 세상 구원을 위해 선택한 이스라엘 백성입니다. 이 비유는 이스라엘에 대한 심판입니다. 건축자가 '버린 돌'이 '머릿돌'이 된다는 말씀을 통해 이스라엘이 우주를 이끄시는 그리스도를 버렸음을 통렬히 꾸짖습니다.

우리는 농부가 주인에게 전혀 소출을 내놓지 않았다는 사실을 주목합니다. 하나님에 대한 믿음이 자신의 복락만을 위한 믿음이라면 그 사람은 하나님께 소출을 내놓지 않은 농부와 같습니다. 많은 그리스도인은 하나님 영광이 찬양에 있는 줄 압니다. 하나님 영광은 하나님 사역이 실행될 때 이루어집니다. 예수께서 죽은 라자로를 살리시며 하나님 영광을 드러나게 하기 위해서 그를 살린다고 합니다.(요한11:4) 하나님 영광이 드러나게 하는 행위가 소출을 드리는 행위입니다. 그리스도인 믿음이 자신만을 위한 믿음이 아니라, 하나님께서 세상을 구원하시는 역사役事에 참여하는 믿음이면 그 사람은 하나님께 소출을 드리는 농부와 같습니다.

로마에 세금을 납부하는 문제

바리새인들이 예수께 '로마에 세금 납부하는 게 옳은가 거부하는 게 옳은가' 질문합니다. 저항 단체인 젤롯당은 로마에 세금 납부를 거부합니다. 그들은 당국을 피해 숨어 삽니다. 바리새인과 서기관들은 로마 지배체제에서 살기 때문에 세금을 납부합니다. 예수께서 바리새인들에게 가식하는 사람들이라고 합니다. 그들은 심정상 젤롯당처럼 납부하고 싶지 않지만 로마 체제에서 안녕을 도모해야 하기 때문에 싫어도 납부합니다. 자신들 행위의 정당성을 찾으려고 예수께 질문했습니다. 그게 가식입니다. 예수께서 황제 것은 황제에게 하나님 것은 하나님께 드리라고 대답합니다. 돈은 황제에게, 하나님이 지으신 사람은 하나님에게 드리라는 말씀입니다. 즉 무엇이 선한가라는 관념상의 믿음을 찾지 말고 하나님 의가 실행되는 일에 힘쓰라는 대답입니다.

산 자의 하나님

바리새인들은 죽은 자 부활을 믿지만 사두개인들은 믿지 않습니다. 고대 모세 법에 형이 죽으면 동생이 형수와 결혼하라고 합니다. 사두개인들이 예수께 질문합니다. 7형제가 형의 아내를 내리받아 살다가 모두 죽었는데 천국에서 그 여자는 누구 아내가 되는가라고 묻습니다. 예수께서 하나님은 죽은 자 하나님이 아니고 산 자의 하나님이라고 대답합니다. 믿음은 알지 못하는 미래를 탐구하는 것이 아니라 지금 삶에서 하나님 구원을 체험하는데 있다는 뜻입니다.

하나님을 사랑하고 이웃을 사랑하라

하나님 사랑과 이웃 사랑이 결합 되어 있는 것이 기독교 독특성입니다. 하나님만 사랑하면 미신이나 무당과 같습니다. 무당은 개인의 길흉화복에만 관심이고 사회에 대한 관심은 없습니다. 기독교는 세상의 화해 자유 정의 평화에 관심합니다. 이웃 사랑만 하면 그것은 윤리와 도덕이지 신앙이 아닙니다. 믿음은 나의 힘으로는 극복할 수 없는 인간 한계를 신의 도움으로 극복해 가는 길입니다. 예수께서 하나님 사랑과 이웃 사랑이 예배 기도 헌금 성서 읽기보다 더 중요하다고 분명히 말씀합니다. 하나님에 대한 사랑과 이웃사랑은 하나님에 대한 사랑이 우선이라는 등 분리할 수 없습니다. 왜냐하면 이 말씀은 하나님에 대한 사랑을 강조하는 사두개인에게 예수께서 이웃사랑이 곧 하나님에 대한 사랑이라고 하신 말씀이기 때문입니다.

헌금 문제

예수께서 부자 헌금보다 과부의 두 렙돈을 하나님께서 기뻐하신다고 합니다. 두 렙돈은 5백 원 동전 2개와 같습니다. 과부가 돈 전부를 넣었음을 강조하면 안 됩니다. 과부가 이제 돈이 없으니 교회가 보살피라는 말씀입니다. 미자립 교회는 자립을 위한 헌금, 자립 교회는 그 공동체를 유지하는 데 필요한 헌금이 있습니다. 그 필요를 넘는 헌금은 교회를 망하게 합니다.

십일조 헌금 제도는 고대 이스라엘에서 제사만 전담하여 땅을 분배받지 못한 레위 지파 생활을 위하여 제정되었습니다. 오늘날엔 맞지 않는 제도입니다. 하나님은 돈 없는 분이 아닙니다. 헌금이 하나님께 가지도 않습니다. 헌금은 교회와 성당을 유지하기 위한 돈입니다. 교회가 돈과 같이 있으면 망합니다. 사회봉사는 교회가 아니라 그리스도인 개인 자격이어야 합니다. 교회가 기관을 도울 수는 있습니다. 교회는 하나님 말씀이 선포되고 그 말씀을 통해 삶의 변화가 이루어지는 곳입니다.

직업 종교인(목사와 신부)을 조심하라

하나님나라 운동을 지도하는 서기관(율법학자)들은 당시 최고 직업 종교인입니다. 그들은 그리스도는 다윗 자손에서 나온다고 주장하며 예수를 거부합니다. 예수께서 다윗이 그리스도를 주라 했는데(시110:1) 어떻게 자기 자손을 주라 하는가라고 그들의 허구를 나무랍니다. 예수그리스도는 시간 속에 있는 분이 아니라 시간이 예수그리스도 안에 있습니다. 예수께서 직업 종교인(서기관)들이 긴 옷을 즐기고 문안 받기를 좋아하고 상석을 원하며 길게 기도하며 종교를 즐기고 과부 가산을 삼킨다고 꾸짖습니다. 서기관들이 재판하며 가난한 사람 돈을 착취합니다. 당시 서기관(율법학자)은 신학자와 법조인을 겸했습니다. 예수께서 이스라엘 백성들이 존경하는 직업 종교인 서기관(목사와 신부)을 조심하라고 합니다.

개역개정은 자세히 살펴보라는 뜻의 '블레포βλέπω'를 '삼가라'로 번역했습니다. 공동번역과 가톨릭 2백 주년 기념 성서 그리고 최초 영어 성서 KJV는 '조심하라'(beware)로 번역했습니다. 개신교인들과 가톨릭 신도들은 목사와 신부를 조심해야 합니다. 예수 말씀을 따르는 사람은 더욱 그래야 합니다. 성서를 문자대로 믿는다고 주장하는 목사와 신부는 이러한 사실을 신도들에게 가르쳐야 합니다. 그리스도인 중에 예수께서 목사와 신부를 조심하라 하셨다는 걸 아는 사람이 몇이나 될까요. 예수께서 목사와 신부를 자세히 살펴보라 하신 말씀을 신자들이 무시했습니다. 오늘날 목사와 신부를 돈과 권력으로 타락시킨 사람은 신자들입니다. 일단 돈과 권력을 가지고 있는 목사와 신부는 타락한 사람입니다. 가장 큰 책임은 타락한 목사와 신부에게 있지만 타락시킨 신자도 책임을 면치 못합니다. 예수께서 당시 악한 범죄인을 싫어하신 게 아니라 권력을 가진 선한 직업 종교인을 싫어했습니다. 탐욕과 권력욕, 지배욕으로 사는 직업 종교인은 죽은 자입니다. 우리가 이 사실을 깨닫기가 얼마나 어려운 일인지 모릅니다. 목사와 신부는 옛사람들 믿음, 종교 예절, 알 수 없는 미래를 포장하여 내놓기를 즐겨합니다. 또한 목사와 신부들은 믿음을 관념화(개념화)하여 설명하기를 좋아합니다. 그러나 예수께서 여시는 계시를 지금 삶에서 체험하고 느끼고 감동하는 믿음이 하나님나라입니다. 성서에서 죽은 자란 하나님 없이 사는 자를 말합니다. 즉 탐욕과 권력 지배욕으로 사는 사람입니다. 이러한 삶에는 하나님이 없습니다. 화해와 기쁨 그리고 자유 정의 평화하는 사람이 산 자입니다. 기독교 신은 산 자의 하나님입니다.

마가복음 13장

1 예수께서 성전에서 나가실 때에 제자 중 하나가 이르되 선생님이여 보소서 이 돌들이 어떠하며 이 건물들이 어떠하니이까

2 예수께서 이르시되 네가 이 큰 건물들을 보느냐 돌 하나도 돌 위에 남지 않고 다 무너뜨려지리라 하시니라

3 예수께서 감람 산에서 성전을 마주 대하여 앉으셨을 때에 베드로와 야고보와 요한과 안드레가 조용히 묻되

4 우리에게 이르소서 어느 때에 이런 일이 있겠사오며 이 모든 일이 이루어지려 할 때에 무슨 징조가 있사오리이까

5 예수께서 이르시되 너희가 사람의 미혹을 받지 않도록 주의하라

6 많은 사람이 내 이름으로 와서 이르되 내가 그라 하여 많은 사람을 미혹하리라

7 난리와 난리의 소문을 들을 때에 두려워하지 말라 이런 일이 있어야 하되 아직 끝은 아니니라

8 민족이 민족을, 나라가 나라를 대적하여 일어나겠고 곳곳에 지진이 있으며 기근이 있으리니 이는 재난의 시작이니라

9 너희는 스스로 조심하라 사람들이 너희를 공회에 넘겨 주겠고 너희를 회당에서 매질하겠으며 나로 말미암아 너희가 권력자들과 임금들 앞에 서리니 이는 그들에게 증거가 되려 함이라

10 또 복음이 먼저 만국에 전파되어야 할 것이니라

11 사람들이 너희를 끌어다가 넘겨 줄 때에 무슨 말을 할까 미리 염려하지 말고 무엇이든지 그 때에 너희에게 주시는 그 말을 하라 말하는 이는 너희가 아니요 성령이시니라

12 형제가 형제를, 아버지가 자식을 죽는 데에 내주며 자식들이 부모를 대적하여 죽게 하리라

13 또 너희가 내 이름으로 말미암아 모든 사람에게 미움을 받을 것이나 끝까지 견디는 자는 구원을 받으리라

14 멸망의 가증한 것이 서지 못할 곳에 선 것을 보거든 (읽는 자

는 깨달을진저) 그 때에 유대에 있는 자들은 산으로 도망할지어다

15 지붕 위에 있는 자는 내려가지도 말고 집에 있는 무엇을 가지러 들어가지도 말며

16 밭에 있는 자는 겉옷을 가지러 뒤로 돌이키지 말지어다

17 그 날에는 아이 밴 자들과 젖먹이는 자들에게 화가 있으리로다

18 이 일이 겨울에 일어나지 않도록 기도하라

19 이는 그 날들이 환난의 날이 되겠음이라 하나님께서 창조하신 시초부터 지금까지 이런 환난이 없었고 후에도 없으리라

20 만일 주께서 그 날들을 감하지 아니하셨더라면 모든 육체가 구원을 얻지 못할 것이거늘 자기가 택하신 자들을 위하여 그 날들을 감하셨느니라

21 그 때에 어떤 사람이 너희에게 말하되 보라 그리스도가 여기 있다 보라 저기 있다 하여도 믿지 말라

22 거짓 그리스도들과 거짓 선지자들이 일어나서 이적과 기사를 행하여 할 수만 있으면 택하신 자들을 미혹하려 하리라

23 너희는 삼가라 내가 모든 일을 너희에게 미리 말하였노라

24 그 때에 그 환난 후 해가 어두워지며 달이 빛을 내지 아니하며

25 별들이 하늘에서 떨어지며 하늘에 있는 권능들이 흔들리리라

26 그 때에 인자가 구름을 타고 큰 권능과 영광으로 오는 것을 사람들이 보리라

27 또 그 때에 그가 천사들을 보내어 자기가 택하신 자들을 땅 끝으로부터 하늘 끝까지 사방에서 모으리라

28 무화과나무의 비유를 배우라 그 가지가 연하여지고 잎사귀를 내면 여름이 가까운 줄 아나니

29 이와 같이 너희가 이런 일이 일어나는 것을 보거든 인자가 가까이 곧 문 앞에 이른 줄 알라

30 내가 진실로 너희에게 말하노니 이 세대가 지나가기 전에 이 일이 다 일어나리라

31 천지는 없어지겠으나 내 말은 없어지지 아니하리라

32 그러나 그 날과 그 때는 아무도 모르나니 하늘에 있는 천사들도, 아들도 모르고 아버지만 아시느니라

33 주의하라 깨어 있으라 그 때가 언제인지 알지 못함이라

34 가령 사람이 집을 떠나 타국으로 갈 때에 그 종들에게 권한을 주어 각각 사무를 맡기며 문지기에게 깨어 있으라 명함과 같으니

35 그러므로 깨어 있으라 집 주인이 언제 올는지 혹 저물 때일는지, 밤중일는지, 닭 울 때일는지, 새벽일는지 너희가 알지 못함이라

36 그가 홀연히 와서 너희가 자는 것을 보지 않도록 하라

37 깨어 있으라 내가 너희에게 하는 이 말은 모든 사람에게 하는 말이니라 하시니라

15. 종말을 살아라

마가복음 13장은 묵시 문학 글입니다. 이스라엘의 대로마 1차 항쟁이 66년에 시작했는데 70년에 티투스가 이끄는 로마군이 예루살렘을 함락하고 성전을 불태워 파괴했습니다. 하나님께서 계신다고 굳게 믿는 예루살렘 성전 파괴는 이스라엘 백성들에게 공포와 충격입니다. 성전 파괴와 함께 겪는 기근과 지진 등 자연재해는 그들에게 지구 종말로 경험됩니다. 마가는 지구 종말의 두려움에 처한 그리스도인에게 예수 그리스도를 통해서 현실을 진단하고 하나님 위로와 희망을 증언합니다. 복음이 모든 민족에게 전파되어야하고(10절) 회복된 하나님 백성을 위하여 주님께서 그 재난을 줄여줄 것이라고 합니다.(20절) 복음이 모든 민족에게 전파되어야 한다는 말씀은, 모든 사람이 전도 받아야 한다는 뜻이 아닙니다. 모든 사람이 하나님과 함께 자유와 정의-평화한 삶을 살도록 하나님께서 인내하시며 기다리신다는 뜻입니다. (로마1:5 11:32) 이스라엘 예언자들은 현실 문제를 다룹니다. 반면에 묵시 문학가들은 보다 근원 문제를 다룹니다. 예수께서는 그 근원을 현실로 가져옵니다. 이스라엘 백성들과 예수 제자들이 예수께서 선포한 하나님나라에 대해 오해했습니다. 오늘날 그리스도인도 역시 오해합니다. 예수께서 선포한 하나님나라는 다음과 같습니다.

1. 이스라엘 백성들과 제자는 정의롭고 번영된 이스라엘 국가 회복을 기대합니다. 그러나 예수께서는 하나님나라 백성 회복을 이루어 가십니다.

2. 하나님나라는 국가와 같은 어떤 체제나 공동체가 아니라 우리 삶의 변화를 통해 이루어 가는 삶의 태도입니다.

3. 하나님나라는 미래에 오는 이상향이 아니라 지금 우리 삶에서 일어나는 사건입니다. 하나님나라는 이미 왔으나 아직 완성되지 않았습니다.

소위 진보 신학에서 말하는 정의로운 공동체나 보수신학에서 말하는 번영된 삶은 예수께서 당장 시행하는 하나님나라가 아닙니다. 물론 그 방향을 지향하고 있는 건 사실이지만, 하나님나라 번영과 자본주의 번영이 다릅니다. 그러한 삶과 공동체가 이루어지더라도 근본 삶의 변화가 없으면 그러한 공동체는 금방 무너집니다. 우리는 평등을 내세운 소련 사회주의 국가와 번영을 추구하는 미국과 한국을 경험합니다. 성서 증언은 고대 과학 수준과 문학 그리고 역사 인식에 의한 증언입니다. 우리는 고대인들의 신앙 경험을 오늘날 과학과 역사 인식으로 재해석합니다. 성서에서 사실을 찾는 것은 어리석은 행동입니다. 성서에서 가치와 관계를 찾는 것이 적절합니다. 과학은 사실을 말하고 종교는 가치와 관계를 말합니다. 예수께서 말씀하시고 성서 저자들이 증언하는 종말은 지구 종말이 아닙니다. 옛 시대가 가고 새로운 시대가 시작됨을 종말이라고 합니다. 즉 악이 지배하는 시대가 가고 새로운 시대 즉 하나님이 함께하는 자유와 정의-평화 시대 출현이 종말이고 하나님나라입니다.(누가16:16 로마5:12-21) 본문 1-23절까지는 재난으로 인한 종말 징조이고, 24-37절까지는 그에 대한 변호입니다. 우리는 그것이 오늘날 우리 삶에 의미하는 바가 무엇인지를 찾아갑니다.

교회와 성당이 쇠락하다

오늘날 교회와 성당은 파괴전 예루살렘 성전을 방불합니다. 예수께서 그 성전의 화려함과 웅장함을 보시고 우셨으며, 그 성전을 강도 소굴이라 질책하십니다. 또한 그 성전은 '돌 하나도 돌 위에 남지 않고 다 무너뜨려지리라'고 예견하십니다. 오늘날 중대형 교회와 성당은 부의 상징입니다. 목사와 신부들은 교회와 성당의 부를 통해서 그 교회에서는 물론이고 의료, 교육, 언론, 사회 기업 등을 지휘하며 부와 권력, 명예를 누립니다. 인간은 자식의 번영과 성공을 자신과 동일시 하는 것이 본능입니다. 그래서 자식에게 부유한 교회를 세습합니다. 자식에게 세습하는 교회가 통계상 367개 교회지만, 자기 자식을 다른 교회 목사 자식과 서로 교차해서 대를 물려주는 목사는 그 수가 훨씬 많고 통계도 잡히지 않습니다. 어찌 예수께서 우시지 않으며 강도 소굴이라 질책하지 않겠습니까. 지금 이러한 교회들이 무너지고 있습니다. 숫자로는 유사 기독교가 기성 교인 수를 넘어서고 있습니다. 이들과 기성 교회와의 차이는 거의 찾을 수 없습니다. 교회에 출석하지 않는 가나안 신자들은 믿음을 윤리 도덕화한 예수 세미나 책을 선호하거나, 김기석류의 인문학 설교를 선호합니다. 인문학 설교는 개인 인격 함양이나 심리 안정을 목표합니다. 이러한 길은 신플라톤주의 중심과 같습니다. 유사 기독교와 가나안 신자의 특징은 거기에 예수 갈릴래아 운동이 없습니다. 또한 역사 예수는 없고 관념화한 그리스도만 있습니다. 실은 기성 교회도 비슷한 수준입니다. 오늘날 교회가 갈릴래아 예수 운동을 본받아서 가난한 사람, 사회로부터 소외된 사람, 부모 도움 없이 사회 진출에 어려움을 겪는 젊은이, 이주노동자 등과 함께 믿음 생활하는 공동체가 아닙니다. 오늘날 교회는 부자와 지식인, 성공한 자들이 직업 종교인과 어울리며 교제하는 수준의 동호회가 되었습니다. 예수 갈릴래아 운동과 전혀 다른 교회가 무너지지 않으면 그게 오히려 이상한 일입니다.

가족이 해체되다

천민자본주의는 급기야 가족에게조차도 각자도생의 길을 재촉합니다. 자기 한 몸 돌보기도 어렵기 때문에 가족을 돌볼 여력이 없을 뿐만 아니라 가족을 학대하는 지경에 이르렀습니다. 가족 해체를 기독교가 부추긴 꼴입니다. 하나님 일은 가족을 넘어서야 한다는 얼빠진 해석 때문입니다. 칼뱅의 소명 신학으로 인해 이러한 일이 발생했습니다. 칼뱅 소명 신학은 허구입니다. 바울은 할례를 안 받았든지 노예든지 부름을 받은 상태대로 살라고 합니다.(고전7:17-22) 루터가 이 본문을 번역하면서 부름(크레시스κλησις)을 직업(베르프beruf)으로 번역했습니다. 칼뱅이 이것을 받아서 하나님 일을 위한 특별한 직업이 있다는 소명 신학을 세웠습니다. 하나님을 위한 특별한 직업은 없습니다. 전업주부를 포함해서 국법이 정하는 모든 일터에서 하나님 의를 나타내는 일이 하나님 일입니다. 예수 가족이 예수가 미쳤다며 예수를 찾으러 왔을 때, 예수께서 '누구든지 하나님의 뜻대로 행하는 자가 내 형제요 자매요 어머니이니라'(마가3:35)고 하신 말씀은, 가족을 가벼이 본 말씀이 아닙니다. 하나님나라 백성의 회복을 위해 강조한 말씀입니다. 신학자들 중에서 대가들 조차도 이 구절을 해석하면서 하나님 일은 가족을 넘어서야 한다고 해석하는 것을 봅니다. 성서 단락 전체를 파악하지 않고 한 단락만 해석해서 이러한 오류가 발생합니다. 예수의 가족에 대한 말씀은, 앞 단락에 하나님나라 백성의 회복을 위해서 12제자를 부르심과 연계해서 해석해야 합니다.(마가3:13-35) 가족 해체와 가족의 적대적 다툼은 세상의 마지막을 나타내는 상징입니다.(미가7:2) 종말은 새로운 시대를 부릅니다. 하늘에 있는 (악한) 권능들이 흔들리리라(25절) 이 세상의 임금이 쫓겨나리라(요한12:31). 가난한 사람과 힘없는 약한 사람을 돌보지 않는 정부는 쫓겨나야 한다는 말씀입니다.

깨어 있으라

예수께서 종말 시대에 '깨어 있으라'고 합니다. 항상 긴장하며 살라는 뜻이 아닙니다. 믿음으로 사는 길을 잃지 말라는 뜻입니다. 깨어 있는 것의 반대는 안락에 취해 있는 것입니다. 오늘날에는 믿음에 대한 박해는 없습니다. 오히려 직업 종교인(목사와 신부)과 그를 따르는 신앙인들이 지배체제와 결탁하고 자본주의 안락에 취해 있는 것이 문제입니다. 신부들 골프 행위와 목사들이 누리는 호사가 세상의 질시를 받습니다. 생산과 소비라는 제의祭儀를 가진 자본주의는 인류를 파멸로 인도합니다. 생산이 안 되는 회사는 망하고 그것은 곧 국가의 쇠퇴를 말합니다. 소비할 수밖에 없는 체제에서 그 소비가 지구를 병들게 합니다. 지구 기후학자들은 2025년까지 지구 온도를 1.5도 상승으로 묶지 않으면 2050년에 재앙을 맞을 거라고 경고합니다. 18세기 영국 산업혁명 이래로 현재 지구 온도가 1도 상승한 상태입니다. 우리 소비 습관이 지구 온도 상승을 막지 못합니다. 자본주의는 우리에게 소비를 통해 구원을 체험하도록 유도합니다. 우리는 '선한 싸움 다 싸우고 의의 면류관 얻으리라'는 찬송을 부릅니다.(찬송가 402장 딤후4:6-8) 그리스도인 전선戰線은 뚜렷한 세 가지 길이 있습니다.

1. 인간 자아와 자유를 죽이는 지배체제에 대한 저항입니다.

2. 탐욕과 경쟁을 조장하고 소비에서 구원을 체험하는 천민자본주의에 대한 저항입니다.

3. 교회와 성당을 가진 자와 지식인 중심의 동호회로 만들어 버리고 예수 갈릴래아 운동을 따르지 않는 기독교에 대한 저항입니다.

그리스도인은 날마다 구습舊習을 버리고 새날을 맞는 종말을 사는 사람입니다.

마가복음 14장

1 이틀이 지나면 유월절과 무교절이라 대제사장들과 서기관들이 예수를 흉계로 잡아 죽일 방도를 구하며

2 이르되 민란이 날까 하노니 명절에는 하지 말자 하더라

3 예수께서 베다니 나병환자 시몬의 집에서 식사하실 때에 한 여자가 매우 값진 향유 곧 순전한 나드 한 옥합을 가지고 와서 그 옥합을 깨뜨려 예수의 머리에 부으니

4 어떤 사람들이 화를 내어 서로 말하되 어찌하여 이 향유를 허비하는가

5 이 향유를 삼백 데나리온 이상에 팔아 가난한 자들에게 줄 수 있었겠도다 하며 그 여자를 책망하는지라

6 예수께서 이르시되 가만 두라 너희가 어찌하여 그를 괴롭게 하느냐 그가 내게 좋은 일을 하였느니라

7 가난한 자들은 항상 너희와 함께 있으니 아무 때라도 원하는 대로 도울 수 있거니와 나는 너희와 항상 함께 있지 아니하리라

8 그는 힘을 다하여 내 몸에 향유를 부어 내 장례를 미리 준비하였느니라

9 내가 진실로 너희에게 이르노니 온 천하에 어디서든지 복음이 전파되는 곳에는 이 여자가 행한 일도 말하여 그를 기억하리라 하시니라

10 열둘 중의 하나인 가룟 유다가 예수를 넘겨 주려고 대제사장들에게 가매

11 그들이 듣고 기뻐하여 돈을 주기로 약속하니 유다가 예수를 어떻게 넘겨 줄까 하고 그 기회를 찾더라

12 무교절의 첫날 곧 유월절 양 잡는 날에 제자들이 예수께 여짜오되 우리가 어디로 가서 선생님께서 유월절 음식을 잡수시게 준비하기를 원하시나이까 하매

13 예수께서 제자 중의 둘을 보내시며 이르시되 성내로 들어가라

그리하면 물 한 동이를 가지고 가는 사람을 만나리니 그를 따라가서

14 어디든지 그가 들어가는 그 집 주인에게 이르되 선생님의 말씀이 내가 내 제자와 함께 유월절 음식을 먹을 나의 객실이 어디 있느냐 하시더라 하라

15 그리하면 자리를 펴고 준비한 큰 다락방을 보이리니 거기서 우리를 위하여 준비하라 하시니

16 제자들이 나가 성내로 들어가서 예수께서 하시던 말씀대로 만나 유월절 음식을 준비하니라

17 저물매 그 열둘을 데리시고 가서

18 다 앉아 먹을 때에 예수께서 이르시되 내가 진실로 너희에게 이르노니 너희 중의 한 사람 곧 나와 함께 먹는 자가 나를 팔리라 하신대

19 그들이 근심하며 하나씩 하나씩 나는 아니지요 하고 말하기 시작하니

20 그들에게 이르시되 열둘 중의 하나 곧 나와 함께 그릇에 손을 넣는 자니라

21 인자는 자기에 대하여 기록된 대로 가거니와 인자를 파는 그 사람에게는 화가 있으리로다 그 사람은 차라리 나지 아니하였더라면 자기에게 좋을 뻔하였느니라 하시니라

22 그들이 먹을 때에 예수께서 떡을 가지사 축복하시고 떼어 제자에게 주시며 이르시되 받으라 이것은 내 몸이니라 하시고

23 또 잔을 가지사 감사 기도 하시고 그들에게 주시니 다 이를 마시매

24 이르시되 이것은 많은 사람을 위하여 흘리는 나의 피 곧 언약의 피니라

25 진실로 너희에게 이르노니 내가 포도나무에서 난 것을 하나님 나라에서 새 것으로 마시는 날까지 다시 마시지 아니하리라 하시니라

26 이에 그들이 찬미하고 감람 산으로 가니라

27 예수께서 제자에게 이르시되 너희가 다 나를 버리리라 이는 기록된 바 내가 목자를 치리니 양들이 흩어지리라 하였음이니라

28 그러나 내가 살아난 후에 너희보다 먼저 갈릴리로 가리라

29 베드로가 여짜오되 다 버릴지라도 나는 그리하지 않겠나이다

30 예수께서 이르시되 내가 진실로 네게 이르노니 오늘 이 밤 닭이 두 번 울기 전에 네가 세 번 나를 부인하리라

31 베드로가 힘있게 말하되 내가 주와 함께 죽을지언정 주를 부인하지 않겠나이다 하고 모든 제자도 이와 같이 말하니라

32 그들이 겟세마네라 하는 곳에 이르매 예수께서 제자에게 이르시되 내가 기도할 동안에 너희는 여기 앉아 있으라 하시고

33 베드로와 야고보와 요한을 데리고 가실새 심히 놀라시며 슬퍼하사

34 말씀하시되 내 마음이 심히 고민하여 죽게 되었으니 너희는 여기 머물러 깨어 있으라 하시고

35 조금 나아가사 땅에 엎드리어 될 수 있는 대로 이 때가 자기에게서 지나가기를 구하여

36 이르시되 아빠 아버지여 아버지께는 모든 것이 가능하오니 이 잔을 내게서 옮기시옵소서 그러나 나의 원대로 마시옵고 아버지의 원대로 하옵소서 하시고

37 돌아오사 제자들이 자는 것을 보시고 베드로에게 말씀하시되 시몬아 자느냐 네가 한 시간도 깨어 있을 수 없더냐

38 시험에 들지 않게 깨어 있어 기도하라 마음에는 원이로되 육신이 약하도다 하시고

39 다시 나아가 동일한 말씀으로 기도하시고

40 다시 오사 보신즉 그들이 자니 이는 그들의 눈이 심히 피곤함이라 그들이 예수께 무엇으로 대답할 줄을 알지 못하더라

41 세 번째 오사 그들에게 이르시되 이제는 자고 쉬라 그만 되었다 때가 왔도다 보라 인자가 죄인의 손에 팔리느니라

42 일어나라 함께 가자 보라 나를 파는 자가 가까이 왔느니라

43 예수께서 말씀하실 때에 곧 열둘 중의 하나인 유다가 왔는데 대제사장들과 서기관들과 장로들에게서 파송된 무리가 검과 몽치를 가지고 그와 함께 하였더라

44 예수를 파는 자가 이미 그들과 군호를 짜 이르되 내가 입맞추는 자가 그이니 그를 잡아 단단히 끌어 가라 하였는지라

45 이에 와서 곧 예수께 나아와 랍비여 하고 입을 맞추니

46 그들이 예수께 손을 대어 잡거늘

47 곁에 서 있는 자 중의 한 사람이 칼을 빼어 대제사장의 종을 쳐 그 귀를 떨어뜨리니라

48 예수께서 무리에게 말씀하여 이르시되 너희가 강도를 잡는 것 같이 검과 몽치를 가지고 나를 잡으러 나왔느냐

49 내가 날마다 너희와 함께 성전에 있으면서 가르쳤으되 너희가 나를 잡지 아니하였도다 그러나 이는 성경을 이루려 함이니라 하시더라

50 제자들이 다 예수를 버리고 도망하니라

51 한 청년이 벗은 몸에 베 홑이불을 두르고 예수를 따라가다가 무리에게 잡히매

52 베 홑이불을 버리고 벗은 몸으로 도망하니라

16. 예수께서 그리스도인과 새 계약을 맺다

예수께서 잡히시고(14장) 재판받고 십자가에서 죽으십니다.(15
장) 그리고 부활하십니다.(16장) 고대 그리스도인은 예수께서 왕
으로 오셨다고 고백합니다.(고전15:25) 자신들 삶을 이끄는 분이
로마 황제가 아니라 예수 그리스도라는 고백입니다.

고대에는 통치자가 자신들 삶의 모든 것을 주관했습니다. 우리
시대 언어로 번역하면, 그리스도인 삶의 기준이 세상 가치체계
가 아니라 예수께서 여시는 하늘 계시라는 뜻입니다. 하늘 권능
을 가진 분이 세상과 성전 지배체제를 폭로하고 거기에 저항하
다가 죽었습니다. 그분을 죽인 사람은 세상 권력자와 성전 권력
자입니다.

그리스도인은 교회와 성당 권력자가 예수를 죽였다는 사실을
한시도 잊어서는 안 됩니다. 예수 그리스도가 여시는 하늘 계시
에 따라 살려면 세상 지배체제에서 벗어나야 합니다. 지금 우리
삶을 주도하는 가치체계에 머무는 사람은 지배체제를 벗어나 예
수를 따를 수 없습니다. 믿음이란 새로움을 찾는 길입니다.

이름 모를 여인이 예수 장례를 준비하다

대제사장과 서기관들이 예수를 죽이려고 할 즈음입니다. 베다니 나병 환자 시몬 집에서 어떤 여인이 예수 머리 위에 기름을 붓습니다. 그 기름은 근로자 1년 임금에 해당하는 매우 값진 인도산 향유입니다. 머리에 기름 붓는 행위는 왕의 대관식 행위입니다. 사람들이 화를 냅니다. 그 기름으로 가난한 사람을 도울 수 있는데 허비한다고 생각하기 때문입니다. 예수께서 그 여인 행동을 말리지 말고 가만두라고 합니다. 그 여인이 자신의 장례를 준비하는 거라고 합니다. 그리고 복음이 전파되는 곳마다 사람들이 이 여인의 행동을 기억하리라고 합니다. 가난한 사람들은 '항상 너희와 함께 있으니 너희가 도울 수 있다'고 합니다. 가난한 사람을 돕는 일 보다 자신의 장례가 더 중요하다는 말씀이 아닙니다.

'너희가 가난한 사람들과 함께한다'(You have the poor with you always 14:7 KJV)는 말은 가난한 자를 너희 맘 속에 품고 살아야 한다는 뜻입니다. 언어는 말하는 사람의 사유와 그 상황과 전체 맥락을 고려해서 번역합니다.(비트겐슈타인) '배고파 죽겠다'는 말을 외국 사람은 '지금 배가 고파서 죽을 계획을 짜고 있다'라고 번역할 수도 있지만, 한국 사람이 그렇게 해석하는 법은 없습니다.

기존 가치체계를 고수하는 로마 총독과 제사장 그리고 서기관들 등 지배체제 사람들이 예수를 죽입니다. 예수를 통해서 이스라엘 국가를 회복하고 정의로운 사회와 번영된 삶을 이루려는 제자는 예수 죽음의 의미를 알지 못합니다. 정의로운 사회 건설을 위해서 돈이 필요하다는 사실을 알 뿐입니다. 가진 자, 힘 있는 자, 기존 가치체계에 머물러있는 사람은 예수 죽음 의미를 알지 못합니다. 제자는 예수의 죽음 앞에서도 새로운 사회 건설을 위해 돈이 필요한 사실만을 주목했지만, 이름 모를 여인은 돈보다도 예수 죽음이 소중하다는 것을 압니다. '이 여인의 행동이 기억되리라'는 말씀은 이 여인과 같이 세상의 가치체계를 벗어나서 예수 십자가 죽음을 생각하라는 말씀입니다. 기존 가치체계에 머물러서는 예수께서 여시는 하늘 계시를 알 수 없습니다.

예수께서 그리스도인과 새 계약을 맺다

예수께서 마지막 만찬에 제자에게 특별히 당부하실 일이 있어서 당신 스스로 만찬을 준비합니다. 마지막 만찬에서 예수께서 떡을 떼고 포도주 잔을 나누며 '이것은 많은 사람을 위하여 흘리는 나의 언약言約의 피'라고 말씀합니다. 원시 그리스도인은 빵 나눔을 예수 죽음과 연결해서 의례화했습니다.(도미닉 크로산) 예수께서 사역하신 가난한 사람들과 빵 나눔을 잊지 말자는 의도입니다. 또한, 예수께서 '복음이 전파되는 곳에는 이 여인의 행한 일도 말하여 그를 기억하리라'고 하십니다.(14:9) 복음은 항상 기존 가치체계를 벗어나서 생각하라는 말씀입니다.

본문과 관계해서 예수 죽음에 2가지 의미가 있습니다.

1. 대속 의미입니다. 예수는 인류를 위해서 대신 피를 흘리셨습니다.

2. 언약 의미입니다. 예수는 십자가 죽음으로 그리스도인과 새 계약(언약)을 맺습니다.

복음서에서 증언하는 예수의 십자가 대속은, 권력 문제를 설명하는 자리에서(10;45) 그리고 새 언약을 설명하는 자리에서 제시됩니다.(14:24) 복음서에 어디에도 예수 십자가 대속이 죄 용서를 통한 구원 문제로 설명하지 않습니다. 그동안 그리스도인은 예수의 대속으로 우리의 죄가 없어졌다고 생각해 왔습니다. 이러한 교리는 5세기 아우구스티누스가 정립하고 11세기 안셀무스가 확립하여 종교개혁자들을 통해 우리에게 왔습니다.

2세기 초에 그리스도교 공동체는 예수 십자가 대속으로 말미암아 그리스도인 죄가 없어졌다고 하는 게 큰 문제를 일으킴을 알았습니다. 그래서 그때 '만일 그리스도인이 죄가 없다고 하면 스스로를 속이는 것이고, 진리가 우리 속에 있지 않다'는 말씀이 기록됩니다.(요한1:8)

예수의 마지막 사역인 십자가 대속은, 예수께서 사역을 시작하기 전에 마귀에게 시험받은 사실과 연계해서 해석하는 것이 마땅합니다. 예수는 자신의 사역을 위해서 1) 물질(빵)을 사용하지 않고 2) 세상 권력이나 가치체제에 굴복하지 않으며 3) 기적을 사용하지 않을 것을 다짐합니다.(마가1:12-13 마태4:1-11 누가4:1-13) 이러한 이해를 따르면, 복음서가 말하는 예수 십자가 대속 즉 예수께서 우리를 위하여 죽으심은 하나님나라 사역이 세상에서 승리하는 모습도 아니고 보이는 성과를 나타내는 것도 아니라는 사실을 알려 줍니다. 하나님나라 사역은 실패 속에서 하나님의가 나타나도록 하는 데 있습니다. 한편, 바울은 그리스도 십자가 대속을 하나님께서 새로운 시대를 위한 화해를 위해서 새로운 하나님나라 백성을 선택하는 기제로 사용합니다.(로마3:21-31)

언약에 대해 많은 설교와 글이 있습니다. 계약은 당사자 간의 의무를 강조하는 행사입니다. 그런데도 많은 설교와 글은 인간 쪽 의무는 말하지 않고 하나님께서 우리를 구원하시기로 약속했다고 주야장천 외칩니다. 들으시는 하나님이 심정이 어떻겠습니까. 성서에 기록된 몇 가지 언약이 있지만, 모세의 시내산 언약이 제일 중요합니다. 하나님은 이스라엘 백성을 이집트 노예 생활에서 해방시키고 시내산에서 모세를 통해 이스라엘 백성과 언약을 맺습니다. 하나님은 이스라엘 백성을 하나님 백성으로 삼고, 이스라엘은 세계 모든 사람들을 돌보는 제사장 국가가 되는 계약입니다.(출19:5-6) 노예 생활에서 갓 해방된 이스라엘을 비옥한 땅

이집트와 철기 무기를 다루는 세계 최강의 히타이트 민족을 돌보는 제사장 국가로 삼으셨습니다. 인간 이성으로는 이해할 수 없는 신비한 사건입니다. 유대인은 하나님과 맺은 언약에서 자신들 임무가 무엇인지를 잊어서 망했습니다. 그래서 예수께서 그리스도인과 새 계약을 맺습니다. 한국의 기독교가 그 언약에서 그리스도인 의무가 무엇인지를 알지 못해서 망할 지경에 이르렀습니다. 예수께서 그리스도인에게 내 살을 먹고 내 피를 마시는 것이 언약言約이라고 합니다. 요한은 예수의 이 말씀 때문에 많은 제자들이 떠났다고 합니다.(요한6장) 이스라엘 국가 회복을 기대하는 제자는 예수 말씀을 따를 수 없었습니다. 국가 회복을 위해 어떠한 시도도 행하지 않는 예수를 원망합니다. '내 살을 먹고 내 피를 마시라'는 말씀은 그리스도인 삶 속에 예수 삶과 사역 그리고 가르침이 체화體化되어야 한다는 말씀입니다. 아는 데 그치는 것이 아니라 우리 삶으로 살아 내는 것을 말합니다. 이스라엘 예언자 예레미아는 구원 시대가 오면 모세와 맺은 언약이 아닌 새 언약이 있을 거라고 예언합니다.(렘31:31) 예수와 그리스도인이 맺은 새 계약은 다음과 같습니다.

1. 하나님은 우리를 하나님 백성 삼으십니다.
2. 그리스도인은 예수 삶과 사역 그리고 가르침을 자신의 삶에서 이루어 갑니다. 이것이 '내 살을 먹고 내 피를 마시라'는 의미입니다.

예수와 그리스도인이 맺은 새 계약에서 모세와 맺은 옛 언약인 세상을 돌보는 제사장 역할은 유지됩니다. 거기에 각 사람의 삶의 변화가 추가되었습니다.

제자들이 배반하다

가룟 유다는 예수를 적들에게 넘겨주었고 모든 제자는 도망갔습니다. 배신한 가룟 유다가 미워서 생긴 듯한, 그가 돈이 탐나서 스승을 팔았다는 전승이 있습니다. 그러나 본문은 성전 권력자들이 먼저 가룟 유다에게 돈을 주겠다 제안했다고 합니다. 그리고 받은 돈을 성전에 던지고 스스로 목메 죽은 사실은 그가 돈 때문에 예수를 배반한 것이 아니라는 짐작을 하게 합니다. 모든 제자는 예수께서 이스라엘 국가 회복을 위해 활동하지 않음에 불만입니다. 가룟 유다는 예수를 죽음으로 몰아서 이스라엘 국가 회복이라는 명분과 자신의 정치욕심을 이루려했습니다.(괴테) 가룟 유다는 예수께서 죽음이 닥치면 어떤 행동을 할 것을 기대했습니다. 예수께서 가룟 유다를 향하여 '차라리 태어나지 않았으면 좋았을 것을'이라고 말씀합니다. 이 말씀은 저주가 아니라 그가 당할 고통을 예견하시고 불쌍한 마음을 나타내신 말씀입니다. 배반하지 않겠다고 다짐한 베드로가 세 번 예수를 부인합니다. 어떤 제자는 붙들리자 붙잡힌 옷을 벗고 알몸으로 도망갑니다. 인간의 가벼움이 어디까지일까요? 그런데도 예수께서 이러한 제자에게 기대를 잃지 않으십니다. 부활 후에 먼저 갈릴래아로 가겠으니 거기서 보자고 합니다. 이제 갈릴래아는 더 이상 장소 개념이 아닙니다. 예수께서 사시고 사역하시고 가르치신 갈릴래아는 새로운 가치와 새로운 관계가 일어나는 곳입니다. 즉 하나님나라가 발현되는 현장입니다. 나는 줄기차게 교회와 성당이 예수 갈릴래아 운동을 따라야 한다고 호소합니다. 왜냐하면 경제분배, 지구환경과 생태, 기후위기, 인종차별, 여성차별, 청년자립, 저소득 노인, 미혼모, 이주 노동자, 장애우, 비정규직 근로자, 저소득 자영업자 등 문제가 있는 곳에서 하나님나라가 발현되기 때문입니다.

예수께서 기도하시다

예수께서 자신이 죽어야 한다는 당위를 압니다. 그러나 그분도 죽음이 두렵습니다. 그래서 '이 잔을 내게서 옮기시옵소서 그러나 내 원대로 마시고 아버지 원대로 하옵소서'라고 기도합니다. 그러나 그분은 세상 사람들과 제자 그리고 하나님께도 버림받았습니다.(15:34) 독일 신학자 판넨베르크는 하나님이란 우주를 관장하는 '힘의 장field of force'이라고 합니다. 기도는 나에게 오는 힘과의 교유交遊입니다. 내가 하는 기도가 하나님 뜻에 부합하는지 끊임없이 돌아보아야 합니다. 우리가 이 땅의 가치체계를 벗어나서 예수께서 여시는 하늘 계시에 참여하는 일이 하나님나라 삶입니다. 이러한 삶은 우리 노력으로만 이루어지지도 않고 마술적으로 이루어지지도 않습니다. 끊임없이 기도하는 가운데 나의 노력과 성령의 도우심으로 하나님나라 삶을 이루어갑니다.

53 그들이 예수를 끌고 대제사장에게로 가니 대제사장들과 장로들과 서기관들이 다 모이더라

54 베드로가 예수를 멀찍이 따라 대제사장의 집 뜰 안까지 들어가서 아랫사람들과 함께 앉아 불을 쬐더라

55 대제사장들과 온 공회가 예수를 죽이려고 그를 칠 증거를 찾되 얻지 못하니

56 이는 예수를 쳐서 거짓 증언 하는 자가 많으나 그 증언이 서로 일치하지 못함이라

57 어떤 사람들이 일어나 예수를 쳐서 거짓 증언 하여 이르되

58 우리가 그의 말을 들으니 손으로 지은 이 성전을 내가 헐고 손으로 짓지 아니한 다른 성전을 사흘 동안에 지으리라 하더라 하되

59 그 증언도 서로 일치하지 않더라

60 대제사장이 가운데 일어서서 예수에게 물어 이르되 너는 아무 대답도 없느냐 이 사람들이 너를 치는 증거가 어떠하냐 하되

61 침묵하고 아무 대답도 아니하시거늘 대제사장이 다시 물어 이르되 네가 찬송 받을 이의 아들 그리스도냐

62 예수께서 이르시되 내가 그니라 인자가 권능자의 우편에 앉은 것과 하늘 구름을 타고 오는 것을 너희가 보리라 하시니

63 대제사장이 자기 옷을 찢으며 이르되 우리가 어찌 더 증인을 요구하리요

64 그 신성 모독 하는 말을 너희가 들었도다 너희는 어떻게 생각하느냐 하니 그들이 다 예수를 사형에 해당한 자로 정죄하고

65 어떤 사람은 그에게 침을 뱉으며 그의 얼굴을 가리고 주먹으로 치며 이르되 선지자 노릇을 하라 하고 하인들은 손바닥으로 치더라

66 베드로는 아랫뜰에 있더니 대제사장의 여종 하나가 와서

67 베드로가 불 쬐고 있는 것을 보고 주목하여 이르되 너도 나사렛 예수와 함께 있었도다 하거늘

68 베드로가 부인하여 이르되 나는 네가 말하는 것이 무엇인지 알지도 못하고 깨닫지도 못하겠노라 하며 앞뜰로 나갈새

69 여종이 그를 보고 곁에 서 있는 자들에게 다시 이르되 이 사람은 그 도당이라 하되

70 또 부인하더라 조금 후에 곁에 서 있는 사람들이 다시 베드로에게 말하되 너도 갈릴리 사람이니 참으로 그 도당이니라

71 그러나 베드로가 저주하며 맹세하되 나는 너희가 말하는 이 사람을 알지 못하노라 하니

72 닭이 곧 두 번째 울더라 이에 베드로가 예수께서 자기에게 하신 말씀 곧 닭이 두 번 울기 전에 네가 세 번 나를 부인하리라 하심이 기억되어 그 일을 생각하고 울었더라

마가복음 15장

1 새벽에 대제사장들이 즉시 장로들과 서기관들 곧 온 공회와 더불어 의논하고 예수를 결박하여 끌고 가서 빌라도에게 넘겨 주니

2 빌라도가 묻되 네가 유대인의 왕이냐 예수께서 대답하여 이르시되 네 말이 옳도다 하시매

3 대제사장들이 여러 가지로 고발하는지라

4 빌라도가 또 물어 이르되 아무 대답도 없느냐 그들이 얼마나 많은 것으로 너를 고발하는가 보라 하되

5 예수께서 다시 아무 말씀으로도 대답하지 아니하시니 빌라도가 놀랍게 여기더라

6 명절이 되면 백성들이 요구하는 대로 죄수 한 사람을 놓아 주는 전례가 있더니

7 민란을 꾸미고 그 민란중에 살인하고 체포된 자 중에 바라바라 하는 자가 있는지라

8 무리가 나아가서 전례대로 하여 주기를 요구한대

9 빌라도가 대답하여 이르되 너희는 내가 유대인의 왕을 너희에게 놓아 주기를 원하느냐 하니

10 이는 그가 대제사장들이 시기로 예수를 넘겨 준 줄 앎이러라

11 그러나 대제사장들이 무리를 충동하여 도리어 바라바를 놓아 달라 하게 하니

12 빌라도가 또 대답하여 이르되 그러면 너희가 유대인의 왕이라 하는 이를 내가 어떻게 하랴

13 그들이 다시 소리 지르되 그를 십자가에 못 박게 하소서

14 빌라도가 이르되 어찜이냐 무슨 악한 일을 하였느냐 하니 더욱 소리 지르되 십자가에 못 박게 하소서 하는지라

15 빌라도가 무리에게 만족을 주고자 하여 바라바는 놓아 주고 예수는 채찍질하고 십자가에 못 박히게 넘겨 주니라

16 군인들이 예수를 끌고 브라이도리온이라는 뜰 안으로 들어가서 온 군대를 모으고

17 예수에게 자색 옷을 입히고 가시관을 엮어 씌우고

18 경례하여 이르되 유대인의 왕이여 평안할지어다 하고

19 갈대로 그의 머리를 치며 침을 뱉으며 꿇어 절하더라

20 희롱을 다 한 후 자색 옷을 벗기고 도로 그의 옷을 입히고 십자가에 못 박으려고 끌고 나가니라

21 마침 알렉산더와 루포의 아버지인 구레네 사람 시몬이 시골로부터 와서 지나가는데 그들이 그를 억지로 같이 가게 하여 예수의 십자가를 지우고

22 예수를 끌고 골고다라 하는 곳(번역하면 해골의 곳)에 이르러

23 몰약을 탄 포도주를 주었으나 예수께서 받지 아니하시니라

24 십자가에 못 박고 그 옷을 나눌새 누가 어느 것을 가질까 하여 제비를 뽑더라

25 때가 제삼시가 되어 십자가에 못 박으니라

26 그 위에 있는 죄패에 유대인의 왕이라 썼고

27 강도 둘을 예수와 함께 십자가에 못 박으니 하나는 그의 우편에,

하나는 좌편에 있더라

28 (없음)

29 지나가는 자들은 자기 머리를 흔들며 예수를 모욕하여 이르되 아하 성전을 헐고 사흘에 짓는다는 자여

30 네가 너를 구원하여 십자가에서 내려오라 하고

31 그와 같이 대제사장들도 서기관들과 함께 희롱하며 서로 말하되 그가 남은 구원하였으되 자기는 구원할 수 없도다

32 이스라엘의 왕 그리스도가 지금 십자가에서 내려와 우리가 보고 믿게 할지어다 하며 함께 십자가에 못 박힌 자들도 예수를 욕하더라

33 제육시가 되매 온 땅에 어둠이 임하여 제구시까지 계속하더니

34 제구시에 예수께서 크게 소리 지르시되 엘리 엘리 라마 사박다니 하시니 이를 번역하면 나의 하나님, 나의 하나님 어찌하여 나를 버리셨나이까 하는 뜻이라

35 곁에 섰던 자 중 어떤 이들이 듣고 이르되 보라 엘리야를 부른다 하고

36 한 사람이 달려가서 해면에 신 포도주를 적시어 갈대에 꿰어 마시게 하고 이르되 가만 두라 엘리야가 와서 그를 내려 주나 보자 하더라

37 예수께서 큰 소리를 지르시고 숨지시니라

38 이에 성소 휘장이 위로부터 아래까지 찢어져 둘이 되니라

39 예수를 향하여 섰던 백부장이 그렇게 숨지심을 보고 이르되 이 사람은 진실로 하나님의 아들이었도다 하더라

40 멀리서 바라보는 여자들도 있었는데 그 중에 막달라 마리아와 또 작은 야고보와 요세의 어머니 마리아와 또 살로메가 있었으니

41 이들은 예수께서 갈릴리에 계실 때에 따르며 섬기던 자들이요 또 이 외에 예수와 함께 예루살렘에 올라온 여자들도 많이 있었더라

42 이 날은 준비일 곧 안식일 전날이므로 저물었을 때에

43 아리마대 사람 요셉이 와서 당돌히 빌라도에게 들어가 예수의 시체를 달라 하니 이 사람은 존경 받는 공회원이요 하나님의 나라

를 기다리는 자라

44 빌라도는 예수께서 벌써 죽었을까 하고 이상히 여겨 백부장을 불러 죽은 지가 오래냐 묻고

45 백부장에게 알아 본 후에 요셉에게 시체를 내주는지라

46 요셉이 세마포를 사서 예수를 내려다가 그것으로 싸서 바위 속에 판 무덤에 넣어 두고 돌을 굴려 무덤 문에 놓으매

47 막달라 마리아와 요세의 어머니 마리아가 예수 둔 곳을 보더라

17. 십자가는 지배체제에 대한 저항이다

대부분 이스라엘 예언자들은 정치 군사로 강한 메시아가 와서 이스라엘을 구원하리라 예언했습니다. 예수 시대인 1세기에 이스라엘 백성에게 이러한 열망이 가득했습니다. 그러나 서기전 6세기 중반 포로기에 활동한 제2 이사야(이사40-55장)는 전혀 다른 예언을 합니다.

1. 사회에서 버림받고 소외된 사람들을 구원하는 게 하나님 정의(체다카)이고 그렇게 세상을 평화로 이끄시는 게 하나님 의(구원)입니다.(이사54:14) 하나님 의는 꺼져가는 등불을 끄지 아니하고 상한 갈대를 꺾지 않습니다.(이사42:1-3)
2. 우리 죄 때문에, 우리를 위하여 세상으로부터 멸시받고 고난받는 메시아가 오는 데 그는 연약하며 범죄자로 취급받아 죽으리라는 예언입니다.(이사53:1-12) 마가복음은 예수께서 이렇게 성서에 기록된 대로 가리라고 선언합니다.(마가14:21)

어째서 십자가 길이 멸망하는 자들에게는 미련한 것이 되고 구원을 받는 우리에게는 하나님 능력이 되는지(고전1:18)를 아는 게 우리 목표입니다.

유대 법정에서 심문받다

예수께서 체포되어 유대 법정에서 심문받았습니다. 예수께서 모든 심문에 침묵했습니다. 그러나 '네가 하나님 아들 그리스도인가'라는 질문에는 '내가 그니라'(14:62)라며 당당히 자신이 메시아임을 밝힙니다. 예수께서 물러서지도 타협하지도 않습니다. 본질에 대해서는 굴복하지도 타협하지도 않고 사는 길이 인간답게 사는 길입니다. 유대교 성전의 권력 층인 사두개파가 예수 처형을 주도했습니다. 그들은 예수가 로마 당국에 의해 십자가로 처형되기를 바랐습니다. 2가지 이유가 있습니다.

1. 나무 위에 매달린 자는 저주받은 자(신명21:23)라는 성서에 근거해서 유대인은 십자가에서 처형된 사람은 메시아요, 하나님 아들이라고 믿지 않기 때문입니다.

2. 십자가 처형은 국가 반역죄로써 정치범 처형이기 때문입니다. 사두개파들은 자신들을 하나님을 대리하는 성전 권력자로 인식했습니다. 그들은 예수가 국가와 성전을 거부한 사람으로 여겨지기를 바랐습니다.

베드로가 3번 예수를 모른다고 부인하다

충직한 베드로가 예수를 모른다고 세 번 부인합니다. 그리고 물러나서 통곡합니다. 그는 예수께서 그리스도요 하나님 아들이라고 고백한 사람입니다. 결단하고 부인하고 통곡하는 현실이 인간 실존입니다. 베드로는 넘어졌지만 다시 일어나서 부활 예수를 만나고 예수의 길을 걸어간 위대한 신앙인입니다. 그래서 그는 예수를 따라 사는 것이 믿음임을 깨달을 수 있었습니다.(벧전2:21) 예수 부활 전의 제자는 예수를 배반하고 부인합니다. 그러나 십자가 밑에 있던 이방인 백부장은 예수가 의인임을 고백합니다. (누가23:47) 배신은 언제나 내부에서 일어납니다. 가까이 있는 사람이 오히려 진실을 보지 못하는 경우가 비일비재합니다. 자신의 탐욕으로 현실을 파악하기 때문입니다.

로마 법정에서 심문받다

유대인들은 예수를 결박하여 로마 총독 빌라도에게 넘겼습니다. 예수를 결박한 것은 예수를 위험 인물로 간주하고 로마 당국도 그렇게 여기기를 바랐기 때문입니다. 즉 예수는 종교범이자 정치범으로 처형되었습니다. 예수께서 체포당한 결정적 계기는 성전 항쟁 때문입니다. 예수는 성전 권력자들에게 위협 인물이었습니다. 빌라도는 예수께 '네가 유대인 왕이냐' 물었고, 예수는 '네가 그렇게 말했다'라고 대답합니다. 긍정도 부정도 아닌 대답입니다. 예수는 자신이 유대인 왕은 아니지만 십자가형을 굳이 피하려는 의도가 없는 대답입니다. 마가에 따르면 사형 판결은 유대인들이 내렸고 로마가 집행했습니다. 예수는 로마 제국에 대한 반란죄로 처형되었습니다. 성전 지배체제와 국가 지배체제에 저항하다가 처형되었습니다.

 예루살렘 성전 직업 종교인(대제사장과 사두개파)이 백성들에게 버림받았고, 예수께서 그들에게 저항했다는 사실을 오늘날 직업 종교인(목사와 신부)은 유념해야 합니다. 또한 오늘날 국민들이 직업 종교인(목사와 신부)을 조롱한다는 사실을 유념해야 합니다. 그리스도인은 교회와 성당에 지배받지 않는 자유인입니다. 또한 국가 이름으로 오는 지배에 맞서 저항하는 자유인입니다. 오늘날 소위 복음주의 계열 그리스도인이 고대와 중세 신앙 선조들 믿음에 매여서 자유하지 못하는 현실이 실로 안타깝습니다.

 나는 왜 5세기 아우구스티누스와 16세기 루터가 해석한 십자가 이해를 오늘날 따라야 하는지 그 이유를 알지 못합니다. 그들의 세계관은 우주가 지구를 중심으로 움직이는 즉 지구가 우주 중심인 세계관입니다. 그리고 전지전능한 신이 세계를 섭리한다는 그리스 철학 신관으로 신앙했습니다. 따라서 그들은 일원론, 주권론, 결정론, 전체성 세계관으로 살며 그에 따라 신앙 고백했습니다. 오늘날 우리는 지구가 우주의 중심이 아니라 일원으로써 양자역학 세계관으로 우연론, 다자성과 다원성, 개별 독립성, 연대성으로 삽니다. 또 하나 우리가 생각할 것은, 서구 기독교 몰락과 현재 한국 기독교 쇠락 원인이 서구 신학 때문입니다. 최근에 여러 사람들이 대안을 찾기 위해서 서구신학을 탈피하고 동양학 한국학 인문학 사회학 등에 집중하는 걸 봅니다. 그러나 위기일수록 기본으로 돌아가라는 말이 있습니다. 성서로 돌아가는 것이 기본입니다. 우리는 아우구스티누스나 루터가 아니라 성서가 예수 십자가 죽음을 어떻게 증언하는 지에 주목합니다. 또한 이 시대에 우리 삶에서 십자가를 어떻게 해석해야 하는 지를 숙고합니다.

십자가 신학

1. 마가는 예수께서 권능의 힘을 비우고(케노시스κενοσις) 십자가에서 죽으심을 본받아서, 우리가 알량한 힘으로 갑질하지 말고 연약한 사람과 함께 살라고 합니다.(마가9:33-10:45) 또한 세태와 세상가치를 자기 것이 아니라고 부인하고(아파르네오마이) 살라고 합니다.(8:34)

2. 바울은 예수께서 화목제물이 되셔서 인간과 하나님 그리고 인간과 인간 사이에 화해가 이루어졌다고 합니다.(로마3:24-25) 즉 그리스도인이 예수 그리스도 대속으로 말미암아 하나님 은혜로 하나님 백성 되었습니다.(로마3:28 엡2:6-11) 그렇게 세상은 평화 길을 갑니다.(로마5:1 고후5:17-21). 여기서 화해는 악인 또는 부정한 사람과 화해입니다. 차별하고 배제하는 지배체제에는 저항합니다. 왜냐하면 예수께서 그렇게 했기 때문입니다.

아우구스티누스는 그리스도 대속으로 우리 영혼이 구원받았다고 합니다. 그리스 철학의 몸과 영혼이 분리된 사유를 따른 신학입니다. 영혼 구원은 우리가 어떻게 살아야 하는지를 모르게 합니다. 성서는 몸과 영혼 즉 전인全人 구원을 말합니다.

루터는 그리스도 대속에 의해 믿음으로 말미암아 하나님으로부터 의롭다는 인정을 받았다고 합니다. 이것을 이신칭의以信稱義라고 합니다. 루터는 우리말로 번역된 의義를 신약성서 언어인 그리스어 '디카이오슈네δικαιοσύνη'(righteousness, justice)로 인식하여 우리가 바른 사람이 된 걸로 인식합니다. 그래서 그는 그리스도 의가 그리스도인에게 전가된다고 합니다. 믿음으로 바른 사람이 된다는 인식은, 바르지 않은 사람을 구별하여 차별과 배제를 일으킵니다.

바울이 의義를 히브리어 '체다카'(구원, 관계)로 말했습니다. '체다카'는 하나님과 새로운 관계를 맺었다는 의미가 있습니다. 우리는 바울 의도에 따라서, 그리스도 십자가 대속이 하나님께서 믿는 사람들을 하나님 백성 삼으신 사건으로 해석합니다. 따라서 구속은 예수 십자가 죽음으로 즉 예수 대속으로 우리가 하나님나라 백성된 것을 말하는 표현입니다. 구원이란, 그 하나님나라 백성으로서 하나님나라 삶을 이루어 가는 것입니다.(마태7:21 로마2:6 빌립3:12)

십자가는 희생양 만들기 종식이다

고대 그리스 도시 국가에서 재난이나 전염병 또는 외세가 침입하여 국가가 어려움에 처하면 왕이나 지도자를 추방했습니다.(시오노나나미, 그리스인 이야기) 고대 희생양 신화에서 희생양은 실제 죄가 있습니다. 테베 왕 오이디푸스는 국가가 재난에 처하자 추방되는데, 그는 죄가 있는 사람입니다. 자기 아버지인 줄 모르고 테배 왕을 죽이고 왕이 되었으며 어머니인 줄 모르고 왕후와 결혼했습니다. 고대 신화에서 최고 신이 희생양이 됩니다. 수메르 신화에서 젊은 신 마르둑은 최고신 티아맛을 죽여서 그 시체로 인간을 만듭니다. 재난에 처한 백성의 희생양은 왕이나 아버지였습니다. 고대 희생양 개념은 작은 악으로 큰 악을 막는다는 카테콘καθῆκον 개념입니다.(살후2:7) 희생양 개념은 고대에 정착된 문화 현상입니다. 고대 세계의 모든 희생양은 실제로 죄가 있지만, 예수께서는 죄가 없으신 분으로서 스스로 희생양 되신 분입니다.(르네 지라르)

오늘날에도 우리는 지배체제가 희생양 만드는 것을 봅니다. 일본에 미약자를 희생양 삼아서 공동체가 총화하는 이지메 문화가 있습니다. 사무라이가 칼로 충성을 요구하는 무력 지배사회에 이지메 문화가 있는 건 우연이 아닙니다. 희생양 만들기는, 자기들 수준에 미치지 못하는 사람을 소외시키고 자신들만 잘 살 수 있도록 자신들 삶을 법으로 지키는 행위입니다. 희생양 만드는 자들은 적그리스도입니다. 프랑스 인류학자 르네 지라르는 고대 희생양 문화를 연구하다가 예수를 보게 되었습니다. 그는 예수께서 유일하게 죄 없는 희생양임을 알게 되었습니다. 그래서 그는 결국 기독교에 귀의하여 그리스도인이 됩니다. 예수 십자가는 희생양 만들기가 악임을 선포하고 또한 종식시키는 사건입니다.

십자가는 지배체제에 대한 저항이다

예수께서 마지막 예루살렘 가르침에서 서기관과 바리새인들이 모세(법)의 자리에 앉았다고 꾸짖습니다.(마태23:2) 성전 권력자들이 법을 빙자하여 가난한 사람들과 사회에서 낙오한 사람들을 차별하고 배제한다고 꾸짖으신 겁니다.

1. 예수 십자가는 스스로 실패함을 보여준 사건입니다. 그렇게 함으로써 인간을 억압하고 지배하는 지배체제가 승리할 수 있는 기회와 능력을 상실케 했습니다.[16]
2. 신이 무능하다고 할 때 인간은 자신의 교만과 한계를 돌아볼 수 있습니다.

그리스 철학 신처럼 전지전능한 신이면 인간도 그 신을 본받아서 권력 행사하며 살려고 합니다. 하나님이 스스로 연약한 모습이 되어서 고통받는 자와 연대하는 것만이 인간 상실과 실패에서 진정한 신의 구원과 사랑을 체험할 수 있습니다. 본회퍼는 고난받는 하나님만이 우리를 구할 수 있다고 합니다. 마가는 예수께

---

16) 자끄 엘륄 자유의 윤리 김치수 대장간 2018, 305p

서 십자가에서 죽으시는 시간에 성전 휘장이 찢어졌다고 증언합니다. 성전 휘장은 차별과 억압의 상징입니다. 권력, 지배, 풍요는 인간 교만의 정점입니다. 인간 교만은 사회를 경계짓고 차별과 소외를 일으키는 주범입니다. 예수 십자가는 우리에게 교만을 일깨우고 차별과 소외를 종식시키는 사건입니다.

베드로전서 2장
21 이를 위하여 너희가 부르심을 받았으니 그리스도도 너희를 위하여 고난을 받으사 너희에게 본을 끼쳐 그 자취를 따라오게 하려 하셨느니라

불교와 영지주의는 깨달음 즉 아는 것이 믿음입니다. 그리고 신플라톤주의는 개념(관념)에 대한 동의가 믿음입니다. 5세기 아우구스티누스가 기독교 신학을 정립할 때 이러한 스토아 인식론을 유입하여 교리에 동의하는 것이 기독교 믿음이 되었습니다. 그러나 성서는 그리스도인이 예수를 따라 사는 것이 믿음이라고 합니다.(벧전2:21) 십자가는 새 질서가 고통 중에 개입함을 알리는 사건입니다. 십자가는 옛 질서인 지배체제가 무너지고 새 질서인 하나님나라가 열리는 사건입니다. 낮은 자로서 지배체제에 저항하다 십자가로 죽으신 예수를 따라서, 우리도 교회와 성당과 국가 지배체제에 저항하며 참 자유인이고 권한 행사하지 않는 예수 따라 사는 것이 하나님나라 삶이고 구원받은 삶입니다.

마가복음 16장

1 안식일이 지나매 막달라 마리아와 야고보의 어머니 마리아와 또 살로메가 가서 예수께 바르기 위하여 향품을 사다 두었다가

2 안식 후 첫날 매우 일찍이 해 돋을 때에 그 무덤으로 가며

3 서로 말하되 누가 우리를 위하여 무덤 문에서 돌을 굴려 주리요 하더니

4 눈을 들어본즉 벌써 돌이 굴려져 있는데 그 돌이 심히 크더라

5 무덤에 들어가서 흰 옷을 입은 한 청년이 우편에 앉은 것을 보고 놀라매

6 청년이 이르되 놀라지 말라 너희가 십자가에 못 박히신 나사렛 예수를 찾는구나 그가 살아나셨고 여기 계시지 아니하니라 보라 그를 두었던 곳이니라

7 가서 그의 제자와 베드로에게 이르기를 예수께서 너희보다 먼저 갈릴리로 가시나니 전에 너희에게 말씀하신 대로 너희가 거기서 뵈오리라 하라 하는지라

8 여자들이 몹시 놀라 떨며 나와 무덤에서 도망하고 무서워하여 아무에게 아무 말도 하지 못하더라

9 (예수께서 안식 후 첫날 이른 아침에 살아나신 후 전에 일곱 귀신을 쫓아내어 주신 막달라 마리아에게 먼저 보이시니

10 마리아가 가서 예수와 함께 하던 사람들이 슬퍼하며 울고 있는 중에 이 일을 알리매

11 그들은 예수께서 살아나셨다는 것과 마리아에게 보이셨다는 것을 듣고도 믿지 아니하니라

12 그 후에 그들 중 두 사람이 걸어서 시골로 갈 때에 예수께서 다른 모양으로 그들에게 나타나시니

13 두 사람이 가서 남은 제자에게 알리었으되 역시 믿지 아니하니라

14 그 후에 열한 제자가 음식 먹을 때에 예수께서 그들에게 나타나

사 그들의 믿음 없는 것과 마음이 완악한 것을 꾸짖으시니 이는 자기가 살아난 것을 본 자들의 말을 믿지 아니함일러라

15 또 이르시되 너희는 온 천하에 다니며 만민에게 복음을 전파하라

16 믿고 세례를 받는 사람은 구원을 얻을 것이요 믿지 않는 사람은 정죄를 받으리라

17 믿는 자들에게는 이런 표적이 따르리니 곧 그들이 내 이름으로 귀신을 쫓아내며 새 방언을 말하며

18 뱀을 집어올리며 무슨 독을 마실지라도 해를 받지 아니하며 병든 사람에게 손을 얹은즉 나으리라 하시더라

19 주 예수께서 말씀을 마치신 후에 하늘로 올려지사 하나님 우편에 앉으시니라

20 제자들이 나가 두루 전파할새 주께서 함께 역사하사 그 따르는 표적으로 말씀을 확실히 증언하시니라)

18. 새로운 지평을 여는 부활 이야기

빈 무덤

막달라 마리아와 야고보 어머니 마리아와 살로메가 예수 시신에 향품을 바르러 무덤에 갔습니다. 무덤에 예수 시신이 없고 흰옷 입은 청년이 말하기를 예수가 살아나서 여기 없다고 합니다. 그는 예수께서 갈릴래아로 가니 거기서 보자고 제자에게 전하라고 합니다. 여인들이 무덤에서 도망하여 나와 두려워서 아무 말도 못했습니다. 여기까지가 마가의 기록이고 이후 9절부터는 전승되어온 이야기가 성서에 첨가되었습니다. 그래서 9-20절에 괄호가 있습니다. 그 내용은, 부활 예수께서 막달라 마리아와 시골로 가는 2제자에게 나타났다. 예수께서 제자에게 복음 전할 것을 당부하시고 하늘로 승천하셨다입니다.

부활은 현실과 초월의 지평 융합이다

20세기에 와서 역사 예수에 대한 연구가 시작되었습니다. 복음서 중심 메시지가 예수께서 선포한 하나님나라라는 자각이 일어나면서 예수가 역사歷史에서 무엇을 했는가를 탐구하기 시작했습니다. 예수 부활이 실제 사건인가에 대해 의문을 가지는 신학자가 생겼습니다. 그중 몇몇은 예수 부활이 실제가 아니라 '종교 집단의 공동체 의식물이다'(슈트라우스) 또는 '원시 기독교가 생산한 신화다'(불트만)라며 예수 부활의 실제를 부인했습니다. 이들이 부인하는 이유는 죽은 사람이 다시 사는 부활이 인간 자연사에서 일어날 수 없는 현상이기 때문입니다. 이들은 예수 부활이 예수 자신의 삶을 회복한 것이 아니라 또 하나의 새로운 사역이라는 걸 인식하지 못했습니다. 흩어졌던 제자들이 다시 모이고 원시 교회가 태동한 직접 원인은 예수 부활입니다. 예수 부활을 부인하는 학자들도 각자 생업으로 돌아갔던 제자들이 다시 모이고, 자신들이 몸 담고 있던 유대교와 다르게 예수를 그리스도요 하나님으로 예배하는 교회가 성립된 원인이 무엇인가는 설명하지 못합니다.

독일 신학자 판넨베르크는 예수 부활이 물리적 소생이 아니라고 합니다. 즉 지상의 삶으로 귀환이 아니라 새로운 종말 삶을 연 사건이라는 말입니다. 즉 예수 부활은 새로운 시대의 시작입니다. 예수 부활은 예수께서 초월을 이땅의 현실로 가져온 사건으로써 현실과 초월의 지평이 융합된 사건입니다. 예수 부활은 예수 자신의 이전 삶을 이어가기 위한 소생이 아닙니다. 제자에게 하나님나라를 일깨우기 위해 각각 만나서, 그 제자들이 체험한 사건입니다. 바울은 부활 예수가 아담과 같은 육의 사람(육의 몸)

이 아니라 신령한 사람(영의 몸)이라고 합니다.(고전15:46) 그는 부활예수를 빛으로 만났으며 그분의 음성을 들었습니다.(행9:3-9, 22:6-11, 26:12-18) 바울은 이를 두고 부활 예수를 보았다고 라고 말합니다.(고전9:1, 15:8)

엠마오로 가던 두 제자는 부활 예수와 동행하여 걸었으나 알아보지 못하다가 집에 들어가서 그분이 떡을 떼시고 축사하자 예수임을 알게 됩니다. 또한 알게 되자마자 그분은 감쪽같이 사라집니다.(누가24:13-35) 부활한 예수는 잠긴 문으로 들어옵니다.(요한20:19, 26) 막달라 마리아가 무덤에서 부활 예수를 만났으나 처음에는 알아보지 못하다가 예수께서 말씀하시자 알아보게 됩니다.(요한20:14-18) 부활 예수를 보고 경배하면서도 믿지 못하는 제자들이 있었습니다.(마태28:17) 부활 예수께서 부활을 믿지 않는 제자을 꾸짖으십니다.(마가16:14) 예수 부활은 우리 인식 체계인 시간과 공간에 갇혀있는 부활이 아닙니다. 당시에나 오늘날이나 예수 부활은 믿음으로만 인식할 수 있는 사건입니다.

예수 부활은 몸 부활이다

성서는 예수 부활이 영적 사건이 아니라 우리 실제 삶에서 일어난 사건임을 증언합니다. 그분은 가르치시고(마가16:15 마태28:10 누가24:44-49) 제자와 함께 식사합니다.(누가24:42-43)

부활한 예수 몸을 만져보고서야 믿은 도마 이야기는 유명합니다. 예수께서 '나를 본 고로 믿느냐 보지 못하고 믿는 자들은 복되도다' 하십니다.(요한20:24-29) 성서가 예수 부활이 몸 부활임을 강조하는 이유는, 예수 부활이 우리의 새로운 삶을 위한 부활이기 때문입니다.

인간 몸에도 모든 생명에도 빚이 있습니다. 인간은 다른 생명의 죽음을 통해 생명을 유지합니다. 채식주의자가 섭취하는 음식물도 생명입니다. 그러므로 인간은 모든 생명을 위해 삽니다. 바울은 내 몸에서 그리스도가 존귀하게 되려 하려 한다고 합니다. (빌1:20) 부활 예수께서 만민에게 복음을 전하라는 말씀은(마가 16:15) 전도해서 교회를 채우라는 말씀이 아닙니다. 나의 몸을 통해 하나님 의를 보이라는 말씀입니다. 하나님 의는 민족들에게 정의를 이루고 가난하고 약한자들과 함께 하는 삶을 이루라는 말씀입니다. 그렇게 세상에 평화를 이루어가라는 말씀입니다.(이사 1:1이하, 42:1-3, 54:14, 61:1이하) 하나님 의를 이루는 삶이 생명에 빚진 자로서 가치 있게 사는 길입니다.

날마다 다시 살게 하는 예수 부활

여러분은 성서 어느 구절을 제일 좋아합니까? 나는 젊어서는

'진리가 너희를 자유롭게 하리라'(요한8:32)를 좋아했습니다. 10여 년 전부터는 바울 진술인 '예수와 함께 하늘에 앉히시니'(엡2:6)를 좋아합니다. 예수 계시에 따라 살면 이 땅에서 예수와 함께 하늘을 산다는 뜻입니다. 인간답지 못한 삶을 성서에서 죽음이라고 합니다. 바울은 죽을 몸을 예수 부활의 영으로 말미암아 다시 살린다고 합니다.(로마8:11) 그래서 그는 육신의 생각은 사망이요 (부활 예수)영의 생각은 생명과 평화라고 합니다.(로마8:6) 생명과 평화라는 말은 삶에서 평화를 이루는 새로운 삶이라는 뜻입니다.

나는 우리가 체험할 수 없는 초월이 있음을 압니다. 그러나 내가 죽은 후의 상황은 모릅니다. 모르는 걸 안다고 하고 싶지도 않고 기대하는 걸 믿으라고 말하고 싶지도 않습니다. 내가 믿는 것은, 예수 계시 따라 살면 기쁨과 평화가 있다는 걸 압니다.(로마14:17) 그러한 삶이 성서가 말하는 참 생명이고 구원입니다. 그 구원이 죽음 후에도 이어지길 소망합니다. 하나님나라는 인간 가치체계를 너머, 부활하신 예수 영(성령)과 함께 날마다 다시 사는 현실입니다. 예수 부활은 우리를 새로운 종말의 삶으로 초대합니다.

다시 사는 하나님나라

예수께서 부활하시고 갈릴래아에서 제자을 보자고 합니다. 갈릴래아는 장소 개념을 넘어서 인류의 새로운 역사歷史가 시작되는 곳입니다. 이제 하나님 역사役事가 일어나는 곳이 부활예수가 함께 하는 하나님나라입니다.

소위 복음주의자들은 교리에 동의하는 것이 믿음이라고 합니다. 반복해서 말하지만, 이것은 아우구스티누스가 기독교 신학을 정립할 때 스토아 인식론을 차용한 결과입니다. 스토아 철학자들은 세상을 악하다고 인식하여, 세상에서 선한 것을 관념화(개념화)했습니다. 그들은 이러한 관념에 동의하는 것을 믿음이라고 합니다. 모든 철학이 그렇지만 특히 그리스 철학은 부자들 힘있는 자들 철학입니다. 자신들이 세운 규범에 낙오하는 사람이 있는 것에는 관심 없습니다. 어떻게 선한 사람이 되는가에 관심입니다. 대부분 교리는 인간 의지를 신에 투사하여 관념화(개념화)한 것입니다. 관념화는 범주화하는 것입니다. 관념화 된 예수 사역과 가르침, 관념화 된 십자가와 부활은 그 의미가 축소되고 제한됩니다.

사건이나 현실을 파악하기 위해 개념화(관념화, 교리)가 필요합나다. 그러나 그 관념은 시대와 현실에 따라서 계속 발전하는 게 정상입니다. 역사 속에서 한 번도 교리가 모두를 만족 시킨 때는 없었습니다. 때문에 그 관념을 고수하고 그 관념에 동의하지 않음을 죄악시 하는 건 예수를 배반하는 행위입니다. 그러한 관념(개념)은 예수 계시의 확장성을 제한하기 때문입니다.

진보주의자들은 예수 사역과 가르침을 윤리 도덕화합니다. 윤리 도덕화도 관념화(개념화)입니다. 규범을 만들어서 그 안에 들어오지 못하는 사람을 차별하고 배제합니다. 4세기 아리우스 - 19세기 자유주의 - 예수 세미나가 이 길을 가고 있습니다. 예수 세미나가 예배와 기도보다 윤리를 강조하는 건 우연이 아닙니다. 예수 말씀을 윤리도덕화 하는 것도 역시 범주화하는 것으로써 예수 계시가 높이와 깊이 그리고 넓이로 확장하는 것을 방해합니다. 믿음이 윤리로 나타날 수 밖에 없지만 그 윤리도덕은 필연으로 차별과 배제를 일으킵니다. 우리는 그동안 믿음을 철학(교리)이나 윤리나 도덕에서 찾으려 했습니다. 풍부한 하나님나라 계시를 보지 못했습니다. 예수 계시를 보는 길은 교리화나 윤리 도덕화하는 행위를 벗어나는 길입니다. 범주화하여 예수 계시를 스스로 제한하는 것은 믿음이 아닙니다.

예수 삶과 사역 그리고 가르침의 역사歷史를 깊이 인식하고 예수를 인격으로 만날 때 우리 믿음이 관념화되지 않고 하나님 역사役事로 나타납니다. 그분을 인격으로 만나기 위해서 그분의 삶과 가르침 즉 그 역사役事를 깊이 알아야 합니다. 어떤 가치체계가 차별과 배제를 일으키고 인간 스스로를 억압하는지 끊임없이 찾을 때 우리에게 하나님나라 계시가 열립니다.

예수 부활을 인식하지 못하는 삶은, 그것이 아무리 풍요롭고 폼 나는 삶이라도 세상에 기생하는 삶에 불과합니다. 하나님께서 이스라엘 백성을 이집트에서 해방하신 역사役事 위에 기독교가 세워졌습니다. 이제는 이스라엘의 정치적 해방에서 인간 삶의 모든 해방으로 확대 되었습니다.

그리스도인은 부활하신 예수 영(성령)과 함께 나 자신의 해방과 세상의 해방을 위해 삽니다. 부활 신앙은 나에게 재물, 권력, 명예, 풍요를 대상화하고 내가 생명을 빚진자로서 헌신하는 삶으로 인도합니다. 사회정의, 기후 환경 위기, 빈곤문제 , 여성인권, 과소비 저항, 약자보호, 가족돌봄 등에 대한 대처로 믿음이 나타날 때 부활하신 예수계시를 살아내는 그리스도인이 됩니다. 이러한 길을 걷는 삶은 날마다 다시 사는 새로운 삶입니다. 지루하지 않고 지치지 않습니다.

예수 부활은 나를 새로운 현실 속으로 진입하게 합니다.[17]

---

17) 1. 볼프하르트 판넨베르크, 판넨베르크 조직신학 2 신준호 안희철 새물결플러스 2018 2. 미하엘 벨커, 하나님의 계시 오성현 대한기독교서회 2015 3. 김재진, 예수의 부활 대한기독교서회 2023